LINGO 최적화 모형

(제1권 경영과학 입문)

Optimization Modeling with LINGO

Linus Schrage 지음

주운기·최성훈·정근채·이근철 옮김

LINGO System–Student Version

KYOWOO CO. Publishing 教友社

Optimization Modeling with LINGO

by Linus Schrage

머 리 말

본서는 기업, 산업 및 공공 부문에서의 여러 가지 문제들을 해결하기 위하여 수리계획 모형과 최적화 방법들을 어떻게 이용하는지에 대해 다룬다. 예상되는 독자층으로 경영분야 관련 학생들, 기업의 관리자 및 엔지니어 등을 들 수 있겠다. 독자들에게 요구되는 주요 기술적 능력으로는 해결하고자 하는 문제를 기호로 표현하는 것에 대해 부담을 느끼지 않는 것이면 충분하다.

본서는 최적화 모형을 경영 및 산업 문제에 적용하는 방법에 대해 가장 알기 쉽게 해설한 책 중에 하나이다. 목차에 나열된 내용에서 특별히 관심이 있는 경영 응용 사례에 대한 부분이 없다면, 책 마지막 부분의 색인을 참조하기 바란다.

본서의 각 장은 기본적으로 아래와 같이 세 종류로 분류된다:

1. 모형화 개론 (제1권의 1, 3, 4, 10장),
2. 컴퓨터를 이용한 문제 풀기 (제1권의 2, 5장),
3. LINGO를 이용한 개별 응용사례 소개 (제1권의 6-8장, 제2권의 1-9장).

최적화 이론에 대해 전혀 지식이 없는 독자들은 반드시 제1권의 처음 다섯 장(章)을 읽어야 한다. 최적화 이론에 대한 경험은 있으나 LINGO을 처음 접하는 독자들은 적어도 제1권의 2장과 5장은 꼭 읽기를 권장한다. 최적화 이론과 모형화 언어의 개념에 대해 익숙한 독자들은 제1권의 6장 전까지는 건너뛰어도 될 것이다. 제1권 6장부터 제2권의 응용사례들은 이전 장과는 달리 특별히 순서가 정해진 것이 아니기 때문에 어느 곳에서나 예제를 선택하여 내용을 볼 수 있다. 이 들 내용 중에서는 제1권 제8장(정수계획법)과 제2권 제4장(추계적 계획법)이 가장 중요한 내용을 담고 있다고 할 수 있다. 이 두 장에서는 일반적인 응용사례에 대해 계산실험적으로 집약적인 기술에 대해 설명한다. 컴퓨터의 계산 능력이 증가할수록 정수계획법과 추계적 계획법은 더욱더 가치 있는 주제가 될 것이다. 제1권 제10장은 최적화 모형을 적용하는 내용을 결론짓는 부분이 된다. 이 장의 내용 설명은 이전 장들에서 소개된 모형들에 대해 알고 있다는 것을 전제로 한다.

기술 발전에는 자연스러운 발달 단계가 있을 수 있는데, 최적화 이론에서는 다음과 같은 발달을 거쳐왔다:

1) 모형을 해결하는 능력: 1950년대
2) 최적화 모형을 구성하는 능력: 1970년대
3) 적용 가능한 모형을 이용하는 능력: 1990년대 이후

본서에서는 최적화 모형을 풀기 위해 필요한 수학적인 내용은 담고 있지 않다. 새로운 응용사례를 알고 있는 독자들은 본서 안에 많은 최적화 모형자료를 이용할 수 있을 것이다. 또한 빠른 해답을 찾기 원하는 현대의 관리자들 위해서 책 안에 곧바로 사용할 수 있는 많은 모형들을 모아 놓았다.

"LINDO를 이용한 최적화 모형(Optimization Modeling with LINDO)" 이란 책을 접해본 사람들은 본서의 많은 내용이 기존 LINDO책에 기반을 두고 있다는 것을 알 수 있을 것이다. 두 책의 주요한 차이점은 LINGO의 두 가지 중요한 기능과 관계가 있다. 하나는 비선형 모형을 풀 수 있다는 것과 다른 하나는 대형 모형을 표현할 때 집합 또는 벡터를 이용하여 간략하게 표현할 수 있다는 것이다.

감사의 글

본서가 나오기까지 다음 분들의 조언과 교정으로부터 도움을 받았다. Egon Balas, Robert Bosch, Angel G. Coca Balta, Sergio Chayet, Richard Darst, Daniel Davidson, Robert Dell, Hamilton Emmons, Saul Gass, Tom Knowles, Milt Gutterman, Changpyo David Hong, Kipp Martin, Syam Menon, Raul Negro, David Phillips, J. Pye, Fritz Raffensperger, Rick Rosenthal, James Schmidt, Paul Schweitzer, Shuichi Shinmura, Rob Stubbs, David Tulett, Richard Wendell, Mark Wiley, 그리고 Gene Woolsey와 그의 제자들. Kevin Cunningham의 탁월한 프로그램에 대한 전문성과 현명한 조언으로부터 매우 중요한 도움을 받았고, 본서의 편집과 출판에 관계된 작업들은 Sarah Snider에 의해 훌륭하게 관리되었다.

역자의 글

본서는 산업현장에서 발생할 수 있는 다양한 수리 모델들을 제시하고, 이를 LINGO를 이용하여 해결하는 방법을 다른 책이다. 본서에서는 최적화 모형을 풀기 위한 수학적인 내용이나 구체적인 알고리즘을 다루지는 않지만, 다양한 수리모델을 제시하고 있으므로, 해결하고자 하는 상황과 유사한 모형을 본서에서 찾는다면, 현장의 문제 해결을 위해 수리모형을 용이하게 할용할 수 있도록 해주는 책이다.

본서는 원래 한권으로 출판편집된 것이지만, 역자들의 판단에 의해 두 권의 책으로 분권을 하고 권 별 내용을 다음과 같이 재 배치하였다. 제 1권은 주로 기본적인 OR의 기본 개념과 LINGO의 사용법에 대한 내용을 다룬 것으로, LINGO의 사용법을 습득하거나 대학교에서 한 학기에 기본적인 OR 개념을 강의할 수 있는 교재로도 사용이 가능하도록 내용을 구성하였다. 그리고, 제2권은 동적 모델을 포함한 다양한 응용 문제에 대한 모델링 및 해법과 해의 해석 방법을 주로 다루는 내용으로 구성하였는데, 대학원 과정의 교재나 참고도서, 또는 산업체의 다양한 문제 해결을 위한 수리모형화에 도움이 되는 부분이 될 것으로 기대한다. 끝으로 본서의 출판을 위해 많은 도움을 주신 (주)애트워스의 박영석 대표, 그리고 교우사 오판근 사장과 모진숙 편집장께 감사의 말을 전하고자 한다.

2007. 4
역자 씀.

차 례

제1권 (상)

제1장 최적화란 무엇인가?

제2장 LINGO를 이용하여 수리계획 문제 해결하기

제3장 해(解) 해석하기

제4장 모델 구축 절차

제5장 세상을 셋 관점으로 조망하기

제6장 제품조합 문제

제7장 커버링, 참모, 절단 모델

제8장 정수계획 모형화 및 해법

제2권 (하)

제1장 네트워크, 분배망 및 PERT/CPM

제2장 다중기간 계획 문제

제3장 입력 자재의 혼합 문제

제4장 불확실 상황에서의 의사결정과 추계적 계획

제5장 포트폴리오 최적화

제6장 다기준과 목적계획법

제7장 경제적 균형과 가격 정책

01 최적화란 무엇인가?

1.1 도 입

최적화, 제약 조건하에서의 최적화, 또는 수리계획법은 희소한 자원을 최적으로 할당하기 위한 수리적 절차이다. 최적화의 가장 대중적인 형태인 선형계획법(Linear Programming, LP)은 광고에서 생산계획에 이르기까지 거의 모든 비즈니스 분야에서의 실질적인 응용력을 가지고 있다. 수송과 총괄 생산계획(aggregate production planning) 문제들은 가장 전형적인 LP 분석 대상이다. 정유 산업은 초기의 강력한 LP 사용자였는데 연료 배합 문제를 풀기 위해 LP를 사용하였다.

먼저 독자는 Mathematical Programming(흔히 수리계획으로 번역됨)이라는 단어에서의 "programming"은 Computer Programming의 "programming"과는 의미가 다르다는 점을 이해하는 것이 중요하다. 전자는 계획하고 조직화하는 것을 의미한다. 후자는 계산을 수행하기 위해 명령을 작성하는 것을 의미한다. 한 분야에서의 재능은 다른 분야에서의 재능을 시사하기도 하지만, 한 종류의 프로그래밍에 대해 훈련하는 것은 나머지 다른 것과 직접적으로 연관이 거의 없다.

대부분의 최적화 문제에 대해, 두 가지의 중요한 고려 사항이 있다. 첫 번째는 한정된 **자원**으로 토지, 공장 생산 능력, 영업 인력의 규모 등을 예로 들 수 있다. 두 번째는 **활동**으로 "저탄소강을 생산한다", "스테인리스 강을 생산한다", 그리고 "고탄소강을 생산한다"를 예로 들 수 있다. 각 활동은 자원을 소비하거나, 또는 자원의 추가 양에 기여한다. 문제는 가용한 자원 이내에서 활동 수준에 대한 최적의 조합을 결정하는 것이다. 우리는 간단한 예제를 통하여 LP의 묘미를 보여줄 수 있다.

1.2 단순한 제품조합 문제 예제

Enginola Television Company는 두 종류의 TV 셋, "Astro"와 "Cosmo"를 생산하고 있다. 각 셋에 한 개씩 두 개의 생산 라인이 있다. Astro 생산 라인은 일간 60 셋 생산능력을 가지고 있고, Cosmo 생산 라인은 일간 50 셋을 생산할 수 있다. Astro 셋을 위한 노동 요구량은 시간당 1명(즉, 1인/시)이고, 반면에 Cosmo 셋은 시간당 2명을 필요로 한다. 현재, 일간 최대 120인/시의 노동량을 두 종류의 생산에 할당할 수 있다. 만일 Astro와 Cosmo의 이익이 각각 $20와 $30라고 하면, 일간 생산을 어떻게 해야 할 것인가?

비록 언어로 표현했지만, 우리가 원하는 것에 대한 구조화된 서술은 다음과 같다.

최대화	이익
제약조건	Astro 생산량은 Astro 생산능력 이하이다.
	Cosmo 생산량은 Cosmo 생산능력 이하이다.
	노동량은 가용한 노동량 이하이다.

인공지능/전문가 시스템 소프트웨어의 상당한 발전이 있기 전까지는, 문제를 푸는데 있어서 도움을 받으려면 우리는 좀더 엄밀해질 필요가 있다. 다음을 정의함으로써 우리는 더욱 엄밀해질 수 있다.

A=Astro의 일간 생산량,
C=Cosmo의 일간 생산량

추가로, 측정단위를 결정한다.

이익 기여도 : 달러,
Astro 제품 : 개,
Cosmo 제품 : 개, 그리고
노동력 : 인/시

그러면 우리 문제에 대한 정확한 기술은 다음과 같다.

최대화	$20A+30C$	(달러)
제약 조건	$A \le 60$	(Astro 능력)
	$C \le 50$	(Cosmo 능력)
	$A + 2C \le 120$	(인/시로 표시한 노동력)

첫 줄, "최대화 $20A+30C$"는 목적함수(objective function)이다. 나머지 세 줄은 제약식(constraints)이다. 때때로 "해결기(solver)"라고 불리는 대부분의 최적화 프로그램은 모든

변수들을 비음(nonnegative)으로 제약하고 있으므로, 제약식 $A \geq 0$과 $C \geq 0$은 필요 없다.

자원과 활동이라는 용어를 사용하면 Astro 능력, Cosmo 능력, 그리고 노동력의 세 가지 자원이 있다. 활동은 Astro와 Cosmo 생산이다. 일반적으로, 최적화 모델에서 각 제약식은 자원과 연관 관계를 맺는다. 각 의사결정 변수는 실제 활동과 대응된다.

(1) 그래프를 이용한 분석

Enginola 문제를 그래프로 표현하면 그림 1.1과 같다. 실행가능 생산조합은 5개 직선들의 내부에 있는 점들이다. 우리는 실행가능 영역 내에서 가장 큰 이익을 주는 점을 찾고 있다.

최대 이익을 내는 점이 어디인지에 대한 아이디어를 얻기 위해, 몇 가지 가능성을 검토해보기로 한다. 점 $A=C=0$은 가능해이나 이익 관점에서 우리에게 별 도움을 주지는 못한다. 만일 우리가 Cosmo 라인의 관리자와 대화를 나눈다면, 응답은 아마도 다음과 같을 것이다. "Cosmo는 더 많은 이익을 내는 제품입니다. 따라서 우리는 그것을 가능한 많이 만들어야 합니다. 즉, 50개를 만들고 30×50=$1500의 이익을 내야 합니다."

사려 깊은 독자인 당신은 아마도 $A=0$과 $C=50$ 이외에도 $1500의 이익을 달성하는 A와 C에 대한 조합이 많이 있음을 알 수 있을 것이다. 만일 당신이 직선 $20A+30C=1500$을 그려서 그래프에 추가한다면, 그림 1.2를 얻을 수 있다. 점선에 있는 어떤 점이라도 $1500의 이익을 얻게 된다. 이렇게 동일한 이익을 내는 직선을 iso-profit line(또는 비용 최소화 문제인 경우에는 iso-cost)라고 부른다.

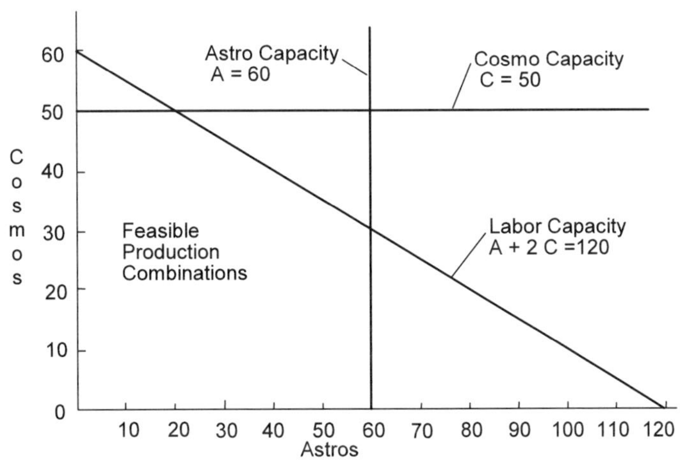

그림 1.1 Enginola 문제의 실행가능 영역

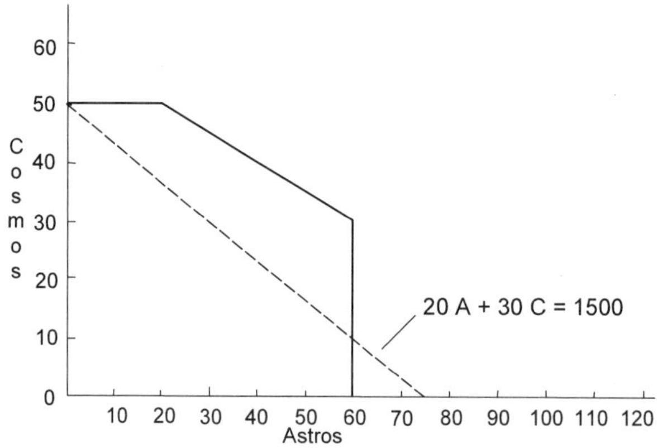

그림 1.2 “이익 = 1500”인 경우

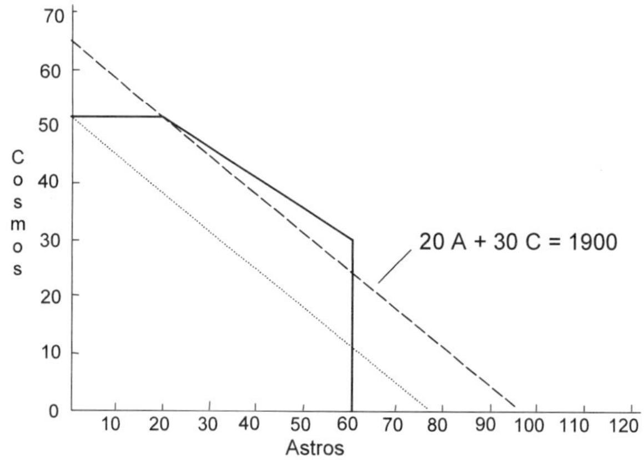

그림 1.3 “이익=1900”인 경우

만일 추가로 Astro 라인의 관리자와 대화를 나눈다며, 응답은 다음과 같을 것이다. “만일 50개의 Cosmos를 생산한다면, 당신은 여전히 20개의 Astro를 생산할 수 있는 노동력을 보유하고 있습니다. 이것은 30×50+20×20=$1900의 이익을 주게 됩니다. 그것은 확실히 훌륭한 이익입니다. 하루의 일을 제대로 마치고 퇴근해야 하지 않을까요?”

여전히 정신을 바짝 차리고 있는 독자는 $1900의 이익을 내는 많은 방법이 있다는 것을 알고 있다. 만일 직선 $20A+30C=1900$을 그려서 그래프에 추가한다면, 그림 1.3을 얻게 된다. 점선 위의 오른쪽 부분에 있는 어떤 점이라도 $1900의 이익을 달성할 수 있다.

이제, 사려 깊은 독자는 성찰력을 도약시킬 수 있다. 우리가 이익에 대한 열망을 증가시킴에 따라, 주어진 이익을 달성하는 점들을 나타내는 점선은 단순히 평행하게 이동한다.

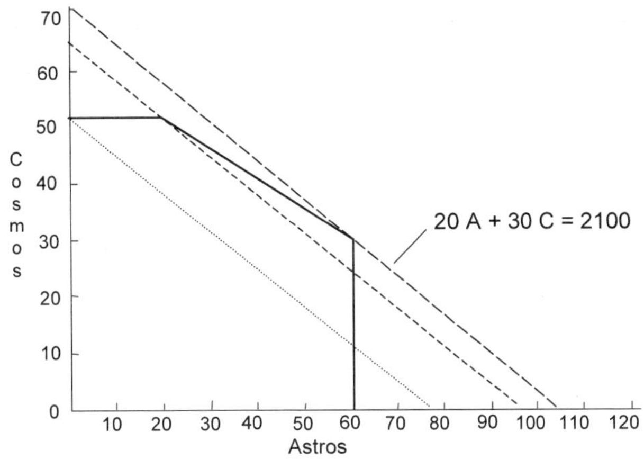

그림 1.4 "이익 = 2100"인 경우

직선이 실행가능 점을 포함하고 있다면 가능한 한 멀리 이동시켜야 하지 않을까?

최종의 최선가능 점은 A=60, C=30이다. 이것은 그림 1.4에서 알 수 있듯이 직선 20A+30C=2100 상에 위치한다. Cosmo의 단위당 이익이 더 높고, 50개를 만들 수 있다고 하더라도 30개만 제안하고 있음을 참고하기 바란다. 개략적으로 이 점이 최적해이다. 사실 정확히 그렇다. 단순한 문제에 대한 그래프 분석은 우리가 더 큰 문제를 분석할 때 어떻게 진행되는지 이해하는데 도움을 준다.

1.3 선형성

지금까지 예제 하나를 살펴보았다. 이제 다시 본론으로 돌아가 보자. 위의 예제는 선형 수리 문제(약자로 LP)의 한 예이다. LP 문제를 푸는 것은 일반적인 수리 문제를 푸는 것보다 쉽다고 할 수 있다. 따라서, 선형성의 특징에 대해 파악하는 것이 중요하다.

선형계획법은 관련되어 있는 활동의 결과가 선형인 상황에만 직접 적용된다. 실제로 선형성 요구 조건은 다음의 세 가지 특징으로 구성되는 것으로 간주한다.

1. **비례성:** 변수 또는 활동의 결과는 비례적이다. 예를 들어 강철 양을 두 배 구입하면 두 배의 비용이 들어간다.
2. **가법성:** 변수들간의 상호작용은 가법적이다. 예를 들어 전체 판매액은 강철 판매액, 알루미늄 판매액 등의 합계이다. 반면에 총 사용 전력량은 강철, 알루미늄 등의 생산을 위해 소비한 전력량의 합이다.

3. **연속성:** 변수값은 연속적이다. 즉, 6.38 같이 의사결정 변수의 값은 분수이다. 만일 어떤 변수에 대해 2와 3이 가능한 값이면, 2.51 또한 가능한 값이다.

두 개의 의사결정 변수, "판매 단위당 가격"과 "판매 수량"을 포함하는 모델은 아마도 선형적이지 않을 것이다. 그러나 비례성 요구는 만족한다. 그리고 두 의사결정 변수의 상호작용은 가법적(additive)이기보다는 승법적(multiplicative)이다(즉 "price+quantity"가 아니고 "dollar sales=price×quantity"임).

만일 공급자가 당신에게 수량 할인을 해준다면, 구매비는 비례성 요구조건을 만족시키지 못할 것이다. 예를 들어 스테인리스 강철의 구매비용은 구매량에 비례한 값보다 적을 수 있다.

"건축할 층수"라는 의사결정 변수를 포함하는 모델은 비례성과 가법성을 만족하지만, 연속성을 위반한다. 분리된 수준으로 설계할 수 있는 독창적인 설계자가 없다면, 6.38층을 건축하라는 추천은 실행하기에 매우 어려울 것이다. 그럼에도 불구하고 LP의 해는 분수 값을 제안할 수 있다.

LP 적용이 가능한 모형은 예제로 제안된 것보다 훨씬 일반적이다. 목적함수는 최대화가 아니라 최소화일 수 있고, 제약식의 방향은 "≤"가 아니라 "≥", 혹은 심지어 "=" 일 수 있고, 20, 30, 60, 50, 120, 2 또는 1과 같은 모수 값들의 일부 혹은 전부는 양수가 음수일 수도 있다. 분석 가능한 문제 부류의 제1의 제약사항은 선형성 제약이다.

다행히 정수계획법(integer programming)과 2차계획법(quadratic programming)에 대한 차후의 단원에서 보게 될 것처럼, 선형성 위반에 대처하는 다른 방법들이 있다.

그림 1.5는 몇몇 비선형 함수를 예시하고 있다. 예를 들어, 식 $X \times Y$는 비례 요구 조건을 만족하지만 X와 Y의 효과는 가법적이지는 않다. 식 X^2+Y^2에서 X와 Y의 효과는 가법적이지만 각 변수의 효과는 비례적이지는 않다.

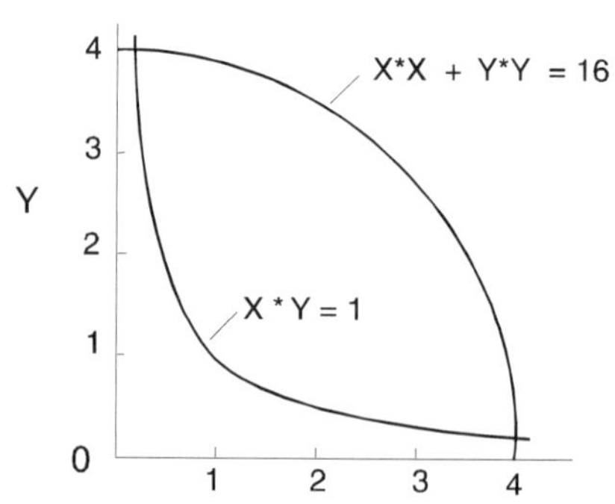

그림 1.5 비선형 관계

1.4 선형계획 해의 해석

우리가 컴퓨터에게 어떤 수리 문제를 풀도록 지시할 때 가능한 결과가 그림 1.6에 제시되어 있다.

잘 구축된 LP 모델의 경우, 가장 왼쪽의 경로가 선택될 것이다. 풀이 절차는 먼저 가능해(즉, 모든 제약사항들을 동시에 모두 만족하는 해, 물론 목적함수를 최대화 할 필요는 없다)를 찾아내려고 시도한다. 만일 요구 사항이 너무 많으면, 즉 동시에 만족시킬 수 없는 두 개 또는 그 이상의 제약식들이 지정된다면, 최우측의 "불가능해(No Feasible Solution)" 경로가 선택될 것이다. 단순한 예로 $x \leq 2$과 $x \geq 3$ 제약식 쌍을 생각할 수 있다. 실행가능 해가 존재하지 않는 것은 목적함수에 좌우되지는 않는다. 이것은 오로지 제약식이 어떤 가에 달려 있다. 실제로 "불가능해" 결과는 가용한 작업 시간의 상한치가 설정되어 있고 생산해야 할 수량이 비현실적으로 크게 설정되어 있는 것과 같은 대규모의 복잡한 문제에서 발생할 소지가 있다. "불가능해"에 대한 대안 메시지는 "당신은 케이크를 가질 수 없고 또한 먹을 수 없다"이다.

만일 실행가능 해가 발견되면, 풀이 절차는 최적해를 찾으려고 시도한다. 만일 "무한정의 해(Unbounded Solution)"라는 용어가 나타나면, 종료된다. 이것은 모델이 무한한 양의 이익을 낼 수 있다는 비현실적인 사항을 허용하고 있음을 의미한다. 좀더 실제적인 원인은 중요한 제약식이 빠져있거나 심각한 표기상의 오류를 포함하고 있기 때문일 것이다.

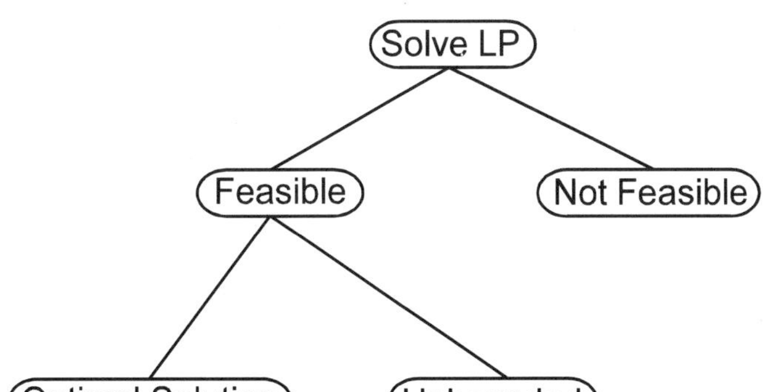

그림 1.6 해의 산출

Enginola 문제를 LINGO를 이용하여 컴퓨터로 풀면, 다음 리포트가 산출된다.

```
Feasible solution found at step:          1
Objective value:                   2100.000
Variable           Value        Reduced Cost
       A        60.00000           0.0000000
       C        30.00000           0.0000000
     Row    Slack or Surplus      Dual Price
       1        2100.000             1.00000
       2       0.0000000             5.00000
       3        20.00000           0.0000000
       4       0.0000000            15.00000
```

출력물은 일반 정보 부분, "variable" 부분, 그리고 "row" 부분의 세 가지 부분으로 구성된다. 두 번째의 두 섹션은 간단하다. 최대 이익 해는 60 셋의 Astro와 30 셋의 Cosmo를 생산하는 것이다. 이때 이익은 $2,100이다. 이 해는 row 2(제약식 $A \le 60$)에 0의 여유(slack), row 3(제약식 $C \le 50$)에 20의 여유, 그리고 해는 row 4(제약식 $A+2C \le 120$)에 0의 여유를 갖는다. $60+2\times30=120$임을 참고하기 바란다.

세 번째 칼럼은 몇 개의 기회(opportunity) 또는 한계비용(marginal cost)에 관한 수치를 포함한다. 계산과정에서 유용한 몇몇 부산물이 생긴다. 이러한 "할인가(reduced cost)"와 "잠재가(dual price 또는 shadow price)"에 대한 해석이 다음 섹션에 소개된다.

1.5 민감도 분석, 할인가, 그리고 잠재가

현실 LP 문제는 많은 양의 자료를 필요로 한다. 정확한 자료를 수집하려면 많은 비용이 든다. 그래서 대개 덜 완벽한 신뢰도의 자료를 이용할 수 밖에 없다. 자료 처리 분야에서 유서 깊은 격언으로 "쓰레기가 들어가면, 쓰레기가 나온다(garbage in, garbage out)"라는 것이 있다. 모델 사용자는 모델의 추천사항이 입력 자료의 변화에 따라 얼마나 변화하는 지에 대해 주시해야 한다. 민감도 분석(sensitivity analysis)은 이 질문에 답을 제시해주는 절차이다. 다행히 LP 해 보고서는 민감도 분석에 유용한 추가 정보를 제공해준다. 이 정보는 할인가와 잠재가라는 두 머리말 아래에 나타난다.

민감도 분석을 통해 어떤 부분의 정보가 가장 주의 깊게 추정되어야 하는지를 알 수 있다. 예를 들어, 만일 어떤 제품의 이익이 없다는 점이 매우 명백하다면, 그 제품과 관련되는 비용을 정확히 추정하기 위해 노력을 추가할 필요가 거의 없다. 모델링의 첫 번째 법칙은 "만일 모수에 대한 약간의 오류가 추천하는 의사결정에 거의 영향을 미치지 않는다면, 그 모수를 정확히 추정하는데 시간을 낭비하지 말라"는 것이다.

(1) 할인가

모든 해의 각 변수에 대응되는 할인가(reduced cost)라고 알려진 값이 있다. 만일 목적 함수의 단위가 달러이고 변수의 단위가 갤런이면, 할인가의 단위는 "달러/갤런"이다. 한 변수의 할인가는 그 변수가 최적해에서 양의 값을 갖기 위해 해당 이익 기여도가 (예를 들어 변수의 비용을 줄임으로써) 증가되어야 하는 양이다. 명백하게, 최적해에 이미 나타나 있는 변수는 "0"의 할인가를 갖는다.

두 번째로 할인가의 정확한 해석은 만일 현재 "0"인 어떤 변수가 임의로 작은 양을 증가시켜야 할 때 목적함수 값이 퇴화되는 비율이 할인가라는 것이다. 변수 x의 할인가가 2달러/갤런이라고 가정하자. 이것은 만일 x의 이익이 2달러/갤런만큼 증가한다면 총 이익에 영향을 주지 않고, 해에 x의 1단위(만일 1단위가 "작은 변화"하고 하면)가 들어올 수 있음을 의미한다. 확실히 x가 원래 이익 기여도가 변경되지 않은 채로 1.0만큼 증가한다면, 총 이익은 2달러만큼 감소하게 된다.

(2) 잠재가

잠재가(dual price)라고 알려진 값이 있는데 이는 각 제약식에 연관되어 있다. 만일 목적함수의 단위가 끄루제이루(cruzeiro, 브라질의 과거 화폐 단위. 현재는 리알(Real)임)이고 제약식의 단위가 kg이면, 잠재가의 단위는 끄루제이루/kg이다. 한 제약식의 잠재가는 제약식의 우측 상수 값이 조금 증가함에 따라 목적함수 값이 개선되는 비율이다.

다른 최적화 프로그램은 잠재가와 관련하여 다른 부호 규칙을 사용하는 경우도 있다. LINGO 컴퓨터 프로그램에서 양수의 잠재가는 우측상수의 증가가 목적함수 값을 개선시키는 것을 의미한다. 그리고 음수의 잠재가는 우측상수의 증가가 목적함수 값이 퇴화시키는 것을 의미한다. "0"의 잠재가는 우측상수를 조금 변경하는 것이 해의 값에 영향을 미치지 않음을 의미한다.

따라서 이 규칙에 따라 $\leq$ 제약식은 비음의 잠재가를 갖고, $\geq$ 제약식은 비양의 잠재가를 갖는다. 그리고 $=$ 제약식은 음 또는 양 부호의 잠재가를 가질 수 있다. 왜 그럴까?

잠재가 이해하기

Enginola 문제에 대한 해의 잠재가를 분석하면 도움이 된다. 제약식 $A \leq 60$의 잠재가는 5달러/단위이다. 먼저, 만일 Astro를 한 단위 더 생산하면 단순히 이익기여도가 20달러이기 때문에 어떤 사람은 이 양이 20달러/단위이어야 한다고 의심할지 모른다. 그러나 추가로 Astro를 생산하기 위해서는 다른 것의 희생이 따르게 된다. 모든 노동 공급량이 사용되고 있기 때문에 Astro를 더 생산하기 위해서는 노동력을 확보해야 하므로 Cosmo의 생산을 줄여야 한다. Astro와 Cosmo의 노동력 교환 비율은 ½이다. 즉 Astro를 한 단위 더 생산하는 것은 Cosmo의 생산을 ½ 단위 만큼 줄이는 것을 의미한다. Cosmo의 이익 기여도가 단위당 30달러이므로 이익의 순증가량은 '20달러−(1/2)*30달러=5달러'이다.

이제, 시간당 15달러인 노동 제약식의 잠재가에 대해 생각해보자. 만일 우리가 한 시간의 추가 노동력을 가지고 있다면, 그것은 전적으로 Cosmos를 추가로 생산하는데 쓰일 것이다. Cosmo 한 단위는 30달러의 이익 기여도를 가지고 있다. 1시간의 노동력은 단지 Cosmo를 0.5개 생산할 수 있는 양이기 때문에 추가 노동 시간의 가치는 15달러이다.

1.6 비제약 형태

만일 깜박 잊고 노동 제약과 Cosmos 생산에 관한 제약을 포함하지 않았다면, Cosmos를 많이 생산함으로써 무한한 양의 이익이 가능하다. 이것은 다음과 같다.

```
MAX = 20 * A + 30 * C;
A <= 60;
```

LINGO는 다음 메시지를 포함하는 에러 화면을 출력한다.

```
UNBOUNDED SOLUTION
```

*C*가 무한정 커지는 것을 제한하는 것은 없다. 실행가능 영역이 그림 1.7에 제시되어 있다. 더 큰 문제에서는, 전형적으로 여러 개의 비제약(unbounded) 변수가 있고 비제약 상황이 발생하는 것을 규정하는 것은 쉽지 않다.

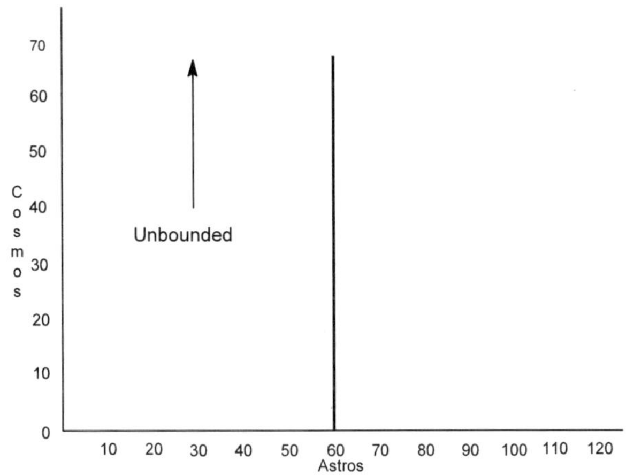

그림 1.7 비제약 모델의 그래프

1.7 불가능 형태

만일 노동 제약의 우측 값이 190이고 부호를 반대로 하면, 불가능(infeasible) 모델의 한 예를 얻게 된다. 이 경우에, 대부분의 노동력은 60개의 Astro와 50개의 Cosmo를 생산하는데 쓰이게 된다. 총 소비 노동량은 60+2×50=160시간이다. 모델과 해는 다음과 같다.

```
MAX = (20 * A) + (30 * C);
A <= 60;
C <= 50;
A + 2 * C >= 190;
```

에러 메시지 윈도우 :

```
NO FEASIBLE SOLUTION.
```

산출물 윈도우는 다음을 출력한다.

```
Variable          Value       Reduced Cost
       A       60.00000          0.0000000
       C       50.00000          0.0000000
     Row   Slack or Surplus     Dual Price
       1       2700.000          0.0000000
       2      0.0000000           1.000000
```

```
3        0.0000000            2.000000
4        -30.00000           -1.000000
```

이 "해"는 노동 제약에 대해 $190-(1\times60+2\times50)$로 30인시(person-hours)의 양만큼 불가능 하게 된다. 이 경우에 쌍대 비용은 얼마만큼 불가능한 지를 결정하는데 필요한 정보를 제공한다. 예를 들어, row 2의 "+1"은 우측 방향으로 1을 증가시키는 것은 1만큼 불가능성(infeasibility)을 감소시키는 것을 의미한다. row 3의 "+2"는 만일 Cosmo를 1개 더 생산한다면 Cosmo는 1단위당 2시간의 노동량을 사용하기 때문에 2단위만큼 불가능성이 감소함을 의미한다. row 4의 "−1"은 노동 제약식의 우측 값을 1단위를 감소시킴으로써 불가능성을 1단위 감소시킬 수 있음을 의미한다.

그림 1.8은 이 모델의 제약식들을 보여준다.

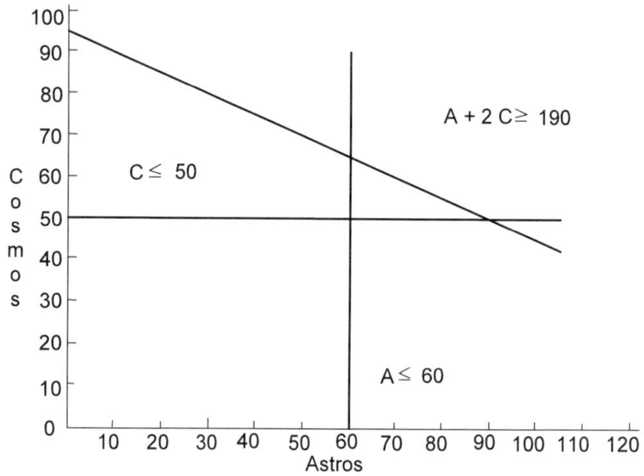

그림 1.8 불가능해 모델의 그래프

1.8 다수해와 퇴화

제약된 최적해의 모델은 유일한 최적 목적함수 값을 갖는다. 그러나 유일한 최적 값을 제시하는 다수의 다른 의사결정 변수 값들의 조합을 가질 수 있다. 이러한 해들은 어떤 면에서 퇴화(degeneracy)되었다고 한다. 예를 들어 Enginola 문제에서, A의 이익이 20달러가 아니고 15달러라고 가정하자. 문제와 해는 다음과 같다.

```
MAX = 15 * A + 30 * C;
A <= 60;
C <= 50;
A + 2 * C <= 120;
Optimal solution found at step:         1
Objective value:                 1800.000
Variable          Value        Reduced Cost
       A        20.00000          0.0000000
       C        50.00000          0.0000000
     Row    Slack or Surplus     Dual Price
       1        1800.000           1.000000
       2        40.00000          0.0000000
       3       0.0000000          0.0000000
       4       0.0000000           15.00000
```

"이익=1500" 직선과 함께 실행가능 영역이 그림 1.9에 표시되어 있다. 두 직선 $A+2C=120$과 $15A+30C=1500$이 평행이라는 점을 참고하기 바란다. 직선 $A+2C=120$ 상에 있는 모든 가능 점들이 최적이라는 것은 명백하다.

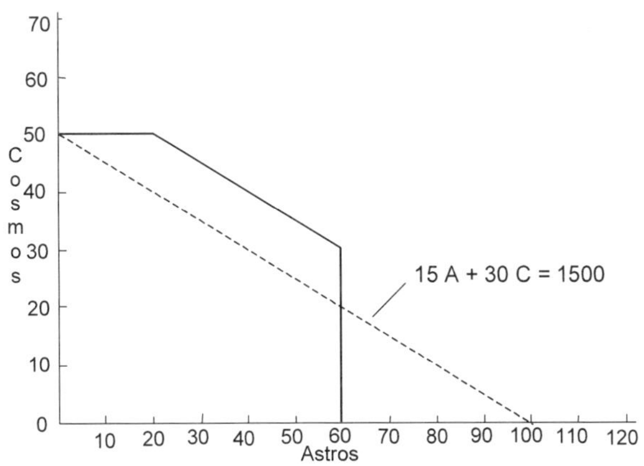

그림 1.9 다수의 최적해를 가지는 모델

특별히 관찰력이 예리한 독자는 해 보고서에서 제약식 $C\leq50$(즉, row 3)은 0 여유 값과 0 쌍대 값을 가지고 있음을 알 수 있다. 이것은 총 이익에 아무런 영향 없이 Cosmo 생산을 약간 줄일 수 있음을 제안한다. 물론 Astro의 보상적인 생산 증가가 있어야 한다. 더 많은 Astro와 더 적은 Cosmo를 생산하는 대체 최적해가 있음을 알 수 있다. 우리는 Astro의 이익을 약간 증가시킴으로써 이 해를 발견할 수 있다. 다음을 살펴보기 바란다.

```
MAX = 15.0001 * A + 30 * C;
A <= 60;
C <= 50;
A + 2 * C <= 120;
Optimal solution found at step:         1
Objective value:                  1800.006
Variable           Value       Reduced Cost
       A        60.00000          0.0000000
       C        30.00000          0.0000000
     Row   Slack or Surplus      Dual Price
       1        1800.006            1.00000
       2       0.0000000          0.1000000E-03
       3        20.00000          0.0000000
       4       0.0000000           15.00000
```

예상한 바와 같이, 이익은 여전히 약 1800달러이다. 그러나 Cosmo 생산량은 50에서 30으로 감소하였고, 반면에 Astro는 20에서 60으로 증가하였다.

(1) “뱀의 눈” 조건

대체 최적(alternate optima)은 단지 해 보고서에서 어떤 행(row)이 두 번째와 세 번째 열(column)에서 동시에 0을 갖는 배치에만 존재한다. 이 배치를 몇몇 응용 통계학자들은 “뱀의 눈(snake eyes)”이라고 부른다. 즉, 대체 최적은 어떤 변수가 0이고 reduced cost도 0일 때, 또는 어떤 제약식이 0의 여유비용과 0의 쌍대비용일 때 존재하는 경우가 있다. 도덕적 판단 의도 없이 수학자들은 이와 같은 해를 퇴화되었다고 한다.

만일 대체 최적해가 있다면, 컴퓨터는 다른 해를 찾을 수 있다. 그러나 목적함수 값은 항상 동일하다.

사실, 다수의 최적해는 두 방면에서 발생할 수 있다. 예를 들어 그림 1.9에서, 두 최적해 보고서는 단지 원 변수(primal variable), 즉 원래의 의사결정 변수 A와 C의 값들과 제약식에 대한 여유변수(slack variable)의 값들에서만 차이가 난다. 또한 단지 쌍대변수 값만 다른 다수의 최적해가 있는 상황이 있을 수 있다. Enginola 문제에서 Cosmo 라인의 능력을 30으로 감소시키는 변형 문제를 생각해보자.

모델은 다음과 같다.

```
MAX = 20 * A + 30 * C;
A < 60;
!note that < and <= are equivalent;
!in LINGO;
```

```
C < 30;
A + 2 * C < 120;
```

이 문제에 대한 그래프가 그림 1.10에 제시되어 있다. 최적해는 다음과 같다.

```
Optimal solution found at step:          0
Objective value:                  2100.000
Variable           Value        Reduced Cost
       A        60.00000           0.0000000
       C        30.00000           0.0000000
     Row     Slack or Surplus     Dual Price
       1        2100.000            1.000000
       2       0.0000000            20.00000
       3       0.0000000            30.00000
       4       0.0000000           0.0000000
```

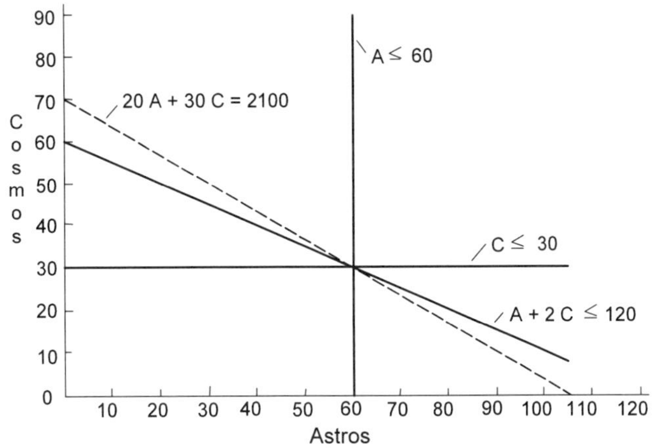

그림 1.10 쌍대 변수에 있어서의 대체 해들

다시, 해의 "뱀의 눈" 즉, 해 보고서의 행에 있는 '0' 값들의 쌍에 주목하기 바란다. 이것은 목적함수의 값의 변경 없이 Cosmo 라인의 능력(행 3의 우변상수)이 변경될 수 있음을 암시한다. 그림 1.10이 이런 상황을 보여주고 있다. 세 개의 제약식이 점 A=60, C=30을 지나고 있다. 어떤 두 개의 제약식도 이 점을 결정할 수 있다. 사실, 제약식 $A+2C\leq120$은 수학적으로 중복이다. 즉, 실행 가능해 영역의 변경 없이 이 제약식은 제거할 수 있다.

만일 행 3의 우변상수 값을 약간 감소시키면, 아래의 해를 얻게 된다.

```
Optimal solution found at step:          0
```

```
Objective value:                     2100.000
Variable              Value        Reduced Cost
       A           60.00000           0.0000000
       C           30.00000           0.0000000
     Row      Slack or Surplus       Dual Price
       1           2100.000            1.000000
       2          0.0000000            5.000000
       3          0.0000000           0.0000000
       4          0.0000000            15.00000
```

이 해는 단지 쌍대값에서만 이전 해와 차이가 난다는 점에 주목하기 바란다.

이제 우리는 다음 규칙을 기술할 수 있다. 만일 어떤 해 보고서가 "뱀의 눈" 특징(즉, 해 보고서의 행에 있는 '0' 값들의 쌍)을 가지고 있다면, 원본변수, 쌍대변수, 또는 둘 다 차이가 있는 대체 최적해가 <u>존재할 수도 있다</u>. 그러나 만일 모든 제약식들이 부등호 제약식이면, "뱀의 눈"은 대체 최적해가 실제로 있음을 의미한다. 만일 한 개 이상의 제약식이 등호 제약식이면, 다음 예에서 보여주고 있듯이 "뱀의 눈"이 대체 최적해가 있음을 의미하지는 않는다.

```
MAX = 20 * A;
A <= 60;
C =  30;
```

유일한 해는 다음과 같다.

```
Optimal solution found at step:           0
Objective value:                      1200.000
Variable             Value        Reduced Cost
       A         60.000000           0.0000000
       C         30.000000           0.0000000
     Row    Slack or Surplus       Dual Price
       1          1200.000            1.000000
       2         0.0000000            20.00000
       3         0.0000000           0.0000000
```

만일 해 보고서가 "뱀의 눈" 배치를 나타낸다면, 자연스러운 질문은 다음과 같다. 해 보고서만 가지고 원(primal) 변수나 쌍대(dual) 변수 안에 대체 해가 있는지 또는, 없는지를 결정할 수 있는가? 대답은 "아니오"이다. 다음 두 관련 문제가 예시하고 있듯이 두 문제는 다수의 최적해를 가지고 있다. 표준 심플렉스 해법으로 아래의 해들을 얻을 수 있다.

문제 D	문제 P
`MAX = X +       Y;`	`MAX = X + Y;`
`      X +       Y + Z <= 1;`	`      X + Y +     Z <= 1;`
`      X + 2 * Y     <= 1;`	`      X +     2 * Z <= 1;`

| 풀이 1 |

문제 D			문제 P		
OBJECTIVE VALUE			OBJECTIVE VALUE		
1)	1.00000000		1)	1.00000000	
Variable	Value	Reduced Cost	Variable	Value	Reduced Cost
X	1.000000	0.000000	X	1.000000	0.000000
Y	0.000000	0.000000	Y	0.000000	0.000000
Z	0.000000	1.000000	Z	0.000000	1.000000
Row	Slack or Surplus	Dual Prices	Row	Slack or Surplus	Dual Prices
2)	0.000000	1.000000	2)	0.000000	1.000000
3)	0.000000	0.000000	3)	0.000000	0.000000

| 풀이 2 |

문제 D			문제 P		
OBJECTIVE VALUE			OBJECTIVE VALUE		
1)	1.00000000		1)	1.00000000	
Variable	Value	Reduced Cost	Variable	Value	Reduced Cost
X	1.000000	0.000000	X	0.000000	0.000000
Y	0.000000	1.000000	Y	1.000000	0.000000
Z	0.000000	0.000000	Z	0.000000	1.000000
Row	Slack or Surplus	Dual Prices	Row	Slack or Surplus	Dual Prices
2)	0.000000	0.000000	2)	0.000000	1.000000
3)	0.000000	1.000000	3)	1.000000	0.000000

다음에 주목하기 바란다.

- 풀이 1은 두 문제에 대해 정확히 동일하다.
- 문제 D는 단지 쌍대 변수들에 대해 다수의 최적해를 가진다.
- 문제 P는 단지 원 변수들에 대해 다수의 최적해를 가진다.

따라서 해 보고서만 가지고 다수의 최적해가 존재할 수도 있는 다수 해의 종류를 결정할 수 없다. 당신은 row 3의 RHS와 목적함수에 있는 X의 계수를 1보다 약간 큰 값(예로 1.001)으로 설정함으로써 풀이 1을 생성할 수 있다. 유사하게, row 3의 RHS와 목적함수에 있는 X의 계수를 1보다 약간 작은 값(예로 0.9999)으로 설정함으로써 풀이 2가 생성된다.

몇몇 저자들은 원 변수에 대해 다수의 해를 가지고 있는 문제를 <u>쌍대 퇴화(dual degeneratdual)</u>라고 하고, 쌍대 변수에 대해 다수의 해를 가지고 있는 문제를 <u>원 퇴화(primal degeneratdual)</u>라고 한다. 다른 저자들은 오직 원 변수들에 대해 다수의 최적해가 있는 경우에만 문제가 다수의 최적해를 갖는다고 말한다.

(2) 퇴화와 중복 제약식

작은 예제들에서, 퇴화는 대개 중복된 제약식들이 있음을 의미한다. 그러나 일반적으로, 특히 대규모 문제에서 퇴화는 중복된 제약식들이 있음을 의미하지는 않는다. 아래의 제약식 집합과 이에 대응되는 그림 1.11을 검토하기로 하자.

$$
\begin{aligned}
2x-y &\le 1\\
2x-z &\le 1\\
2y-x &\le 1\\
2y-z &\le 1\\
2z-x &\le 1\\
2z-y &\le 1
\end{aligned}
$$

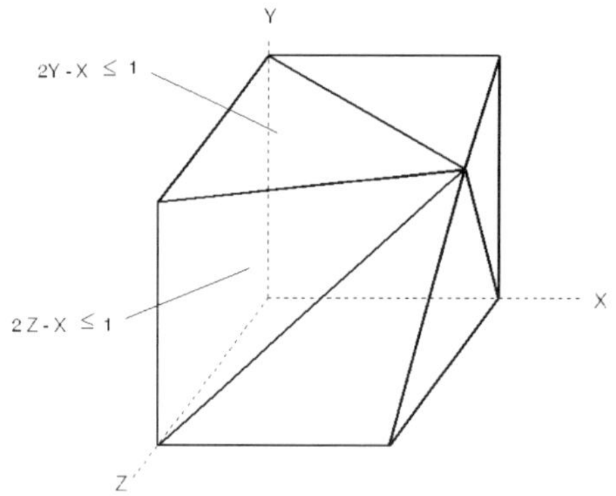

그림 1.11 퇴화이나 중복은 아님

이 제약식들은 정점 $x=y=z=1$과 여섯 면을 가지는 원뿔을 정의한다. 점 $x=y=z=1$은 퇴화이다. 왜냐하면 3개 이상의 제약식들이 이 점을 통과하기 때문이다. 그럼에도 불구하고, 어떤 제약식도 중복되어 있지 않다. 점 $x=0.6$, $y=0$, $z=0.5$는 첫 번째 제약식을 위반하지만, 다른 모든 제약식들을 만족시키고 있음에 주목하기 바란다. 첫 번째 제약식은 중복이 아니다. 0.6, 0, 0.5에 대한 6개 조합에 대해 조사해봄으로써, 각 6개의 제약식들이 중복이 아님을 확인할 수 있다.

1.9 비선형 모델과 전역 최적

전체 텍스트를 통하여 선형계획 문제에 초점이 맞춰진다. 역사적으로, 비선형 모델은 다음 두 가지 이유로 가능한 한 회피되었다. a) 푸는 데 훨씬 많은 시간이 소요되고 b) 일단 풀어졌다고 하더라도 전통적인 해결책들은 단지 국부 최적해(local optimum)임을 보장한다. 만일 더 좋은 해가 얼마간 떨어진 거리에 있을지 모르지만 근처에 더 좋은 해가 없다면, 한 해는 국부 최적이다. 전통적인 비선형 해결 방법들은 근시안적인 등산가들과 비슷하다. 그들은 가장 가까운 봉우리의 꼭대기까지 안내해줄 수 있으나, 그들은 최정상을 알지 못해서 거기까지 안내해주지 못할 수도 있다. 버전 8.0 또는 그 이상의 LINGO는 전역 문제 해결기를 가지고 있는데, 기초 LINGO 해결기에 대한 추가 옵션으로 구매가 가능하다. 만일 당신이 전역 해결기를 사용한다면, 전역 최적을 구할 수 있다. 예를 들어 다음 문제를 생각해보자.

```
Min = @sin(x) + .5*@abs(x-9.5);
        x <= 12;
```

함수에 대한 그래프가 그림 1.12에 제시되어 있다.

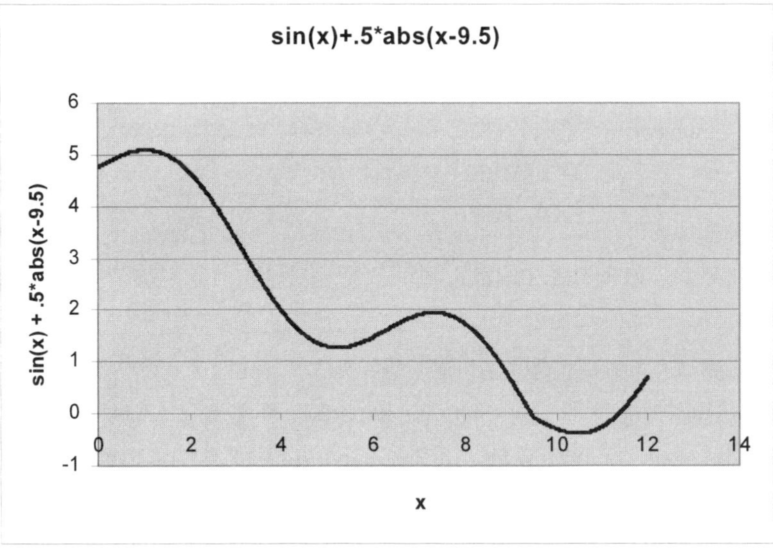

그림 1.12 비볼록(nonconvex) 함수

만일 전통적인 비선형 해결기를 이 모델에 적용하면, 사용자는 다음 세 가지 해 중에서 한 개를 얻을 것이다. $x=0$, $x=5.235987$, 또는 $x=10.47197$. 만약 사용자가 LINGO의 전역 해결기 옵션을 체크하면, 해 $x=10.47197$가 출력될 것이고 전역 최적으로 표시될 것이다. 주의할 점은 전역 해결기는 위의 단점 a)를 제거하지 못한다는 것이다. 즉 비선형 모델은 풀이 과정에 시간이 많이 걸린다. 특히, 전역 최적해를 원하는 경우에는 더욱 그렇다.

연습문제

1. 당신의 회사는 두 가지 제품, Thyristors(T) 그리고 Lozenges(L)를 생산하고 있다. 다음 계획 기간을 위하여, 당신의 배송 시스템은 6,000 person-hours를 확보하고 있다. 각 T의 적절한 배송을 위하여 3시간이 필요하고 각 L은 2시간을 필요로 한다. T와 L의 이익 기여도는 각각 단위당 40과 30이다. 생산 라인의 특성상 L을 2개 판매할 때마다, 최소한 T를 1개 이상 판매하여야 한다.
   (a) 실행 가능해 영역을 그리고 최적 점을 통과하는 이익 직선을 표시하라.
   (b) 단순한 상식 수준의 논의로, 무엇이 최적해인가?

2. LP 문제를 그래프로 표현하라.

$$\begin{aligned} &\text{Minimize } 4X+6Y \\ &\text{subject to } 5X+2Y\geq 12 \\ &\qquad 3X+7Y\geq 13 \\ &\qquad X\leq 0,\ Y\geq 0. \end{aligned}$$

   추가로, $4X+6Y=18$ 직선을 표시하고 최적 점을 나타내라.

3. Volkswagen Company는 생산 설비들을 공유하는 두 제품 즉, Bug와 SuperBug를 생산한다. 원자재 비용은 Bug 차 한 대당 \$600이고 SuperBug 차 한 대당 \$750이다. Bug는 대당 주물/단조 부서에서 4시간을 필요로 한다. 반면에 SuperBug는 신형 거푸집(die)을 사용하기 때문에, 단지 주물/단조에 2시간이 소요된다. Bug는 조립공장에서 대당 2시간이 필요하다. 반면에 SuperBug는 훨씬 복잡한 차이기 때문에, 조립 공장에서 대당 3시간이 필요하다. 가용한 일별 능력은 주물/단조 부서와 조립 공장 각각에 대해 160시간과 180시간이다. 참고로, 만일 다수의 기계가 있으면, 일일 총 가용시간이 24보다 크다. Bug의 판매가는 \$4,800이다. SuperBug에 대

해서는 $5,250이다. 이 공장에서 생산되는 자동차는 모두 판매될 수 있다고 가정한다.

(a) 이 문제에 대한 LP 모델을 작성하라.

(b) 위의 서술은 두 부서(주물/단조 그리고 조립)의 능력이 매몰 비용임을 의미한다. '각 주물/단조 시간은 $90의 비용이 들고, 반면에 각 조립 시간은 $60의 비용이 든다'라는 조건하에서 LP 모델을 재작성하라. 능력은 예전과 동일하다. 미사용 능력에는 비용이 부과되지 않는다.

4. Keyesport Quarry는 바위를 얻는 채석장 두 곳을 가지고 있다. 바위는 쇄석기를 통해 콘크리트용과 도로포장용, 두 가지 제품으로 생산된다. 남쪽 채석장에서 채굴된 바위 1톤은 분쇄되어 콘크리트용과 도로 포장용으로 각각 0.75톤, 0.25톤으로 변환된다. 북쪽 채석장에서 채굴된 바위는 품질이 달라서 "50-50"으로 변환된다. Quarry는 이번 계획 기간 동안 60톤의 콘크리트용과 40톤의 도로 포장용을 생산하기로 계약을 하였다. 남쪽의 바위 추출 및 분쇄 비용은 북쪽의 1.6배이다.

(a) 문제의 의사결정 변수들은 무엇인가?

(b) 이 문제에는 두 개의 제약식이 있다. 말로 기술하라.

(c) 이 문제에 대한 실행 가능해 영역을 그래프로 표시하라.

(d) 적절한 목적함수의 직선을 그래프 위에 그려라. 그래프 방법과 수리 방법으로 최적해를 구하라.

(e) 문제 서술에서 주어진 모든 정보가 정확하다고 가정하자. 이 모델에 대해 신뢰를 갖기 전에 당신이 알기 원하는 추가정보에는 어떤 것이 있는가?

5. 철도가 직면하고 있는 문제는 특정 기차들을 위한 엔진 셋을 조립하는 것이다. 각 엔진 형태와 관련하여 세 가지 중요한 특성, 즉 시간당 운영비, 마력, 그리고 견인력이 있다. 각 기차(예를 들어, 시카고발 로스앤젤레스행 Super Chief 기차)와 관련하여 요구되는 마력과 요구되는 견인력이 있다. 요구되는 마력은 주로 주행시 요구되는 속도와 관련되어 있다. 반면에 견인력은 주로 기차의 중량과 주행시 마주치게 되는 비탈길의 가파름과 관련되어 있다. 특정 기차에 대하여, 문제는 최소 비용으로 요구되는 마력과 견인력을 충족하는 엔진들의 조합을 찾는 것이다.

특히, 오마하발 산타페행 기차인 Cimarron Special을 고려하자. 이 기차는 12,000마력과 50,000견인력 단위를 요구한다. 이 기차를 끌기 위해 두 엔진 형태, GM-I과 GM-II가 가용하다. GM-I은 2,000마력, 10,000견인력 단위, 그리고 변동 운영비로 시간당 $150을 갖고 있다. GM-II는 3,000마력, 10,000견인력 단위, 그리고 변동운영비로 시간당 $180을 갖고 있다. 엔진 셋은 조합될 수 있다(예를 들어, 2개의 GM-I과 3개의 GM-II를 사용한다). 이 문제에 대한 LP 모델을 개발하라.

6. 아래의 상황하에서 Enginola 문제에 대해 제약식 직선, 실행 가능해 영역, 그리고 최적 점을 통과하는 목적함수 직선을 그려라.

(a) 노동 공급량이 20이 아니고 70이라는 점 이외에는 앞에서 주어진 상황과 동일하다.

(b) Cosmo의 이익 기여도가 30이 아니고 40이라는 점 이외에는 앞에서 주어진 상황과 동일하다.

7. 다음 문제를 그래프 방법으로 풀어라.

$$\begin{array}{ll} \text{Minimize} & 4x_1+3x_2 \\ \text{Subject to} & 2x_1+x_2 \geq 10 \\ & -3x_1+2x_2 \leq 6 \\ & x_1+x_2 \geq 6 \\ & x_1 \geq 0,\ x_2 \geq 0 \end{array}$$

8. 한 작은 병원의 수술 부서는 재정에 대해 걱정을 하고 있다. 병원은 재정 건전성을 결정하는 중요한 많은 요소들을 통제하거나 설정할 수 없다. 예를 들어, 특정 유형의 수술에 대한 병원 입원 기간은 대부분 정부 규제에 의해 결정된다. 수술 절차의 특정형태에 부과될 수 있는 요금은 주로 시장과 정부규제의 조합에 의해 통제된다. 병원 수술절차의 대부분은 선택적이며, 병원에 관심을 가지고 있고 입원이 허락된 환자들과 수술절차에 대한 것은 병원이 상당한 통제권을 가지고 있다. 수술 부서는 두 가지의 희소 자원, 가용한 병원 침대 (일주일에 70), 그리고 가용한 수술 시간(일주일에 165시간)을 가지고 있다. 이 수술부서에 수용되는 환자들은 다음과 같이 3가지 형태로 구분된다.

환자 유형	입원 일수	수술 소요 시간	재정 기여도
A	3	2	$240
B	5	1.5	$225
C	6	3	$425

예를 들어, 수용되는 형태 B 환자 각각은 (i) 일주일에 가용한 7×70=490 bed-days 중에서 5일, 그리고 (ii) 일주일에 가용한 165 수술 시간 중에서 1.5시간을 사용할 것이다. 수술 부서가 형태 A 환자들을 더 많이 수용해야 한다고 한 의사가 주장하고 있다. 그녀의 주장은 다음과 같다. "$/(수술 시간)면에서 형태 A는 B와 C보다 그렇게 나쁘지 않으면서, $/(입원 일수)면에서 형태 A가 확실히 최선이다."

수술 부서가 일주일에 각 환자 형태별로 수용할 수 있는 수량을 통제할 수 있다고 가정해 보자 (즉, 이들은 의사결정 변수이다). 각 형태에 대해 일주일에 얼마나 많이 수용할 수 있을까? 이것의 LP 모델을 구축할 수 있을까?

02

LINGO를 이용하여 수리계획 문제 해결하기

2.1 도 입

수리 문제를 푸는 과정은 많은 계산을 필요로 하므로, 컴퓨터 프로그램을 이용하는 것이 최선이다. 우리가 사용할 컴퓨터 프로그램은 LINGO라고 불린다. LINGO의 주목적은 첫째, 사용자가 빨리 모델을 입력하여 풀고 둘째, 해에 기초하여 모델의 정확성과 적절성을 평가할 수 있도록 하고 셋째, 모델에 대한 약간의 수정을 빠르게 수행할 수 있도록 해주며 넷째, 이런 과정을 반복할 수 있도록 해준다. LINGO는 하시라도 사용 가능한 다양한 명령을 제공한다. LINGO는 특정 명령이 특정 구문에서 의미가 있는지 검토해준다.

LINGO는 두 가지 버전이 사용 가능하다.

1) Windows 기반 버전
2) 범용적인 텍스트 기반 버전

텍스트 기반 버전은 Unix와 Linux를 포함하여 대부분의 범용 운영체제 하에서 실행된다. 두 가지 버전 모두에서 추가정보가 Help 메뉴 항목 또는 Help 명령에서 제공된다. 아래에 Windows 명령들에 대한 간략한 설명이 제공되어 있다. 명령 부분 다음으로 간단한 모델을 어떻게 입력하고 푸는지를 보여줄 것이다.

2.2 LINGO 윈도우 버전

LINGO 윈도우 버전을 동작시키면, 모델 윈도우(Model Window) 라고불리는 공백의 윈도우가 열린다. 이 모델 윈도우에서 사용자의 모든 작업이 이루어진다. LINGO의 산출물은 보고서 윈도우(Report Window)에 표시된다. LINGO는 사용자 모델과 관련된 다수의 보고서를 생성할 수 있다. 다음은 주로 모델 윈도우에서 사용 가능한 모든 명령들에 대한 목록이다.

(1) 파일 메뉴

NEW F2 

새로운 모델 윈도우를 생성하기 위해 File 메뉴에서 NEW 명령을 사용한다. 그리고 F2를 누른다. 또는 버튼을 사용한다. 모델 윈도우에 사용자 모델을 입력할 수 있다.

OPEN F3 

기존 파일(전형적으로 모델 파일)을 열기 위해 File 메뉴에서 OPEN 명령을 사용한다. F3을 누른다. 또는 버튼을 사용한다.

SAVE F4 

활성화 되어 있는(가장 앞에 있는) 윈도우를 저장하기 위해 File 메뉴에서 SAVE 명령을 사용한다. 그리고 F4를 누른다. 또는 버튼을 사용한다. 이 방식으로 사용자는 모델, 보고서, 또는 명령의 어떤 윈도우도 저장할 수 있다. 만일 윈도우가 새로운 모델 윈도우, 보고서 윈도우, 또는 명령 윈도우면, SAVE는 SAVE AS... 다이얼로그를 열게 된다.

SAVE AS... F5

사용자가 다이얼로그 박스에 입력하는 이름으로 활성화된(가장 앞에 있는) 윈도우를 저장하기 위해 File 메뉴에서 SAVE AS... 명령을 사용하거나 또는 F5를 누른다.

CLOSE F6

활성화된(가장 앞에 있는) 윈도우를 닫기 위해 File 메뉴에서 CLOSE 명령을 사용하거나 F6를 누른다. 만일 윈도우가 새로운 모델 윈도우거나 또는 사용자가 파일을 수정했다면, 수정 내용을 저장할 것인지 질문을 받게 된다.

PRINT F7

활성화된(가장 앞에 있는) 윈도우를 프린터로 보내기 위해 파일 메뉴에서 PRINT 명령을 사용하거나, 버튼을 사용하거나, 또는 F7을 누른다.

PRINT SETUP... F8

출력될 프린터를 선택하기 위해 File 메뉴에서 PRINT SETUP...명령을 사용하거나 F8을 누른다.

PRINT PREVIEW Shift + F8

활성화된(가장 앞에 있는) 윈도우의 각 페이지가 출력되는 형태로 미리 디스플레이 되도록 하기 위해 File 메뉴에서 PRINT PREVIEW 명령을 사용하거나 Shift + F8을 누른다.

LOG OUTPUT... F9

명령 윈도우로 보내지던 모든 스크린의 내용을 차후로 텍스트 파일로 내보내기 위해 File 메뉴에서 LOG OUTPUT... 명령을 사용하거나 F9를 누른다. 이 명령은 로그 파일의 이름을 정할 수 있는 표준 윈도우 파일 다이얼로그를 오픈한다. 또한 사용자는 기존파일에 겹쳐서 쓰기를 할 것인지 또는 덧붙여서 출력을 할 것인지 결정할 수 있다. 일단 사용자가 출력할 파일을 선택하고 나면, 확인 절차가 있게 된다. Log Output을 사용하지 않으려면, 단순히 명령을 다시 선택한다.

TAKE COMMANDS... F11

자동 실행을 위한 명령과 모델 텍스트를 LINGO 배치 파일로 가져가기 위해 File 메뉴에서 TAKE COMMANDS... 명령을 사용하거나 F11을 누른다.

IMPORT LINDO FILE... F12

LINDO TAKE 포맷의 LINDO 모델을 포함하는 파일을 오픈하기 위해 File 메뉴에서 IMPORT LINDO FILE… 명령을 사용하거나 F12를 누른다.

EXPORT FILE

MPS 또는 MPI 포맷 파일을 작성하기 위해 EXPORT FILE명령의 서브-명령 MPS FORMAT... 또는 MPI FORMAT...을 각각 이용한다. MPS 파일 포맷은 IBM이 개발한 산업 표준 포맷으로, 모델을 한 소프트웨어 또는 하드웨어 플랫폼에서 다른 것으로 옮길 때 유용하다. MPI 파일 포맷은 LINDO 사에서 개발한 특별한 포맷으로 선형, 정수, 그리고 비선형 수리계획의 모든 부류를 표현하는데 쓰인다.

LICENSE

LINGO를 위한 새로운 패스워드를 입력하기 위해 File 메뉴에서 LICENSE 명령을 사용한다. 몇몇 LINGO 버전은 사용자에게 패스워드 입력을 요구한다. 만일 LINGO 소프트웨어를 업그레이드 하게 되면, 새로운 패스워드를 입력해야 한다.

DATABASE USER INFO

@ODBC() 함수를 이용하여 모델을 직접 데이터베이스에 연결하려면 File 메뉴에서 DATABASE USER INFO 명령을 사용한다. 많은 경우에 모델이 연결된 데이터베이스는 사용자 아이디와 패스워드를 필요로 한다. 모델을 실행할 때마다 매번 사용자 아이디와 패스워드를 입력해야 하는 상황을 피하기 위해, 이 명령을 사용하는 사용자 세션 시작 시점에 그것들을 한번만 입력할 수 있다.

EXIT F10

LINGO 사용을 종료하려면, File 메뉴에서 Use the EXIT 명령을 사용하거나 F10을 누른다.

(2) 편집 메뉴

UNDO Ctrl + Z

마지막 처리를 취소하려면(undo) Edit 메뉴에서 UNDO 명령을 사용하거나, Ctrl + Z를 누른다.

CUT Ctrl + X 

선택된 텍스트를 지우면서 붙여넣기를 위하여 클립보드로 옮기려면 Edit 메뉴에서 CUT 명령을 사용하거나, 버튼을 클릭하거나, 또는 Ctrl + X를 누른다.

COPY Ctrl + C 

선택된 텍스트를 붙여넣기 위해 클립보드로 복사하려면 Edit 메뉴에서 COPY 명령을 사용하거나 Ctrl + C를 누른다.

PASTE Ctrl + V 

클립보드의 내용을 삽입 지점에 붙여넣기 하려면 Edit 메뉴에서 PASTE 명령을 사용하거나, 버튼을 클릭하거나, 또는 Ctrl + V를 누른다.

PASTE SPECIAL...

붙여넣기 방식의 선택을 허용하면서 윈도우 클립보드로부터 선택된 아이템을 커서 입력지점의 활성화 되어 있는(가장 앞에 있는) 윈도우로 삽입하려면 Edit 메뉴에서 PASTE SPECIAL 명령을 사용하거나 F9를 누른다.

SELECT ALL... Ctrl + A

활성화 되어 있는 윈도우의 전체 내용을 선택하려면 Edit 메뉴에서 SELECT ALL 명령을 사용하거나 Ctrl + A를 누른다.

FIND... Ctrl + F

활성화 되어 있는 윈도우에서 찾고싶은 문자열을 검색하려면 Edit 메뉴에서 FIND 명령을 사용하거나 Ctrl + F를 누른다.

FIND NEXT... Ctrl + N

활성화 되어 있는 윈도우에서 FIND 명령을 사용하여 가장 최근에 검색하였던 문자열과 일치하는 다음 것을 찾으려면 Edit 메뉴에서 FIND NEXT 명령을 사용하거나 Ctrl + N을 누른다.

REPLACE Ctrl + H

활성화 되어 있는 윈도우에서 한 문자열을 다른 것으로 대체하려면 Edit 메뉴에서 REPLACE 명령을 사용하거나 Ctrl + H를 누른다.

GO TO LINE... Ctrl + T

이동하고자 하는 라인의 번호를 입력하려면, Edit 메뉴에서 GO TO LINE 명령을 사용하거나 Ctrl + T를 누른다.

MATCH PARENTHESIS Ctrl + P

사용자가 선택한 열려있는 괄호에 대응되는 가까운 괄호를 찾으려면 Edit 메뉴에서 MATCH PARENTHESIS 명령을 사용하거나, 버튼을 클릭하거나, 또는 Ctrl + P를 누른다.

이 명령에 추가하여, 대응되는 괄호를 찾아내는 다른 방법이 있다. LINGO Options 명령(아래 참조)에서 Match Paren 옵션이 활성화 되어 있으면, LINGO는 대응되는 괄호들을 빨간색으로 강조해준다. 관심 있는 괄호들 중에서 하나의 바로 다음에 커서를 위치시키면, 괄호의 색깔이 검정에서 빨강으로 변경된다. 동시에 LINGO는 대응되는 괄호를 빨강으로 표시해준다. 이 괄호들은 사용자가 커서를 다른 곳으로 옮기기 전까지 빨강으로 표시된다.

PASTE FUNCTION

현재의 입력 지점에 LINGO의 고유 함수를 붙여넣기 하려면 Edit 메뉴에서 PASTE FUNCTION 명령을 사용하거나 F9를 누른다. 붙여넣기 하려는 LINOGO 함수를 선택한 후 계단식 메뉴에서 함수를 선택한다.

SELECT FONT... Ctrl + J

현재 선택된 텍스트에 적용할 새로운 폰트를 선택하려면 Edit 메뉴에서 SELECT FONT 명령을 사용하거나 Ctrl + J를 누른다.

INSERT NEW OBJECT

LINGO 문서에 OLE 개체를 끼워 넣기(embed) 하려면 Edit 메뉴에서 INSERT NEW OBJECT 명령을 사용하거나 F9를 누른다.

LINKS

사용자의 문서에 외부개체를 링크하려면 Edit 메뉴에서 LINKS 명령을 사용하거나 F9를 누른다.

OBJECT PROPERTIES Alt + Enter↵

끼워 넣은(embedded) 개체의 특성을 규정하려면 OBJECT PROPERTIES 명령을 사용하거나 Alt + Enter↵를 누른다.

(3) LINGO 메뉴

SOLVE Ctrl + S 

현재 메모리에 있는 모델을 LINGO solver로 보내려면 LINGO 메뉴에서 SOLVE 명령을 사용하거나, 버튼을 클릭하거나, 또는 Ctrl + S를 누른다. 만일 두 개 이상의 모델이 열려있으면, 활성화된 윈도우가 메모리에 있게 된다.

SOLUTION··· Ctrl + O

다이얼로그 박스를 오픈하려면 LINGO 메뉴에서 SOLUTION 명령을 사용하거나, 버튼을 클릭하거나, 또는 Ctrl + O를 누른다. 여기서 메모리에 있는 해에 대한 보고서가 나타나는 방식을 설정할 수 있다. OK를 클릭하면, LINOG는 보고서를 보고서 윈도우로 출력한다.

RANGE Ctrl + R

표준 범위의 보고서를 보려면 LINGO 메뉴에서 RANGE 명령을 사용하거나 Ctrl + R

을 누른다.

OPTIONS... Ctrl + I ⊠

프로그램 구성에 영향을 주는 모수의 수를 변경시키려면 LINGO 메뉴에서 OPTIONS... 명령을 사용하거나, 버튼을 클릭하거나, 또는 Ctrl + I를 누른다.

GENERATE… Ctrl + G / Ctrl + Q

현재 모델의 확장 버전을 생성하려면 LINGO | Generate 명령의 서브-명령인 DISPLAY MODEL과 DON'T DISPLAY MODEL을 사용하거나, Ctrl + G 또는 Ctrl + Q를 누른다. 확장 모델은 사용자가 작성한 모델의 모든 제약식들과 변수들을 명시적으로 열거해준다.

만일 사용자가 모델이 디스플레이 되도록 선택하면, LINGO는 새로운 윈도우에 생성된 모델의 복사본을 표시해준다. 사용자는 복사본을 검토하기 위해 스크롤을 하거나, 프린트 하거나, 또는 디스크에 저장할 수 있다. 만일 모델이 디스플레이 되지 않도록 선택하면, LINGO는 모델을 디스플레이 하지 않고 생성하지만, 적절한 solver가 나중에 사용할 수 있도록 생성된 모델을 저장한다.

PICTURE Ctrl + K

행렬 형태로 모델을 디스플레이 하려면 LINGO 메뉴에서 PICTURE 명령을 사용하거나 Ctrl + K를 누른다. 모델을 행렬 형태로 검토하면 모델의 특수한 구조를 알아내는데 도움이 된다.

MODEL STATISTICS Ctrl + E

사용자 모델의 요약 통계량을 보려면 LINGO 메뉴에서 MODEL STATISTICS 명령을 사용하거나 Ctrl + E를 누른다. 보여지는 통계량은 모델이 선형이냐 비선형이냐에 따라 약간 달라진다.

LOOK… Ctrl + L

사용자의 모델을 포함하는 보고서를 생성하려면, LOOK 명령을 사용하거나 Ctrl + L을 누른다. LOOK 명령은 모델을 점검하기 위해 모든 혹은 일부 라인들을 선택할 수 있게 해준다. 이 명령은 주로 전형적인 Windows 환경에서보다는 명령 라인모드(command line mode)에서 작업을 할 때 사용된다.

(4) 윈도우 메뉴

COMMAND WINDOW Ctrl + 1

LINGO의 명령 윈도우(Command Window)를 오픈하려면 Windows 메뉴에서 COMMAND WINDOW 명령을 사용하거나 Ctrl + 1을 누른다. 명령 윈도우는 사용자가 LINGO의 명령 라인 인터페이스에 접근할 수 있도록 해준다. 대개 Windows 사용자는 명령 윈도우를 사용할 필요가 없다. 이것은 명령 윈도우 스크립트를 통해 LINGO를 사용하는 특정 응용 "제품들"을 합치기 원하는 사용자를 위해 제공된다. 명령 라인 명령어들에 대한 자세한 정보는 도움말 파일이나 사용자 매뉴얼을 참고하기 바란다.

STATUS WINDOW Ctrl + 2

LINGO의 Solver Status window를 오픈하려면 Windows 메뉴에서 STATUS WINDOW 명령을 사용하거나 Ctrl + 2를 누른다.

SEND TO BACK Ctrl + B 

활성화된(가장 앞에 있는) 윈도우를 뒤로 보내려면 Windows 메뉴에서 SEND TO BACK 명령을 사용하거나, 버튼을 클릭하거나, 또는 Ctrl + B를 누른다. 이 명령은 모델 윈도우와 보고서 윈도우를 왔다 갔다 할 때 매우 유용하다.

CLOSE ALL Ctrl + 3 

열려 있는 모든 모델 윈도우와 다이얼로그 박스를 닫으려면 Windows 메뉴에서 CLOSE ALL 명령을 사용하거나, 버튼을 클릭하거나, 또는 Ctrl + 3을 누른다.

TILE Ctrl + 4

열려 있는 윈도우를 LINGO 프로그램 윈도우 안에서 모두 동일한 크기가 되도록 정렬하려면 Windows 메뉴에서 TILE 명령을 사용하거나 Ctrl + 4를 누른다.

CASCADE Ctrl + 5

열려 있는 모든 윈도우를 계단 형태로 배열하려면 Windows 메뉴에서 CASCADE 명령을 사용하거나 Ctrl + 5를 누른다.

ARRANGE ICONS Ctrl + 6

최소화 되어 있는 윈도우들을 표시하는 아이콘들을 스크린의 하단에 배열되도록 이동하려면 Windows 메뉴에서 ARRANGE ICONS 명령을 사용하거나 Ctrl + 6을 누른다.

LIST OF WINDOWS

열려 있는 모든 윈도우들의 목록이 현재 활성화 된 상태로 체크되어 있는 윈도우와 함께 windows 메뉴 하단에 나타난다. 사용자는 목록에서 활성화 할 윈도우를 선택할 수 있다.

(5) 도움말 메뉴

HELP TOPICS F1 

Contents 섹션에 대한 LINGO 도움말을 오픈하려면 Help 메뉴에서 HELP TOPICS 명령을 사용하거나, F1을 누르거나, 또는 첫 번째 물음표 마크 버튼을 클릭한다. 문맥 감지형(context-sensitive) 도움말을 보려면, 화살표를 가지고 있는 두 번째 버튼을 누른다. 일단 커서가 물음표 마크로 변경되면, 선택하는 어떤 명령이라도 사용자에게 도움말을 안내해준다.

REGISTER

사용자의 LINGO 온라인 버전을 등록하려면 Help 메뉴에서 REGISTER 명령을 사용한다. 이 명령이 작동되려면 인터넷에 연결되어야 한다. 다이얼로그 박스에 사용자의 개인 정보를 입력하고 등록 버튼을 선택하면 사용자의 정보가 인터넷을 통해 직접 LINDO Systems 회사로 전송된다.

LINDO Systems 사는 더 빠르고 사용하기에 쉬운 제품을 만들기 위해 쉬지 않고 일하고 있다. 사용자 등록을 함으로써 사용자는 최신 버전과 다른 신제품에 대한 정보를 받을 수 있다.

AUTOUPDATE

사용자가 LINGO 소프트웨어를 시작하면 항상 더 최신의 버전이 가용한 지를 자동으로 체크하려면 Help 메뉴에서 AUTOUPDATE 명령을 사용한다. 이 명령이 작동되려면 인터넷에 연결되어 있어야 한다.

ABOUT LINGO…

사용자가 현재 사용하고 있는 LINGO의 버전 정보(버전 번호, 제약수 제한, 변수 제한, 메모리 제한 등)를 알고 싶으면 Help 메뉴에서 ABOUT LINGO 명령을 사용한다.

(6) 요약

여기서 설명한 명령들은 LINGO Windows 버전에서 가용한 명령 전체에 대한 것은 아니다. 더 상세한 설명은 도움말 파일이나 사용자 메뉴얼을 참고하기 바란다.

2.3 LINGO 시작하기

LINGO Windows 버전을 시작하면, 프로그램은 <untitled> 윈도우를 오픈한다. 입문을 위해 이전 단원에서 살펴보았던 Enginola 문제를 <untitled> 윈도우에 직접 입력해보자.

```
MAX = (20 * A) + (30 * C);
!note that the parentheses aren't needed, because LINGO;
!will do multiplication and division first;
A < 60;
C < 50;
A + 2 * C < 120;
```

위에서 비록 “=”이 없는 엄격한 부등호 “< ”을 입력하였으나, LINGO는 이것을 “≤”로 해석한다는 점을 주지하기 바란다. 이것은 입력의 편의성을 위한 것이다. 이하임을 강조하기 위해 두심볼 “<=”을 사용하여도 무방하다. 또한, 주석 앞에는 느낌표(!)가 온다는 점을 주지하기 바란다. 주석은 세미콜론(;)으로 끝난다.

모델을 풀기 위해서 화살과녁 모양의  버튼을 클릭하거나, Solve 메뉴에서 Solve 명령을 이용하거나, 또는 Ctrl + S를 누른다. 실행되는 동안, LINGO는 Solver Status Window에 모델과 풀이 과정에 대한 정보를 디스플레이 한다. 실행이 완료되면, “State” 필드에 “Global Optimum”이 표시된다. 그러면 Solver Status Window를 닫기 위해 “Close” 버튼을 클릭한다.

이제 보고서 윈도우에 다음 해가 표시된다.

```
Optimal solution found at step:          1
Objective value:                  2100.000
Variable          Value       Reduced Cost
       A       60.00000          0.0000000
       C       30.00000          0.0000000
     Row   Slack or Surplus     Dual Price
       1       2100.000           1.000000
       2      0.0000000           5.000000
       3       20.00000          0.0000000
       4      0.0000000           15.00000
```

모델을 편집하는 것은 사용자가 원하는 변수, 계수, 또는 방향을 찾아내고 변경하는 간단한 작업이다. 어떤 변화라도 사용자가 다음 번에 모델을 실행할 때 반영된다.

작업한 내용을 저장하려면 [저장] 버튼을 클릭하거나, File 메뉴에 있는 Save 명령을 사용하거나 F4를 누른다.

2.4 LINGO와 정수계획(Integer Programming)

최적화 해야 하는 문제들을 살펴보면 종종 어떤 변수들을 정수 값(예를 들어 0, 1, 2, …)으로 제한해야 하는 필요성을 발견할 것이다. LINGO는 사용자가 이러한 변수들을 규정할 수 있도록 해준다. 여기서는 간단하게만 소개하기로 한다. 제 11단원, Formulating and Solving Integer Program에서 상세히 다루기로 한다. LINGO에서 다루는 정수형 변수는 0/1이거나 일반형이다. @BIN을 사용하여 변수의 값을 0 또는 1로 제한할 수 있다. 변수가 0, 1, 2, 등의 값을 갖는 경우에는 @GIN을 사용한다.

다음 모델에서, 변수 TOM, DICK, 그리고 HARRY는 0 또는 1로 제한된다.

```
MAX = 4 * TOM  + 3 * DICK  + 2  * HARRY;
    2.5 * TOM              + 3.1 * HARRY <= 5;
     .2 * TOM + .7 * DICK + . 4 * HARRY <= 1;
@BIN(TOM);
@BIN(DICK);
@BIN(HARRY);
```

실행이 완료된 후 해를 보려면, Reports 메뉴에서 Solution을 선택하거나, 또는 [Solution] 버튼을 누르고, All Values를 선택한다. 보고서 윈도우는 다음을 디스플레이 한다.

```
Optimal solution found at step:          1
Objective value :                 7.000000
Branch count:                            0
Variable          Value        Reduced Cost
     TOM        1.000000         -4.000000
    DICK        1.000000         -3.000000
   HARRY       0.0000000         -2.000000
     Row    Slack or Surplus      Dual Price
       1        7.000000          1.000000
       2        2.500000         0.0000000
       3       0.1000000         0.0000000
```

0, 1, 2 등과 같은 일반 정수는 @BIN 대신에 @GIN을 비슷한 방식으로 이용한다. 예를 들면 다음과 같다.

```
@GIN(TONIC);
```

이것은 변수 TONIC를 0, 1, 2, 3, …으로 제한한다.

사용되는 해법은 분지한계법(branch-and-bound)이다. 이것은 더 좋은 해를 순차적으로 찾아가는 지능적인 열거(enumeration) 프로세스이다. 해가 발견될 때마다, 새로운 목적함수 값과 얼마나 좋은 해가 여전히 존재할 수 있는 지에 대한 한계치(bound)를 표시하는 Status Window가 갱신된다. 열거가 완료되면, 발견된 최선의 해에 대한 정보를 알아보기 위해 Reports 메뉴의 여러 명령들을 사용할 수 있다.

GIN 함수를 어떻게 사용하는 지 알아보기 위해 Enginola 문제를 약간 변형한 버전을 살펴보자.

```
MAX = 20 * A + 30 * C;
A < 60;
C < 50;
A + 2 * C < 115;
```

노동 제약식(Row 4)에서 용량이 115임을 주지하기 바란다.

```
Optimal solution found at step:         1
Objective value:                     2025.000
Variable             Value         Reduced Cost
       A          60.00000            0.0000000
       C          27.50000            0.0000000
     Row     Slack or Surplus        Dual Price
       1          2025.000            1.000000
       2         0.0000000            5.000000
       3          22.50000            0.0000000
       4         0.0000000            15.00000
```

*C*에 대해 분수 값이 제안되었다. 만일 분수 값이 바람직하지 않으면, *A*와 *C*를 일반 정수 변수로 선언하라.

```
MAX = 20 * A + 30 * C;
A < 60;
C < 50;
A + 2 * C < 115;
```

```
@GIN( A);
@GIN( C);
```

풀이 결과는 다음과 같다.

```
Optimal solution found at step:           4
Objective value:                   2020.000
Branch count:                             1
Variable           Value        Reduced Cost
       A        59.00000           -20.00000
       C        28.00000           -30.00000
     Row    Slack or Surplus      Dual Price
       1        2020.000            1.000000
       2        1.000000           0.0000000
       3        22.00000           0.0000000
       4       0.0000000           0.0000000
```

(1) 정수계획 문제를 위한 경고문

정수계획(integer programming, IP)을 다루는 능력이 매우 강력하지만, 능률적으로 사용하기 위해서는 기술이 필요하다. 선형계획과 비교해서 어떤 문제를 IP로 모델화 할 수 있다는 것이 짧은 시간에 풀릴 수 있음을 의미하지는 않는다. 본질적으로 쉬운 문제에 대한 나쁜 모델을 만드는 것은 매우 쉽다. 나쁜 모델은 어마어마한 컴퓨터 계산시간을 필요로 한다. 따라서, IP 문제를 잘 풀기 위해서는 IP 분야 전문가의 조언이 필요하다. 좋은 IP 모델에 대해서는 제 11단원, Formulating and Solving Integer Programs에서 다루고 있다.

2.5 단일 최적해를 갖는 모델의 풀이

선형 혹은 정수계획 문제를 푸는 과정은 많은 수학을 필요로 한다. 풀이 알고리즘의 상세한 내용에 대해서는 다루지 않는다. 능률적인 소프트웨어를 개발하기 위해서는 많은 시간과 인력이 필요하다. 몇몇 알고리즘에 대한 좋은 개론으로 Martin(1999) 또는 Greenberg(1978)을 추천한다.

상업적인 최적화 도구가 매우 강력하지만, 모델에 극단적으로 작거나 큰 수를 사용하지 않는 것이 현실적으로 좋은 태도이다. 극단적으로 작거나 큰 수가 되지 않도록 모델의 척도를 잡아야 한다. 같은 문제 안에서 무게를 어떤 곳에서는 온스로, 다른 곳에서는 입방 마일로 측정하지 않아야 한다. 경험에 의하면 절대값이 100,000보다 크거나 0.0001보다 작은 값의 계수는 피해야 한다. 만일 척도가 나쁘다고 느끼면, LINGO가 경고를 디스플레이 할 것이다. 당신은 이 경고를 대개 무시할 수 있다. 그러나 측정 단위를 적절하게 선택하여 이 경고가 나타나지 않도록 하는 것이 좋은 태도이다.

연습문제

1. 앞 단원의 Enginola/Astro/Cosmo 문제를 기억하라. Cosmo에 대해 단지 짝수(0, 2, 4, …)만 허용되는 제약을 추가한다고 가정하자. 이 특징을 표현하기 위하여 @GIN 명령을 어떻게 이용하는 지를 보여라. 참고로, 이런 종류의 제약은 때때로 플라스틱 랩 제조업에서 발생한다. 제품은 길고 속이 빈 튜브로부터 생산이 시작된다. 이것이 평평하게 펴지고 두 개의 조각으로 절단된다. 따라서, 생산 단위는 항상 2의 배수이다.

2. 당신이 좋아하는 문서 편집기로, Enginola 모델을 입력하라. 그것을 단순한 텍스트 파일로 저장하라. LINGO를 실행하여, 모델을 읽어들이고, 그것을 풀어라.

3. 위의 2번 문제를 연결시켜서, LINGO를 사용하여 모델과 해를 포함하는 출력물 파일을 구하라. 이 파일을 당신이 좋아하는 문서 편집기로 읽어들여서 출력하라.

03

해(解) 해석하기

3.1 해 보고서에 대한 경제적 분석

모델의 해 보고서를 통해 상당히 많은 양의 관심 있는 경제적 정보를 얻을 수 있다. 추가로, 범위 분석과 같은 선택 보고서는 더 많은 정보를 제공할 수 있다. 이러한 정보를 이용함으로써 대개 "what-if" 분석을 빠르게 수행할 수 있다. 전형적인 "what-if"는 다음과 같다.

(a) 생산 능력이나 수요를 변경하면 어떤 일이 발생할 것인가?
(b) 새로운 기회가 생기면 어떻게 해야 할까? 그것은 가치가 있는 기회일까?

3.2 잠재가와 할인가의 경제적 관계

시스템의 단위에 집착하는 독자는 할인가(reduced cost)는 실제로 부호가 잘못되어 만들어진 잠재가(dual price)일 것이라고 확신할 지도 모른다. 관례에 따르면, 변수 x의 할인가는 실제로 제약식 $x \geq 0$에 대해 반대 부호를 가진 잠재가이다. 변수 x의 할인가는 x가 0으로부터 증가됨에 따라 해의 값이 퇴화되는 비율이라는 점을 기억하기 바란다. $x \geq 0$에 대한 잠재가는 우변(즉 x)이 0으로부터 증가됨에 따라 해의 값이 향상되는 비율을 측정한다.

할인가와 잠재가에 대한 우리의 지식은 다음과 같이 재언급될 수 있다.

(미사용) 활동의 할인가 : 만일 이 활동의 한 단위가 해에 포함되면, 이익이 감소되는 양

제약식의 잠재가 : 이 제약식에 관련되는 자원의 가용량이 한 단위 줄어들 때, 이익이 감소되는 양

만일 우리가 자원 사용에 대한 요금으로 잠재가를 사용하여 비용 측면에서 활동을 능가한다면 한 활동의 할인가는 실제로 그것의 순 기회비용이라는 점을 주장하고 설명할 것이다. 이것은 좋은 경제 의미처럼 들린다. 만일 활동의 한 단위가 해에 포함된다면, 그것이 사용하는 자원의 가용량을 실제로 감소시킬 것이다. 이 자원들은 잠재가로 알려진 귀속가치를 가지고 있다. 따라서, 활동은 사용된 가치에 대해 비용을 지불해야 한다. 이 주장이 맞는지 알아보기 위해 한 예를 살펴보자.

(1) 작업 비용 산정하기: 예제

Enginola는 생산 라인에 비디오 레코더를 추가하는 것을 고려하고 있다고 가정하자. Market Research와 Engineering 부서는 비디오 레코더 한 개의 직접 이익 기여도를 $47로 예상하고 있다. 이것은 Astro 라인에서 생산되어야 하고, 3시간의 노동력을 요구한다. 만일 이것이 생산되면, Astro 생산(생산 라인 확보를 위해 경쟁해야 하기 때문임)과 Cosmo 생산(노동력 확보를 위해 경쟁해야 하기 때문임)의 감소가 불가피하다. 이것은 가치 있는 교환일까? 가망이 있는 것처럼 보인다. 비디오 레코더는 Cosmo보다 노동력 단위 시간당 더 많은 금액을 만들고 Astro보다 생산 능력을 더 능률적으로 사용한다. 원래 문제에서 Astro와 노동 능력의 잠재가가 $5와 $15이었다는 점을 기억하기 바란다. 만일 이 변수를 모델에 포함시키면, 목적함수에 +47, 행 2(Astro 능력 제약식)에 +1, 그리고 행 4(노동력 제약식)에 +3을 갖는다. 희소한 자원을 사용하는데 필요한 비용을 부과함으로써 활동 또는 의사결정 변수의 "비용을 산정"할 수 있다. 얼마의 가격을 부과해야 할까? 사용할 명백한 가격은 잠재가이다. +47 이익 기여도는 음의 비용으로 생각할 수 있다. 비용 산정 계산은 아래 표에서와 같이 처리될 수 있다.

행	계수	잠재가	비용
1	−47	1	−47
2	1	+5	+5
3	0	0	0
4	3	15	+45
		총 기회 비용 =	+3

따라서 비디오 레코더 한 개는 $3의 기회 비용을 갖는다. 이익 기여도는 실제로 음의 비용이므로, 음수 1(−1)이 이익 기여도 47에 적용된다. 비디오 레코더의 순 비용은 양수이다. 그래서 명백하게 이것을 생산하는 것은 가치가 없다.

분석은 이 시점에서 종료될 수 있으나, 호기심에서 LP 모델로 만들고 풀어볼 것이다. 만일 '*V* = 생산해야 할 비디오 레코더 개수'라고 하면, 우리가 풀어야할 문제는 다음과 같다.

```
MAX = 20 * A + 30 * C + 47 * V;
          A               + V <=  60;
                  C           <=  50;
          A   + 2 * C   + 3 * V <= 120;
```

해는 아래와 같다.

```
Optimal solution found at step:          1
Objective value:                 2100.000
Variable            Value        Reduced Cost
       A        60.000000           0.000000
       C        30.000000           0.000000
       V         0.000000           3.000000
     Row    Slack or Surplus      Dual Price
       1      2100.000000           1.000000
       2         0.000000           5.000000
       3        20.000000           0.000000
       4         0.000000          15.000000
```

비디오 레코더는 생산되지 않는다. *V*의 할인가가 $3(즉, 우리가 *V*의 비용을 산정할 때 계산했던 값)이라는 점에 주목하기 바란다. 이것은 다음 관계로 설명된다.

한 활동의 할인가는 그것의 자원 사용률에 대한 가중 합에서 이익 기여율을 뺀 값이다. 적용되는 가중값들은 잠재가들이다. 비용 산정 절차에서 "최소" 목적함수는 +1의 잠재가를 갖는 것으로 취급한다. "최대" 목적함수는 −1의 잠재가를 갖는 것으로 취급한다.

(2) 잠재가, 라그랑지 곱, KKT 조건, 활동 비용 산정하기

LINGO 또는 What's Best!로 연속형 최적화 문제를 풀 때, 옵션으로 각 제약식에 대해 출력되는 잠재 비용을 얻을 수 있다. 간단하게, 우리의 목적함수가 최대화 되는 것이고 변수들에 대한 모든 표현식이 좌변에 있을 때 모든 제약식이 '이하' 형태라고 가정하자.

어떤 제약식의 잠재 비용은 제약식의 우변에 대한 최적 목적함수 값의 변화율이다. 이것은 등호 제약식의 라그랑지 곱(Lagrange multiplier)에 대한 아이디어의 부등호 제약식에 대한 일반화이다. 이 아이디어는 100년보다 더 이전부터 있어왔다. 예를 들어 설명하기 위해 약간 다른 비선형 문제를 생각해보자.

```
[ROW1] MAX = 40*( X+1)^.5 + 30*( Y+1)^.5 + 25*( Z+1)^.5;
[ROW2]       X                          + 15* Z   <= 45;
[ROW3]                        Y            + Z   <= 45;
[ROW4]       X* X       + 3* Y*Y        + 9 * Z*Z <= 3500;
```

단순히 X, Y, Z >= 0이라고 가정하자.

이 문제의 해를 구하면 다음과 같다.

```
Objective value =  440.7100
Variable            Value           Reduced Cost
       X         45.00000             0.0000000
       Y         22.17356             0.0000000
       Z        0.0000000             0.1140319
     Row     Slack or Surplus         Dual Price
    ROW2        0.0000000             0.8409353
    ROW3         22.82644             0.0000000
    ROW4        0.0000000             0.02342115
```

예를 들어, ROW2에 대한 잠재 비용 0.8409353은 만일 ROW2의 RHS(Right Hand Side, 우측상수)가 작은양 ε(입실론) 만큼 증가된다면, 최적 목적함수 값은 약 "0.8409353 * ε" 만큼 증가하게 될 것임을 의미한다.

특정 변수 또는 활동이 사용되지 않은 이유를 이해하려고 할 때, 유용한 관점은 "활동의 비용을 산정"하는 것이다. 우리는 목적함수에 대한 증분 기여량을 변수에게 "빌려준다". 그리고 그것을 각 제약식의 증분 사용량으로 부담시킨다. 여기서 적용되는 부담율은 제약식의 잠재가이다. 증분 기여량 또는 사용량은 단순히 변수의 LHS(Left Hand Side, 좌측상수) 에 대한 부분 미분값이다. 변수 Z의 비용을 산정하면 아래와 같다.

```
Row        Partial w.r.t Z      Dual price     Total charge
ROW1          12.5                  -1            -12.5
ROW2          15                .8409353          12.614029
ROW3           1                    0              0
ROW4           0                .02342115          0
                             Net(Reduced Cost):  .11403
```

한편, 만일 X에 대하여 동일하게 비용을 산정하면, 다음과 같은 결과를 얻는다.

Row	Partial w.r.t X	Dual price	Total charge
ROW1	2.9488391	-1	-2.9488391
ROW2	1	.8409353	.8409353
ROW3	0	0	0
ROW4	90	.02342115	2.107899
		Net(Reduced Cost):	0

이들 두 가지 계산은 최적해에서의 Karush/Kuhn/Tucker(KKT) 조건들에 대한 예시이다.

a) 양의 할인가를 갖는 변수는 '0' 값을 갖는다.
b) 사용되는(즉, 양의 값) 변수는 '0'의 할인가를 갖는다.
c) 양의 잠재가를 갖는 "<=" 제약식은 '0' 값의 여유변수를 갖는다.
d) 양의 여유 변수를 갖는 "<=" 제약식은 '0'의 잠재가를 갖는다.

또한 이들 조건은 때때로 상보 여유조건(complementary slackness conditions)이라고 불린다.

3.3 할인가와 잠재가의 유효한 범위

할인가와 잠재가를 기술할 때, "작은" 변화를 제한해야 한다는 점에 유의해야 한다. 예를 들어, 만일 제약식의 잠재가가 '$3/시간'이라고 하면, 가용한 시간을 증가시키면 처음 추가되는 짧은(아마도 1시간보다 작은) 시간 동안 시간당 $3의 이익이 증가할 것이다. 그러나 이 증가율은 일반적으로 영원히 유지되지는 않는다. 가용한 시간을 더 많이 확보함에 따라, 이 시간들의 가치(즉, 잠재가)는 증가하지 않고 감소할 것이라는 것을 예상할 수도 있다. 이것은 모든 상황에서 진실은 아니지만, LP에서는 제약식의 우변상수 값을 증가시키는 것이 제약식의 잠재가를 증가시키지는 못한다는 것이 진실이다. 잠재가는 단지 같은 값을 유지하거나 또는 감소한다.

LP의 우변상수를 변경함에 따라, 의사결정 변수의 최적해는 변경한다. 그러나 잠재가들과 할인가들은 최적해의 "문자(character)"가 변경되지 않는 한 변경되지 않는다. 비음 변수들의 집합 또는 속박(binding) 제약식들(즉, 여유(slack) 값이 '0'임)의 집합이 변경될 때, 문자가 변경된다(수학자들은 기저가 변경된다)고 한다. 요약하여, 우변상수를 변경함에 따라, "문자" 혹은 "기저"가 변경되지 않은 한 동일한 잠재가들이 적용된다.

대부분의 LP 프로그램들은 선택적으로 범위 보고서(즉, 민감도 분석)를 통해 해 보고서를 보조해준다. 이 보고서는 최적해의 문자 또는 "기저"에 영향을 주지 않고 각 우변 상수 또는 목적함수의 계수가 변경될 수 있는 양을 의미한다. 이전 모델을 기억하기 바란다.

```
MAX = 20 * A + 30 * C + 47 * V;
           A                + V <=  60;
                    C           <=  50;
           A   + 2 * C   + 3 * V <= 120;
```

민감도 보고서를 얻으려면, LINGO 메뉴에서 Range를 선택한다. 이 문제에 대한 민감도 보고서는 다음과 같다.

```
Ranges in which the basis is unchanged:
                      Objective Coefficient Ranges
                   Current         Allowable         Allowable
Variable       Coefficient          Increase          Decrease
       A          20.00000          INFINITY          3.000000
       C          30.00000          10.00000          3.000000
       V          47.00000          3.000000          INFINITY
                         Right-hand Side Ranges
     Row           Current         Allowable         Allowable
                       RHS          Increase          Decrease
       2          60.00000          60.00000          40.00000
       3          50.00000          INFINITY          20.00000
       4          120.0000          40.00000          60.00000
```

위의 보고서는, 두 섹션으로 구성된다. 첫 번째는 변수를 위한 것이고 두 번째는 행 또는 제약식을 위한 것이다. 보고서의 *A* 행에 있는 3은 *A*와 *C*의 최적 생산량에 영향을 주지 않고 *A*의 이익 기여도가 단위당 $3까지 감소될 수 있음을 의미한다. Astro 한 개와 Cosmo 한 개는 함께 $50의 이익을 만들기 때문에 이것은 그럴듯하다. 만일 이 쌍의 이익 기여도가 $3 만큼 감소한다면($47로), *V*는 비로소 이익이 난다. *V* 한 개는 Astro 한 개와 Cosmo 한 개가 함께 사용하는 양과 동일한 양의 희귀한 자원을 사용한다는 점을 주지하기 바란다. 보고서의 같은 섹션에 있는 INFINITY는 *A*의 이익률이 아무리 증가하더라도 *A*와 *C*의 최적 생산량에 영향을 미치지 않는다는 것을 의미한다. 우리가 이미 상한 제약까지 *A*를 생산하고 있기 때문에 이것은 직관적이다.

변수 *C*에 대한 "허용 가능한 감소(allowable decrease)" 3 값은 위와 동일한 논거로부터 나온다. *C* 행의 허용 가능한 증가(allowable increase)인 10은 *A*와 *C*의 값을 변경하는 것을 생각하기 전에 C의 이익률이 최소한 단위당 $10(그래서 단위당 $40로)만큼 증가되어야 한다는 것을 의미한다. C에 대해 단위당 $40에서, 노동 1시간당 이익은 A와 C 모두 동일하다는 점에 유의한다.

일반적으로, 만일 단일 변수의 목적함수 계수가 범위 보고서의 첫 번째 섹션에 규정되어 있는 범위 안에서 변경된다면, 의사결정 변수 A, C, 그리고 V의 최적값은 변하지 않을 것이다. 그러나 잠재가, 할인가, 그리고 해의 수익성은 변할 수도 있다.

보충하는 의미에서, 만일 단일 제약식의 우변상수가 범위 보고서의 두 번째 섹션에 규정되어 있는 범위 내에서 변경된다면, 잠재가들과 할인가들의 최적값들은 변경되지 않을 것이다. 그러나 의사결정 변수들의 값과 해의 이익은 변화될 것이다.

예를 들어, 두 번째 섹션은 만일 행 3(제약식 $C \leq 50$)의 우변이 20보다 더 많이 감소된다면, 잠재가와 할인가가 변할 것임을 알려준다. 제약식은 $C \leq 30$이 될 것이고 해의 문자는 노동 제약식이 더 이상 속박되지 않은 형태로 변경될 것이다. 범위 보고서에 따르면, 이 제약식($C \leq 50$)의 우변상수는 최적 잠재가들과 할인가들에 영향을 주지 않고 무한대까지 증가될 수 있다. Cosmo 라인에는 이미 여분의 능력이 있어서 더 많은 능력을 추가하여도 영향이 없기 때문에 이것은 맞는 이야기이다.

이 개념들을 예를 들어 설명하기 위하여 3개 변수 문제에서 노동력을 61시간에서 59시간으로 감소하여 다시 풀어보기로 한다. 모델은 다음과 같다.

```
MAX = 20 * A + 30 * C + 47 * V;
          A               + V <= 60;
                  C           <= 50;
          A   + 2 * C   + 3 * V <= 59;
```

해는 아래와 같다.

```
Optimal solution found at step:          1
Objective value:                  1180.000
Variable           Value        Reduced Cost
      A         59.00000         0.0000000
      C        0.0000000          10.00000
      V        0.0000000          13.00000
     Row    Slack or Surplus      Dual Price
      1         1180.000          1.000000
      2         1.000000         0.0000000
      3         50.00000         0.0000000
      4        0.0000000          20.00000
Ranges in which the basis is unchanged:
                  Objective Coefficient Ranges
              Current      Allowable      Allowable
```

```
Variable    Coefficient         Increase        Decrease
       A       20.00000         INFINITY        4.333333
       C       30.00000         10.00000        INFINITY
       V       47.00000         13.00000        INFINITY
                    Right-hand Side Ranges
     Row        Current        Allowable       Allowable
                    RHS         Increase        Decrease
       2       60.00000         INFINITY        1.000000
       3       50.00000         INFINITY        50.00000
       4       59.00000         1.000000        59.00000
```

먼저 축소된 노동 공급을 가지고는 어떤 Cosmo도 생산할 수 없다는 점에 주목하기 바란다. 그들의 할인가는 이제 단위당 $10이다. 이것은 만일 그들의 이익률이 단위당 $10 증가하여 $40가 된다면, 그들의 생산을 다시 고려하기 시작한다는 것을 의미한다. Cosmo에 대하여 단위당 $40 지점에서, 두 제품은 동일 능률로 노동력을 사용한다.

또한 노동 제약식의 우변상수가 60보다 작아졌기 때문에 대부분의 잠재가들과 할인가들이 변경되었다는 점에 유의하기 바란다. 특히, 노동의 잠재가 또는 한계값은 이제 시간당 $20이다. 이것은 추가되는 노동력 1시간이 $20 가치의 Astro를 한 개 더 만드는데 사용될 수 있기 때문이다. 노동의 잠재가는 아래와 같이 움직인다.

가용 노동력	잠재가	이유
0 ~ 60 시간	$20/hour	각 추가 1시간은 $20 가치의 Astro를 한 개 더 생산하는데 쓰인다.
60 ~ 160 시간	$15/hour	각 추가 1시간은 $30 가치의 Cosmo를 0.5개 더 생산하는데 쓰인다.
160 ~ 280 시간	$13.5/hour	'0.5 (−20 + 47)'의 이익을 위하여 Astro 0.5개를 포기하여 V를 0.5개 더 생산한다.
280 시간 초과	$0	추가 노동력은 쓰이지 않는다.

일반적으로, 제약식에 대한 잠재가는 위와 같이 계단식 감소 형태로 행동한다. 그림 3.1과 3.2는 단일 목적함수의 계수 또는 단일 우변상수가 변경되면 총 이익이 어떻게 영향을 받는지를 총체적으로 조망하게 해준다. 최적화 문제에 대해 예술가는 아래와 같이 언급해주기를 바랄 것이다.

a) 단일 목적함수 계수의 함수로서 최적 총이익은 항상 사발 모양을 하고 있다. 수학자는 이것을 볼록(convex) 함수라고 한다.
b) 단일 우변상수의 함수로서 최적 총이익은 항상 뒤집어 놓은 사발 모양을 하고 있다. 수학자는 이것을 오목(concave) 함수라고 한다.

어떤 문제들에서는, 그림 3.1과 3.2에서와 같이 사발의 반만 보인다. 최소화 문제에 대해서는 (a)와 (b)에서 사발의 방향이 반대로 된다.

특정 목적함수의 계수 또는 우변상수에 대한 문제를 풀 때, 이들 곡선 중의 하나에서 단일 점을 얻는다. 범위 보고서는 우리에게 이 한 점이 놓여 있는 직선의 선분 끝 점들을 알려준다.

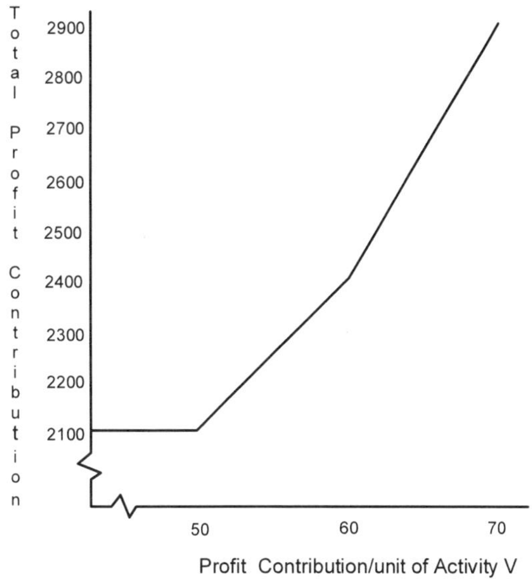

그림 3.1 총 이익 대비활동 *V*의 단위당 이익 기여

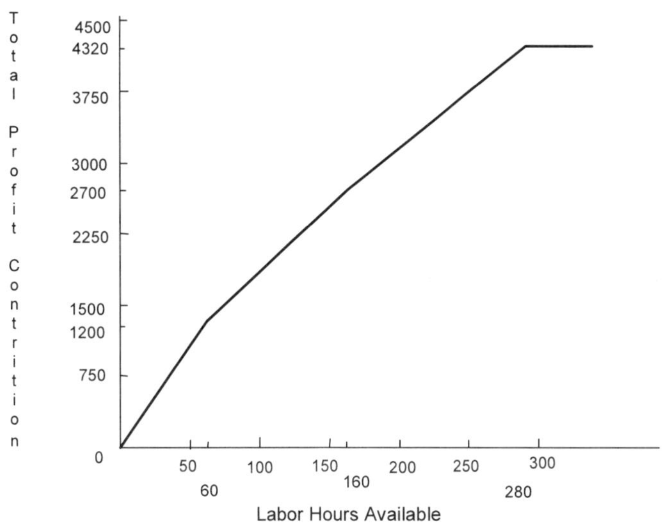

그림 3.2 이익 대비 가용노동력

(1) 모수들의 동시 변화에 대한 효과 예측하기-100% 규칙

범위 분석 보고서에 있는 정보는 우리에게 단일 비용이나 자원 모수의 변경 효과를 알려준다. 한 예로 Enginola 문제를 위한 범위 보고서는 아래에 제시되어 있다.

```
Ranges in which the basis is unchanged:
                     Objective Coefficient Ranges
               Current         Allowable       Allowable
Variable     Coefficient       Increase        Decrease
       A      20.00000         INFINITY        5.000000
       C      30.00000         10.00000        30.00000
                      Right-hand Side Ranges
     Row       Current         Allowable       Allowable
                   RHS         Increase        Decrease
       2      60.00000         60.00000        40.00000
       3      50.00000         INFINITY        20.00000
       4      120.0000         40.00000        60.00000
```

보고서는 Astro의 이익 기여도가 기저 변화 없이 $5/단위 만큼 감소될 수 있음을 의미하고 있다. 이 경우에, 이것은 최적해가 여전히 60개의 Astro와 30개의 Cosmo를 생산할 것을 제안하고 있음을 의미한다.

경쟁사에 맞서기 위해 Astro의 가격을 단위당 $3 할인하고 Cosmo의 가격을 단위당 $10 할인하는 것을 고려하고 있다고 가정하자. 동일한 제품 조합으로 여전히 이익이 날 것인가? 개별적으로, 이들 변화의 각각은 해를 변화시키지는 않는다. 왜냐하면 3<5이고 10<30이기 때문이다.

그러나 이들 두 변화가 동시에 발생할 때는 이것이 확실하지 않다. 당신의 직관은 기저를 변경시키지 않는 동시 변화를 설명하는 규칙으로 무엇을 제안하는가?

100% 규칙. 당신은 허용 가능한 범위를 모수들을 변경하는데 사용되는 여유로 생각할 수 있다. 만일 사용된 여유의 비율의 합이 100%보다 작다면, 어떤 변화들의 조합도 기저를 변경시키지 않는다는 것은 사실이다. 우리가 고려하고 있는 동시 변화에 대하여, 다음을 얻는다.

$$\left(\frac{3}{5}\right)\times 100+\left(\frac{10}{30}\right)100=60\%+33\%=93.3\%<100\%$$

이것은 조건을 만족한다. 그래서 기저를 그대로 유지하면서 변화가 허용될 수 있다. Bradley Hax, 그리고 Magnanti(1977)는 이 규칙을 "100% 규칙"이라고 부른다. A와 C의 값이 변경되지 않기 때문에, 이들 변화가 이익에 끼치는 영향을 '$-3\times60-10\times30=-480$'으로 계산할 수 있다. 그래서 새로운 이익은 '$2100-480=1620$'이 될 것이다.

변경된 모델과 해는 다음과 같다.

```
MAX = 17 * A + 20 * C;
          A         <= 60;
                  C <= 50;
          A +  2 * C <= 120;
Optimal solution found at step:         1
Objective value:                 1620.000
Variable           Value        Reduced Cost
      A         60.00000          0.0000000
      C         30.00000          0.0000000
     Row    Slack or Surplus      Dual Price
      1         1620.000          1.000000
      2        0.0000000          7.000000
      3         20.00000          0.0000000
      4        0.0000000          10.00000
```

3.4 제약식 계수에 대한 민감도 분석

우변상수와 목적함수 계수들의 적당한 변화에 목적함수 값이 선형으로 변화하기 때문에 이것들에 대한 민감도 분석은 어느 정도 쉽게 이해가 간다. 불행하게도, 제약식 계수가 변화함에 따라 목적함수 값은 비선형으로 변화한다. 그러나 제약식 계수의 작은 변화의 영향을 추정하기 위한 매우 간단한 공식이 있다. 행 i에 있는 변수 j의 계수가 작은 양, e만큼 감소될 때의 영향을 조사한다고 가정하자. 식은 다음과 같다.

$$(\text{목적함수 값의 개선}) \approx (\text{변수 } j\text{의 값}) \times (\text{행 } i\text{의 잠재가}) \times e$$

예로 다음 문제를 생각해보자.

```
MAX = (20 * A) + (30 * C);
A <= 65;
C <= 50;
A + 2 * C <= 115;
```

해는 다음과 같다.

```
Optimal solution found at step:          1
Objective value:                     2050.000
Variable              Value         Reduced Cost
       A           65.00000            0.0000000
       C           25.00000            0.0000000
     Row       Slack or Surplus        Dual Price
       1           2050.000             1.000000
       2          0.0000000             5.000000
       3           25.00000            0.0000000
       4          0.0000000             15.00000
```

이제, 행 4에 있는 *C*의 계수가 2가 아니고 2.01이라는 것을 발견했다고 가정하자. 식은 목적함수 값이 약 '25×15×.01=3.75' 만큼 감소될 것임을 암시한다.

이 변경된 문제를 풀면, 실제 목적함수 값은 2046.269이고, 목적함수 값의 실제 감소치는 3.731이다.

계수에서의 작은 변화의 영향에 대한 공식은 의미가 있다. 만일 계수의 변화가 작다면, 모든 변수들의 값과 잠재가들은 변경되지 않은 채로 유지된다. 2에서 2.01로 변경되는 것의 순 영향은 실질적으로 '25×.01' 만큼의 추가 노동 시간을 사용하고자 시도하는 것이다. 따라서 실질적으로 25×.01만큼 더 적은 노동 시간이 가용하게 된다. 그러나 노동은 시간당 $15 가치가 있다는 것을 알고 있다. 그래서 이익 변화는 약 25×.01×15이고, 원래의 공식과 일치한다.

민감도 분석의 이 형태는 어떤 계수가 정확히 추정되어야 하는지를 규정하는데 약간의 지침을 준다. 만일 변수 j의 값과 행 i의 잠재가를 곱한 값이 상대적으로 크다면, 총이익을 정확히 추정하기 위해서는 행 i에서 변수 j에 대한 계수는 정확히 추정되어야 한다.

3.5 쌍대 LP 문제, 또는 주인과 임차인

다양한 문제에 대한 모델을 개발함에 따라, 당신은 아마도 동일한 문제에 대해 다르게 보이는 몇 개의 모델이 있다는 것을 발견할 것이다. 각 모델은 아마 정확할 것이고 문제에 대해 다른 시각을 취하고 있을 것이다. LP 문제에 대한 하나의 흥미로운 수학적 사실은 항상 한 문제에 대해 두 개(좀 더 정확하게, 두 개의 배수)의 모델이 존재한다는 점이다. 임의로 한 문제는 원(primal) 문제로 불리고 다른 하나는 쌍대(dual) 문제로 불린다. 2개의 다른 문제는 한 문제에 대해 취할 수 있는 2가지 관점으로부터 생겨난다. 이들 두 관점을 주인 관점과 임차인 관점으로 생각할 수 있다.

생각을 유도하기 위해, 다음 상황을 고려해보자. 이탈리아의 어떤 섬유 "제조업자들"은 자기 소유의 공장을 가지고 있지 않다. 그러나 적절한 설비를 보유하고 있는 회사로부터 단순히 필요한 시간만큼 대여를 한다. 미국에서도, 어떤 제품을 재활용하는데 있어서 유사한 상황이 존재한다. 구식 전화 케이블을 재활용하는 회사들은 단지 구리를 절연체로부터 분리하는데 필요한 해체 기계를 대여할 수 있다. 이러한 대여 절차는 때때로 "사용료 징수(tolling)"라고 불린다. 향수 산업에서, 많은 유명 향수 상표 보유자들은 제조 설비를 가지고 있지 않고, 단지 필요한 설비를 보유하고 있는 회사로부터 대여를 한다. 이런 산업 조직의 기본 특징은 제조 자원 소유자들은 원자재나 완제품을 보유하지 않는다.

이제, 당신이 Astro, Cosmo, 그리고 비디오 레코더 제조업자인 유명한 Enginola Company의 제조 자원들을 사용할 수 있는 제품을 생산하고 싶어한다고 가정하자. 당신은 아마 Enginola로부터 생산 능력을 빌리고 싶을 것이다. 당신은 3가지 자원(즉, Astro 라인 능력, Cosmo 라인 능력, 그리고 노동) 각각에 대해 Enginola 사에 제안할 초기의 합당한 시간당 요금을 추론해야 한다. 이들 3가지 시간당 요금이 당신의 의사결정 변수들이다. 사실, 당신은 3가지 자원 각각에 대해 모든 능력을 임차하고자 한다. 그래서 당신은 전체 능력을 (60, 50, 그리고 120) 임차하는 총 요금을 최소화 하고자 한다. 만일 당신의 제안이 성공한다면, 당신은 시간당 요금이 충분히 높아서 Enginola의 어떤 제품들도 생산할 가치가 없다는 것을 알게 된다(예를 들어, Astro 생산을 그만두는 임차 비용은 20보다 커야 한다). 이들 "임차하는 것이 더 낫다"라는 조건은 제약식들을 구성한다.

이 문제에 대한 모델을 구축하려면, 변수들을 아래와 같이 정의해야 한다.

> PA=Astro 라인 능력에 대해 제안해야 하는 단위당 요금,
> PC=Cosmo 라인 능력에 대해 제안해야 하는 단위당 요금,
> PL=노동력에 대해 제안해야 하는 단위당 요금.

그러면 적절한 모델은 다음과 같다.

```
쌍대 문제:
MIN = 60 * PA + 50 * PC + 120 * PL;
!ASTRO; PA + PL > 20;
!COSMO; PC + 2*PL > 30;
!VR;    PA + 3 * PL > 47;
```

3개의 제약식은 가격이 충분히 높아서 Enginola가 어떤 제품을 생산하여도 이익이 나지 않는다.

해는 다음과 같다.

```
Optimal solution found at step:         2
Objective value:                 2100.000
Variable           Value        Reduced Cost
      PA        5.000000           0.0000000
      PC        0.0000000           20.00000
      PL        15.00000           0.0000000
     Row    Slack or Surplus      Dual Price
       1        2100.000           1.000000
       2        0.0000000          -60.00000
       3        0.0000000          -30.00000
       4        3.000000           0.0000000
```

세 제품이 있는 원래의 Enginola 문제가 다음과 같음을 기억하자.

<u>원 문제</u>:

```
MAX = 20 * A + 30 * C + 47 * V;
A +             V <=  60;
        C         <=  50;
A + 2 * C + 3 * V <= 120;
```

해는 아래와 같다.

```
Optimal solution found at step:         1
Objective value:                 2100.000
Variable           Value        Reduced Cost
       A        60.00000           0.0000000
       C        30.00000           0.0000000
       V        0.0000000           3.000000
     Row    Slack or Surplus      Dual Price
       1        2100.000           1.000000
       2        0.0000000           5.000000
       3        20.00000           0.0000000
       4        0.0000000           15.00000
```

두 해는 가격과 의사결정 변수만 뒤바뀌었을 뿐, 본질적으로 동일하다는 점에 주목하기 바란다. 특히, 임차인이 지불해야 하는 요금은 정확히 Enginola의 원래 이익과 일치한다. 이 "모든 활동의 이익이 나지 않는 제약조건하에 자원 임차 비용을 최소화 하라"는 문제를 "각 자원의 가용범위를 넘지 않는 제약조건하에서 총 이익을 최대화 하라"는 원(primal) 문제의 쌍대(dual) 문제라고 한다. 위에서 보여준 두 해 사이의 동등함은 항상 유지된다. 좀더 면밀히 조사해보면, 쌍대 모델은 본질적으로 전치된(위치를 바꾸어 놓은) 원 모델이라는 점을 알게 된다.

왜 쌍대 모델에 관심을 두는가? LP의 계산 복잡도는 개략적으로 m^2n(단, 여기서 m= 행의 수 그리고 n=열의 수) 값에 비례한다. 만일 쌍대 문제의 행 수가 원 문제의 행 수보다 현저히 적으면, 쌍대 문제를 풀고자 할 것이다.

추가로, 단순한 상한 제약(예를 들어, $x \le 1$)과 같은 어떤 제약식들은, 상하한 제약이 없는 임의(arbitrary) 제약식보다 계산상 덜 복잡하다. 만일 쌍대문제가 적은 수의 임의 제약식을 가지고 있다면, 단순 제약식을 많이 갖고 있다고 하더라도 쌍대 문제를 푸는 것이 훨씬 쉬울 수 있다.

"잠재가" 용어가 적용되는 한계가치 정보가 쌍대 문제의 의사결정 변수 값이기 때문에 "잠재가"라는 용어가 나타난다.

쌍대 문제의 아이디어를 다음과 같이 정리할 수 있다. 만일 원 문제가 ≤ 형태의 제약식들을 갖는 목적함수 최대화이면, 이것의 쌍대 문제는 ≥ 형태의 제약식들을 갖는 목적함수 최소화이다. 쌍대 문제는 원 문제의 각 제약식에 대해 한 개의 변수를 갖고, 원 문제의 각 변수에 대해 한 개의 제약식을 갖는다. 쌍대 문제의 k번째 변수의 목적함수 계수는 원 문제의 k번째 제약식의 우변상수이다. 쌍대 문제에서 제약식 k의 우변 상수는 원 문제에서 변수 k의 목적함수 계수와 동일하다. 유사하게, 쌍대 문제의 변수 j의 행 i에 있는 계수는 원 문제의 변수 i의 행에 있는 j 계수와 동일하다.

위의 내용을 적용할 수 있도록 문제의 모든 제약식을 동일한 형태로 변환하기 위하여, 다음 두 변환에 주목한다.

(1) 제약식 $2x+3y=5$은 2개 제약식 $2x+3y \ge 5$과 $2x+3y \le 5$와 동등하다.
(2) 제약식 $2x+3y \ge 5$은 $-2x-3y \le -5$와 동등하다.

| 예제 |

다음 문제의 쌍대 모델을 작성하시오.

$$\begin{aligned} \text{Maximize} \quad & 4x-2y \\ \text{subject to} \quad & 2x+6y \le 12 \\ & 3x-2y = 1 \\ & 4x+2y \ge 5 \end{aligned}$$

위의 (1)과 (2) 변환을 사용하면, 이것을 다음과 같이 다시 쓸 수 있다.

$$\begin{aligned} \text{Maximize} \quad & 4x-2y \\ \text{subject to} \quad & 2x+6y \le 12 \\ & 3x-2y \le 1 \\ & -3x+2y \le -1 \end{aligned}$$

$$-4x-2y \leq 5$$

4개의 제약식에 대응되는 쌍대 변수 r, s, t, 그리고 u를 도입하면, 쌍대 모델을 다음과 같이 작성할 수 있다.

$$\begin{aligned} \text{Minimize} \quad & 12r+s-t-5u \\ \text{subject to} \quad & 2r+3s-3t-4u \geq 4 \\ & 6r-2s+2t-2u \geq -2 \end{aligned}$$

연습문제

1. Enginola Company는 Quasi라는 이름의 새로운 TV 세트를 생산하는 것을 고려하고 있다. 기대 이익 기여도는 단위당 $25이다. 이 제품은 Astro 라인에서 생산된다. Quasi 한 단위는 1.6시간의 노동력을 필요로 한다. 단지 아래의 원래 해를 이용하여, Quasi를 생산하는 것이 가치가 있는지를 판단하라. 단, 노동력과 Astro 라인의 능력에는 변화가 없다고 가정한다.
   원 Enginola 문제와 해는 다음과 같다.

```
MAX = 20 * A + 30 * C;
A         <= 60;
        C <= 50;
A + 2 * C <= 120;
Optimal solution found at step:          1
Objective value:                  2100.000
Variable           Value        Reduced Cost
       A        60.00000           0.0000000
       C        30.00000           0.0000000
     Row     Slack or Surplus     Dual Price
       1        2100.000            1.000000
       2       0.0000000            5.000000
       3        20.00000           0.0000000
       4       0.0000000            15.00000
```

2. Judson Corporation은 집을 건축하려고 100 구획의 토지를 획득하였다. "Cape Cod"와 "Ranch Home"의 두 가지 형태의 집이 건축될 것이다. Judson은 향후 9개월 동안 100 가구를 건축하고자 한다. 이 시간 동안, Judson은 13,000 man-hours의 벽돌공 노동력과 12,000 man-hours의 목수 노동력을 확보하고 있다. 각 Cape Cod는 200 man-hours의 목수 노동력

과 50 man-hours의 벽돌공 노동력을 요구한다. 각 Ranch Home는 120 man-hours의 벽돌공 노동력과 100 man-hours의 목수 노동력을 필요로 한다. Cape Cod의 이익 기여도는 한 채당 $5,100로 예상되고, 반면에 Ranch Home 의 이익 기여도는 한 채당 $5,000로 예상된다. LP 모델과 해는 다음과 같다.

```
MAX = 5100 * C + 5000 * R;
      C +        R < 100;
200 * C + 100 * R < 12000;
 50 * C + 120 * R < 13000;
Optimal solution found at step:         0
Objective value:                 502000.0
Variable          Value        Reduced Cost
       C        20.00000          0.0000000
       R        80.00000          0.0000000
     Row    Slack or Surplus      Dual Price
       1        502000.0           1.000000
       2       0.0000000           4900.000
       3       0.0000000           1.000000
       4        2400.000          0.0000000
Ranges in which the basis is unchanged:
                   Objective Coefficient Ranges
                 Current        Allowable        Allowable
Variable     Coefficient         Increase         Decrease
       C        5100.000         4900.000         100.0000
       R        5000.000         100.0000         2450.000
                      Right-hand Side Ranges
     Row         Current        Allowable        Allowable
                     RHS         Increase         Decrease
       2        100.0000         12.63158         40.00000
       3        12000.00         8000.000         2000.000
       4        13000.00         INFINITY         2400.000
```

(a) 한 신사가 Judson의 100필지 인근에 비어 있는 15필지를 소유하고 있는데, 그는 급전을 필요로 하고 있다. 그래서 그는 15필지를 $60,000에 매각하는 것을 제안하였다. Judson은 구입하여야 할까? 당신은 어떤 가정을 하고 있는가?

(b) Judson의 한 영업사원이 Massachusetts 출신인데 그는 Judson이 계획하고 있는 것보다 Cape Cod를 한 채당 $2,000 더 받고 판매할 수 있을 것으로 확신하고 있다. Judson은 계획되었던 집들의 조합을 변경해야 하는가? 당신의 제안에는 어떤 가정들이 들어있나?

3. Jack Mazzola는 Enginola Company의 산업공학자이다. 그는 조립 부분의 일부를 IC 칩으로 대치함으로써 Cosmo TV 세트의 생산에 사용되는 노동력의 양을 2시간에서 1.92시간으로 감소하는 방법을 발견했다. 이 칩의 가격을 얼마로 해야 할 지가 불명확하다. 아래의 해 보고서에만 의지하여(즉, 새로운 LP 문제를 풀지 말고), 다음 질문에 답하라.
   (a) 노동 공급량이 고정되어 있다고 가정할 때, 단기 경영에서 이 칩의 대략적인 가치는 얼마인가?
   (b) 이 변경에 따른 일일 이익 기여도의 대략적인 증가분(칩 비용을 제외하고)의 추정치를 제공하라.

```
MAX = 20 * A + 30 * C;
          A           <= 60;
                    C <= 50;
          A +  2 * C <= 120;
Optimal solution found at step:         1
Objective value:                 2100.000
Variable           Value        Reduced Cost
       A        60.00000           0.0000000
       C        30.00000           0.0000000
     Row    Slack or Surplus      Dual Price
       1        2100.000            1.000000
       2       0.0000000            5.000000
       3        20.00000           0.0000000
       4       0.0000000            15.00000
                  Right-hand Side Ranges
   Row         Current      Allowable        Allowable
                   RHS       Increase         Decrease
       2      60.00000       60.00000         40.00000
       3      50.00000       INFINITY         20.00000
       4      120.0000       40.00000         60.00000
```

4. Bug 제품은 단위당 $4,100의 이익 기여도를 가지고 있고, 주조 부서에서 4시간과 조립 부서에 2시간이 걸린다. SuperBug는 단위당 $5,900의 이익 기여도를 가지고 있고, 주조에 2시간과 조립에 3시간이 걸린다. 주조와 조립가용 시간은 각각 160시간과 180시간이다. 주조와 조립에 사용되는 각 시간당 비용은 각각 $90와 $60이다. 다음은 이 상황에서 이익을 최대화하기 위한 LP 모델이다.

```
MAX = 4100 * B + 5900 * S - 90 * F - 60 * A;
          4 * B +    2 * S -      F           = 0;
          2 * B +    3 * S              - A   = 0;
                                  F          <= 160;
                                        A    <= 180;
```

다음은 보고서의 몇몇 섹션이 빠진 최적해 보고서이다.

```
Objective value:
Variable          Value        Reduced Cost
       B                           73.33325
       S       60.00000
       F       120.0000           0.0000000
       A       180.0000           0.0000000
     Row   Slack or Surplus      Dual Price
       1       332400.0            1.000000
       2      0.0000000
       3                           1906.667
       4                          0.0000000
       5      0.0000000            1846.667
```

단지 가용한 정보를 이용하여 비어 있는 부분을 채워라(즉, 모델을 컴퓨터에서 다시 풀지 않고).

5. Enginola 문제에서 'Astro 라인 능력=45'이고, '노동 능력=100'이라고 가정하자.
   (a) 노동 능력이 0에서 200까지 변화할 때, 다음 그래프를 작성하라.
      • 노동 능력의 함수로서 노동 잠재가
      • 노동 능력의 함수로서 총이익
   (b) Astro의 단위당 이익 기여도가 0에서 50까지 변화할 때, 다음 그래프를 작성하라.
      • 단위당 이익의 함수로서 Astro의 생산량
      • 단위당 이익의 함수로서 총이익

6. 다음 문제의 쌍대 문제를 구하라.

$$\begin{aligned} \text{Minimize} \quad & 12q+5r+3s \\ \text{subject to} \quad & q+2r+4s \geq 6 \\ & 5q+6r-7s \leq 5 \\ & 8q-9r+11s = 10 \end{aligned}$$

7. Enginola, Inc.의 정열적인 사원들은 쉬는 적이 없다. 연구개발 부서는 제안된 디지털 레코더 제품(코드명 R)에 더욱 주의를 기울여 왔고, 모두가 단위당 $79의 이익 기여도로 판매될 수 있다는 데 동의할 정도로 기능을 향상시켰다. 불행하게도, 그것을 생산하려면 여전히 A(stro)와 C(osmo) 라인에서 각각 한 단위 능력을 요구하고 있다. 더욱이, 그것은 이제 4시간의 노동력을 필요로 하고 있다. 마케팅 부서 사람들은 Astro와 Cosmo 제품들의 장점을 홍보해 왔다. 그래서 가격 인상이 가능하다. 산업공학 부서는 두 라인의 능력을 향상시킬 수 있었다. 해병대 출신의 새로

운 부서장이 맡고 있는 인사 부서는 추가로 몇 명의 우수한 사람들을 채용할 수 있었다. 그래서 노동 능력은 135시간으로 증가되었다. 이를 반영한 모델이 아래에 제시되어 있다.

```
MAX = 23 * A + 38 * C + 79 * R;
        A              + R <= 75;
                C      + R <= 65;
        A + 2 * C + 4 * R <= 135;
END
```

컴퓨터에 의지하지 말고, 다음 질문에 답하라. 각 답을 뒷받침할 수 있도록, 당신의 배우자 또는 중요한 다른 사람이 이해할 수 있는 한 두 문장의 경제 관련 주장을 추가하라.

(a) A를 얼마나 많이 생산해야 하는가?

(b) C를 얼마나 많이 생산해야 하는가?

(c) R을 얼마나 많이 생산해야 하는가?

(d) 추가 노동력 한 시간에 대한 잠재가(marginal value)는 얼마인가?

(e) A 라인의 추가 능력의 단위당 잠재가는 얼마인가?

(f) C 라인의 추가 능력의 단위당 잠재가는 얼마인가?

04 모델 구축 절차

>> 셀 수 있는 것은 세라, 측정할 수 있는 것은 측정하라, 그리고 측정할 수 없는 것은 측정할 수 있도록 만들어라. – Galileo Galilei(1564~1642) –

4.1 전체 절차

문제를 해결하기 위해 해석 또는 모델링 접근법을 사용하는데 있어서, 5가지 절차가 있다.

1) 문제를 이해한다.
2) 문제에 대한 모델을 구축한다.
3) 모델을 위한 입력 자료를 수집하고 가공한다.
4) 모델을 풀거나 실행한다.
5) 해를 실세계에 적용하고 해석한다.

일반적으로, 한번에 가장 적절한 모델을 개발할 수 없으므로 5단계에 대해 상당한 반복이 있게 된다. 위에서 가장 쉬운 것은 컴퓨터상에서 문제를 푸는 것이다. 이것은 컴퓨터상에서 문제를 푸는 것이 본질적으로 가장 쉬워서가 아니고, 수학 분석 과정에서 가장 쉽기 때문이다. 단계 1, 3, 그리고 5는 가장 어려운 것은 아니지만 시간이 가장 많이 소요되는 과정이다. 이들 단계에서 성공하기 위해서는 관련되어 있는 조직에 매우 친숙해야 한다. 즉, 펀치 프레스 설비의 실제 생산 속도가 얼마인지 알고 있는 사람을 알아야 한다. 단계 2는 가장 높은 수준의 해석 기술을 요구한다. 단계 1과 5는 가장 높은 수준의 사람을 다루는 기술을 필요로 한다.

좋은 모델을 구축하는 것은 과학과 접하고 있는 예술과 같다. 현실 세계를 근사화 할 수 있으면서도 단순한 모델을 개발하는 것은 예술적 재능을 필요로 한다. 우리는 최적화 모델에 의해 근사화 되는 몇 가지 문제들의 부류를 접하게 될 것이다.

위에서 언급한 모든 견해를 마음속에 새기고, 단계 3과 4에 적용 가능한 보편적인 진리가 무엇인지 기술하고 단계 4의 테크닉에 대해 소개하면서, 최적화 모델 구축에 관한 토의에 집중하고자 한다.

4.2 모델 구축 방법

모델 개발을 위해 두 가지 접근 방법을 고려할 수 있다.

1) 참고법(Template approach),
2) 축조법(Constructive approach).

축조법이 더 근본적이고 일반적이다. 그러나 분석 능력이 약한 사용자는 참고법을 선호할 것이다. 참고법은 본질적으로 "통조림 안에 든 모델" 접근법으로 표준 응용예제들이 상세하세 설명되어 있다. 만일 사용자의 문제가 이러한 "참고" 모델과 유사하다면, 사용자는 자기의 문제 상황에 맞게 참고 모델을 약간 수정할 수 있을 것이다. 이 방법의 장점은 만일 실제 상황과 유사한 참고 모델이 있다면, 사용자가 많은 기술적인 배경을 가지지 않아도 된다는 점이다.

4.3 참고법

만일 해결해야 할 새로운 문제와 연관을 지을 수 있는 참고 문제들을 가지고 있다면, 당신은 문제를 구성하는 당신의 능력에 있어서 훨씬 편안함과 자신감을 느낄 것이다. 이제 몇 가지 문제 유형을 제시할 것이다. 실제로, 여러분이 부딪히는 커다란 실제 문제는 정확히 한 개의 참고 문제 유형에 맞아 떨어지지 않고, 둘 또는 그 이상의 유형의 조합을 필요로 한다. 분류는 완벽하지 않으므로 당신은 여기서 제시하는 참고 문제 유형에 전혀 맞지 않는 것으로 보이는 모델을 만나고 개발할 지도 모른다.

(1) 제품 조합 문제

제품 조합 문제는 초보 수준의 LP 교재에서 전형적으로 만나는 문제 유형이다. 판매 가능한 제품들의 집합이 있고, 제품 생산을 위해 필요한 자원들의 유한 집합이 있다. 각 제품의 이익 기여도와 자원 사용 정도가 기술된다. 목적은 가용한 이하의 자원들을 사용하는 조건하에서 이익을 최대로 하는 제품 생산량 조합을 찾는 것이다.

이러한 문제들은 항상 "작거나 같은 제약식들 하에서 이익 최대화"형태를 취한다.

(2) 커버링, 참모, 그리고 절단 문제

커버링(covering), 참모(staffing), 그리고 절단(cutting stock) 문제는 형태가 "크거나 같은 제약 조건하에서 비용의 최소화"로 제품 조합 문제에 대한 보충 문제이다(전문용어로 쌍대(dual)로 불림). 이 경우 변수들은 하루 동안의 여러 근무 교대(shift)를 위해 고용되는 인원수이다. 제약식은 선택된 변수들의 조합은 하루의 매 시간 동안 요구 사항을 "커버"해야 한다는 사실로부터 발생한다.

(3) 배합 문제

배합 문제(blending)는 식료품, 사료, 금속, 그리고 석유정제 산업에서 발생된다. 문제는 원재료들의 집합(이종의 금속들, 곡물들, 또는 원유들)을 소시지, 개 사료, 가솔린과 같은 최종 제품으로 섞거나 혼합하는 것이다. 최종 제품 단위당 비용을 최소화 하고 어떤 품질 조건(예를 들어 단백질 함유 비율≥15%)을 만족하는 것이 제약 조건이 된다.

(4) 복수기간 계획 문제

복수기간 계획 문제는 아마도 가장 중요한 모델 부류를 구성할 것이다. 이 모델들은 이번 기간에 결정된 변수의 값들이 미래 기간에 허용되는 변수의 값들이 부분적으로 결정하는 것과 연관되어 있다. 매 기간에 사용되는 서브모델은 아마도 제품 조합 문제, 배합 문제, 또는 어떤 다른 형태의 문제일 것이다. 이러한 서브모델들은 대개 한 기간에서 다음 기간으로 옮겨지는 재고 변수(예를 들어 원자재, 완제품, 현금, 또는 재고, 또는 미결재 대여금 재고)에 의해 서로 연결된다.

(5) 네트워크, 분배, 그리고 PERT/CPM 모델

네트워크 LP 모델들은 두 가지 이유로 특별한 관심을 끈다. (a) 그래프나 네트워크로 표현이 가능한 매우 단순한 형태를 가지고 있다. (b) 문제를 해결하기 위한 전용의 능률적인 풀이 절차가 존재한다. 따라서, 이들 유형은 비교적 쉽게 설명할 수 있고 이해할 수 있다. 네트워크 LP는 제품 분배 문제에서 자주 발생한다. 여러 위치에서 제품을 생산하여 많은 고객에게 분배하는 회사는 네트워크 LP와 관련된 문제를 발견할 것이다. 이 형태의 대규모 문제는 전용화된 절차에 의해 빠른 속도로 풀릴 수 있다.

가장 단순한 네트워크 문제의 하나가 네트워크의 한 점에서 다른 점으로의 최단경로를 발견하는 것이다. 이 문제의 약간 변형된 형태로 최장경로를 찾는 것은 프로젝트 관리 도구인 PERT(Program Evaluation and Review Technique)와 CPM(Critical Path Method)의 중요한 구성 요소이다.

네트워크 모델의 가까운 친척들은 입력/출력과 횡적으로 결합된 모델이다. 예를 들어 GM 자동차는 몇몇 공장에서 엔진을 제작하고 있다. GM의 엔진들은 산업용 장비 제작 업체와 같은 고객에게 직접 판매되거나, GM의 자사 자동차에 사용된다. 이런 회사는 수직으로 결합되어 있다고 한다. 수직으로 결합된 모델에서, 대개 각 중간제품에 대해 하나의 제약식이 있다. 제약식은 여러 가지 프로세스들에 의해 사용되는 중간제품의 양이 다른 프로세스들이 생산한 이 중간제품의 양을 초과하지 않도록 하는 기초 물리 법칙을 준수하도록 해준다. 대개 각 프로세스 변수에 대해 하나의 의사결정변수가 있다.

만일 시각을 전체적인 경제로 확대한다면, 고려하는 모델은 Wassily Leontief(1951)에 의해 대중화된 입력/출력 모델과 유사하게 된다. 각 산업은 필요한 입력물과 생산되는 출력물에 의해 기술된다. 이러한 출력물들은 결국 다른 산업의 입력물이 된다. 문제는 각 산업이 특정 소비 요구 사항을 만족시키기 위해 달성해야 하는 적절한 수준을 결정하는 것이다.

(6) 불확실한 요소를 갖는 복수기간 계획 문제

최적화 문제의 근원적인 가정들 중의 하나는 모든 입력 자료는 확실한 값으로 알려져 있다는 것이다. 그러나 핵심 자료가 확률적인 경우가 있다. 예를 들어 정유회사가 다가오는 겨울을 위해 석유 제품 생산과 관련하여 의사결정을 할 때, 석유 수요는 매우 변동이 심한 확률변수이다. 그러나 만일 모든 확률변수의 분포함수가 알려져 있다면, 최적화 문제를 확률 요소를 제외하고 (비록 크기는 더 커지겠지만) 동등한 확정적 최적화 모델로 변환하는 모델링 테크닉이 있다. 이러한 모델을 때때로 확률계획법(stochastic program)이라고 부른다.

(7) 재무 포트폴리오 모델

지난 수십 년간 최적화의 중요한 응용 분야의 하나로 여겨져 온 것이 재무 투자 포트폴리오 설계이다. 가장 간단한 형태로, 높은 기대 수익과 낮은 위험 사이에서 좋은 타협을 이루도록 위험한 투자처들의 집합에 얼마를 투자해야 하는 지를 결정하는 문제가 있다. 이 문제에 대한 좀 더 복잡한 응용문제로 S&P 500과 같은 어떤 대중적인 재무 지표를 따라 투자하는 것을 생각할 수 있다.

(8) 게임 이론 모델

게임 이론은 경쟁상황과 관련되어 있다. 가장 간단한 형태로 각각 가능한 의사결정 집합을 가지고 있는 두 명의 선수로 구성되는 게임을 생각할 수 있다. 각 선수는 다른 선수의 선택을 알지 못하는 상태에서 전략을 선택해야 한다. 각 결정이 내려진 후 각 선수는 선택된 의사결정들의 조합에 따라 보상을 받는다. 각 선수의 최적 전략을 결정하는 문제는 선형계획으로 모델링 될 수 있다.

당신이 만나게 되는 모든 문제들이 위의 부류에 속하지는 않는다. 많은 문제들은 위 형태들의 조합이 된다. 예를 들어, 다기간 계획 문제에서 단일 기간 서브–문제는 조합 또는 배합 문제이다.

4.4 축조법에 의한 모델 구축

축조 접근 방식(constructive approach)은 처음부터 모델을 구축하기 위한 가이드라인의 집합이다. 이 접근 방법은 좀더 분석적인 기술을 필요로 한다. 그러나 규칙들은 당신이 개발을 시도하는 모델에 적용된다. 정확하게 당신의 실제 상황에 일치하는 모델 템플릿을 발견하는 특별한 경우는 드물다. 실제로, 이들 두 가지 접근법의 조합이 필요하다.

축조 접근법을 위해, 모델링의 ABC 라고 부르는 다음 세 가지 단계의 방법을 제안한다.

A. 의사결정 변수 또는 조절 가능한 조각(adjustable cells)을 설정하고 정의한다. 의사결정 변수를 정의하는 것은 단위(예를 들면, 톤, 시간 등)를 설정하는 것을 포함한다. 의사결정 변수를 추론하는 한 가지 방법은 "이 문제에 대한 해를 제공해주는 보고서의 형식은 어떤 것이어야 하는가?"라는 질문을 하는 것이다. 예를 들면, 해를 구성하는 숫자들은 각 제품의 생산할 양과 각 재료의 사용할 양이다. 여기서 조각은 의사결정 변수이다.

B. 최선(best)을 어떻게 측정할 지 정의한다. 특히, 측정 단위를 포함하여 목적함수 또는 판단기준 함수를 정의한다. 사용 가능한 또는 실행 가능한 해들 중에서, 어떻게 선호도/우수함(예를 들면, 이익)을 측정할 것인가?

C. 측정 단위를 포함하여 제약식(constraints)을 설정한다. 제약식에 대해 생각하는 한 가지 방식은 다음과 같다. 문제에 대한 추정 해가 주어졌을 때, 해의 유효성을 체크하기 위하여 당신이 수행할 체크 방법에는 어떤 것이 있을까?

대다수 문제에 대한 제약식들의 대부분은 '공급량만큼 사용하기(sources-equals-uses) 제약식'으로 생각될 수 있다. 또 다른 제약식의 일반적인 종류는 정의(definitional) 또는 계산(accounting) 제약식이다. 때때로 둘 사이의 차이점은 임의적이다. 다음의 생산을 설정하기로 하자: i) 어떤 상품에 대하여 얼마만큼의 초기 재고를 가지고 시작한다. ii) 그 상품을 얼마만큼 생산한다. iii) 그 상품을 얼마만큼 판매한다. 그리고 iv) 최종 재고를 그 상품의 얼마만큼 남는다. 공급량만큼 사용하기 관점에서, 다음과 같이 쓸 수 있다.

초기 재고 + 생산량 = 판매량 + 최종 재고

정의로부터, 만일 최종 재고가 얼마인지를 생각해본다면, 다음과 같이 쓸 수 있다.

최종 재고 = (초기 재고 + 생산량) − 판매량

두 관점은 사실 수학적으로 동등하다.

어떤 문제에서라도, 먼저 말로 위의 것을 각각 행해 보는 것이 유용하다. 아이디어를 예시하기 위하여, 다음 예제를 생각해보자.

(1) 예제

Deglo Toys 사는 수년 동안 아동용 조립식 완구를 제조해오고 있다. Deglo는 차기년도를 겨냥하여 어둠 속에서 빛이 나는 신제품을 출시하려고 한다. 그래서 그들은 새로운 제품을 출시하기 전에 구식 제품의 재고를 소진하고 싶어한다. 구식 제품 재고는 4구(4-dimple) 제품 19,900개와 8구 제품 29,700개이다. 이 재고는 Master Builder와 Empire Builder의 두 가지 다른 키트 형태로 팔릴 수 있다. 목적은 두 키트의 판매 이익을 최대화 하는 것이다. Master 키트는 16.95달러, 그리고 Empire 키트는 24.95달러에 팔린다. Master 키트는 4구 블록 30개와 8구 블록 40개로 구성된다. Empire 키트는 4구 블록 40개와 8구 블록 8개로 구성된다. 이 문제에 대한 적절한 모델은 무엇일까?

(2) 예제 문제에 대한 모델 구축

예제 문제에 대한 절차는 다음과 같다.

a) 핵심적인 의사결정 변수들은 다음과 같다.

M = 조립할 Master 키트 개수 그리고

E = 조립할 Empire 키트 개수.

b) 목적함수는 판매 이익을 최대화 하는 것이다.

즉, Maximize $16.95M+24.95E$.

c) 만일 누군가가 우리에게 해를 제안한다면(즉, M과 E에 대한 값), 다음을 검토하여 가능성을 체크할 수 있다.

i. 사용되는 4-dimple 블록의 수량 ≤19,900 그리고

ii. 사용되는 8-dimple블록의 수량 ≤29,700.

기호 또는 대수적으로, 이것은 아래와 같다.

$$30M+40E \leq 19{,}900$$
$$40M+85E \leq 29{,}700$$

LINGO 형태로, 모델은 다음과 같다.

```
MAX = 16.95 * M + 24.95 * E;
          30 * M    + 40 * E <= 19900;
          40 * M    + 85 * E <= 29700;
```

| **풀이** |

```
Optimal solution found at step:          0
Objective value:                   11478.50
Variable            Value        Reduced Cost
       M         530.0000           0.0000000
       E         100.0000           0.0000000
     Row     Slack or Surplus      Dual Price
       1         11478.50            1.000000
       2        0.0000000           0.4660526
       3        0.0000000           0.7421052E-01
```

따라서, 530개의 Master Builder와 100개의 Empire Builder를 생산해야 한다.

4.5 정확하게 비용 선택하기

목적함수의 비용과 이익 계수를 결정하는 것에는 주의가 요구된다. 많은 회사에서, 비

용 자료는 최적화 모델에서 요구하는 상세 정도로 가용하지 않다. 설령 가능하더라도, "공식적인" 비용 계수는 즉시 적용하기에는 적절하지 못할 수 있다.

기본 규칙은 매우 단순하다. 변수의 비용 계수는 변수의 변화에 따른 총 비용의 변화율이어야 한다. 이 규칙을 위반하는 여러 가지 유혹에 대해 논의할 것이다. 두 가지의 주요 유혹은 매몰비용(sunk cost)과 결합비용(joint cost)이다.

(1) 매몰비용 대 가변비용

매몰비용(sunk cost)은 지불될 필요는 없었으나, 이미 발생해버리거나 저질러진 비용이다. 가변비용(variable cost)은 어떤 활동 수준에 따라 변동하는 비용이다. 매몰비용은 의사결정 변수의 어떤 계수에도 나타나서는 안 된다. 어떤 비용이 매몰이냐 가변이냐는 계획 기간의 길이에 밀접하게 관련되어 있다. 일반적인 규칙은 다음과 같다. 단기간에서, 모든 비용은 매몰이다. 반면에 장기간에서 모든 비용은 가변이다. 다음 예제를 살펴보자.

매몰과 가변비용 예제

한 회사는 두 제품 X와 Y에 대한 이익 기여도 표를 작성하였다.

제품:	X	Y
판매가/단위	$1000	$1000
자재비/단위	$200	$300
노무비/단위	$495	$300
순 이익 기여도	$305	$400

이들 두 제품은 일간 능력이 80단위인 공통의 조립 설비를 사용한다. 제품 전용 생산 설비들은 X와 Y 각각에 대해 일간 40단위, 60단위의 능력을 가지고 있다. 모든 노동에 대해 회사의 시간당 임금은 $15이다. 명백하게 모델은 다음과 같다.

```
Max = 305 * X + 400 * Y;
            X           <= 40;
                      Y <= 60;
            X       + Y <= 80;
```

해는 X를 20개, Y를 60개 생산하는 것이다. 시간당 15달러에서 이 해에 소요되는 총 노동량은 다음과 같다. 20×495/15+60×300/15=1860시간/일.

이제, 위 상황에 몇 가지 가능한 추가 또는 변형 사항들에 대해 생각해보자. 몇몇 자동차 제조회사와 같은 어떤 회사들은 계약기간(통상 1년) 동안 고정된 수의 종업원들에게 효과적으로 직업을 보장해주는 노동계약을 한다. 만일 위의 모델이 얼마나 많은 종업원을 고용해야 하는지 결정하기 위해 사용된다면, 비록 너무 낮음에도 불구하고 위에서 쓰인 시간당 15달러는 아마도 적절할 것이다. 미국에서 고용주는 또한 임금의 8%에 가까운 사회보장과 의료보장제도 세금을 지불해야 한다. 추가하여, 고용주는 대개 종업원을 위한 부가의 건강 보험 비용을 떠맡는다. 그래서 노무비는 15달러라기보다는 아마도 20달러에 더 가깝다.

그러나 일단 계약에 사인을 하고나면 노무비는 매몰비용이 된다. 그렇지만, 우리는 지금 일간 1,860시간의 노동력을 사용할 수 있는 제약을 가지고 있다. 변동 이익 기여는 다음과 같다.

제품:	X	Y
판매가/단위	$1000	$1000
자재비/단위	$200	$300
순 이익 기여도	$800	$700

이제 X가 더 이익이 많은 제품이다. X 제품을 40개, 그리고 Y 제품을 40개 생산해야 한다는 결론에 도달하기 전에, 우리는 노동력은 고정되어 있음을 상기해야 한다. 적절한 단기 모델은 다음과 같다.

```
Max = 800 * X + 700 * Y;
            X              <= 40;
                         Y <= 60;
            X          + Y <= 80;
       33 * X +   20 * Y <= 1860;
```

해는 다음과 같다.

```
Optimal solution found at step:          1
Objective value:                  58000.00
Variable           Value        Reduced Cost
       X        20.00000           0.0000000
       Y        60.00000           0.0000000
     Row    Slack or Surplus      Dual Price
       1        58000.00            1.000000
       2        20.00000           0.0000000
       3       0.0000000            215.1515
```

```
4        0.0000000          0.0000000
5        0.0000000           24.24242
```

따라서, 우리는 여전히 동일한 제품 조합을 생산한다.

이제 경쟁력을 갖추기 위해 X 제품의 판매가를 $350를 낮추어서 $650으로 해야 한다고 가정하자. 또한, 적용해야 하는 노동계약을 여전히 가지고 있고 일일 1,860시간에 대해 비용을 지불해야 한다. 올바른 모델은 다음과 같다.

```
Max = 450 * X + 700 * Y;
            X              <= 40;
                         Y <= 60;
            X          + Y <= 80;
       33 * X +   20 * Y <= 1860;
```

해는 동일하게 X=20과 Y=60이다. 그러나 만일 우리가 (부정확하게) 노무비를 할당하면, 모델은 다음과 같다.

```
Max = - 45 * X + 400 * Y;
             X              <= 40;
                          Y <= 60;
             X          + Y <= 80;
        33 * X +   20 * Y <= 1860;
```

그러면 우리는 X 제품은 생산하지 않아야 한다는 올바르지 못한 결론을 내리게 된다.

위와 유사한 계획 상황이 많이 있다. 예를 들어, 어떤 항공사 또는 트럭 운송 회사는 장기 운반량 결정을 위하여 일일 수송 경로 결정을 위한 것과 전적으로 동일한 모델을 사용할지도 모른다. 장기 운반량 결정 문제를 풀 때, 자본 비용은 일일 차량 보유 비용에 포함되어야 한다. 한편, 단기 경로 결정 문제를 풀 때는 자본 비용은 일일 차량 비용에 포함되어서는 안 된다. 그러나 사용 차량의 수는 장기 계획에서 결정된 차량 대수보다는 커서는 안 되는 제약이 있다. 단지, 차량 사용량에 따라 변화하는 운전비용이 단기 모델을 풀 때 포함되어야 한다.

(2) 결합 제품

만일 하나의 프로세스를 통해 다수의 제품이 생산될 때 결합제품(joint product) 또는 부산물을 가지게 된다. 핵심 특징은 다음과 같다. 만일 당신이 문제의 프로세스를 운영한다면, 필연적으로 어느 정도의 결합제품을 얻게 된다. 몇 가지 예를 들면 다음 표와 같다.

프로세스	결합제품
원유 정제	가솔린, 석유, 등유, 타르
생우유 처리	whole milk(지방 4% 함유), skim milk(무지방), two percent fat content(지방 2% 함유), 유지(크림), 요구르트 (참고: 미국에서 시판되는 우유에는 4종류가 있음: ① whole milk ② two percent fat content ③one percent fat content(지방 1% 함유) ④ skim milk(무지방))
육류 처리	흰 살코기(light meat), 닭다리 고기 등 요리하면 검어지는 고기(dark meat), 두껍게 썬 고기(steak), 목덜미살 (chuck roast)
반도체 제조	고속 칩, 저속 칩
귀금속 채광	금, 은, 동
판매 요청(Sales calls)	생산 라인에서 다양한 제품의 판매

결합 프로세스의 비용이 산출 제품에 완전히 할당되어야 한다는 유혹과 심지어 세무 당국의 요구가 있다. 중요한 점은 의사결정 목적을 위하여, 이런 할당은 소용이 없다는 것이다. 이것은 피해야 한다. 결합 제품의 프로세스를 모델링 하는 적절한 방법은 각 산출 제품을 위한 별도의 의사결정 변수, 그리고 결합 제품 프로세스를 위한 의사결정 변수를 갖는 것이다. 비용과 수익이 관련되어 있는 의사결정 변수에 적용되어야 한다. 예를 들어, 증류 비용은 증류할 원유량을 나타내는 의사결정 변수와 연관되어야 한다. 만일 가솔린을 생산하고 싶다면, 증류 비용을 초래한다는 사실이 제약식으로 고려되어야 한다. 다음 예를 살펴보기로 한다.

결합비용(Joint Cost) 예

Chartreuse Company(CC)는 호박을 경작한다. 파종, 수확, 등급분류에 재배 호박 1톤당 800달러의 비용이 들어간다. CC는 150톤의 호박 경작 능력을 가지고 있다. 품질 향상을 위한 CC의 최선의 유전공학적 노력에도 불구하고, 수확한 호박은 동일한 비율로 양호, 프리미엄, 그리고 최상의 세 종류 등급으로 구분된다. 일단 분류가 이루어진 이후에, 각 등급을 시장에 출하하기 위해 100달러의 비용이 든다. 다른 대안으로, 각 등급의 호박은 폐기될 수 있다. 이때 비용은 들지 않는다. 최근 가격이 하락하여 모든 등급의 호박을 판매하는 것이 이익이 되는지 염려가 되는 상황이다. 각 세 등급의 판매가는 톤당 각각 700달러, 1,100달러, 그리고 2,200달러이다. 각 등급을 얼마나 처리하고 판매하여야 하는가?

적절한 모델은 다음과 같다.

```
MAX = (700 - 100)* G + (1100 - 100) * P + (2200 -
      100)* E - 800 * R;
R <= 150;
G <= .3333333 * R;
P <= .3333333 * R;
E <= .3333333 * R;
```

풀이는 다음과 같다.

```
Optimal solution found at step:         0
Objective value:                  65000.0
Variable           Value        Reduced Cost
       G        50.00000           0.0000000
       P        50.00000           0.0000000
       E        50.00000           0.0000000
       R        150.0000           0.0000000
     Row    Slack or Surplus      Dual Price
       1        65000.00            1.000000
       2       0.0000000            433.3333
       3       0.0000000            600.0000
       4       0.0000000            1000.000
       5       0.0000000            2100.000
```

세 가지 모든 등급에 대해 파종, 추수, 그리고 등급판정 비용을 할당하고 싶은 유혹을 느끼게 된다. 이때의 모델은 다음과 같다.

```
MAX = (700 - 100 - 2400/3) * G + (1100 - 100 -
      2400/3) * P + (2200 - 100 - 2400/3) * E ;
G <= .333333 * 150;
P <= .333333 * 150;
E <= .333333 * 150;
```

위의 모델에서 양호 등급의 호박은 (명목상) 음의 이익을 내므로, 생산하지 않을 것이다. 만일 *P*와 *E*에 대해서만 파종, 추수, 그리고 등급분류 비용을 할당한다면, 다음을 얻는다.

```
MAX = (1100 - 100 - 2400/2) * P + (2200 - 100 -
      2400/2) * E;
G <= .333333 * 150;
```

```
P <= .333333 * 150;
E <= .333333 * 150;
```

물론, 이제 프리미엄 등급은 생산할 가치가 없다. 이것은 최상등급에 모든 파종, 추수, 그리고 등급분류 비용을 할당하는 결과를 가져오고, 최상등급이 생산할 가치가 없음을 알 수 있다. 그래서 이익이 나는 사업에서 출발하더라도, 결합비용을 무작정 할당하는 것은 이익이 나는 비즈니스를 중단하는 결과를 야기한다. 이 이야기의 교훈은 비용을 할당하지 말라는 것이다.

4.6 모델 구축 과정에서의 전형적인 오류

당신이 실세계에 대한 첫 번째 모델을 개발할 때, 모델에 오류와 버그가 포함되는 경우도 있다. 이러한 오류는 아래의 범주에 속하게 된다.

A. 단순한 기록 또는 입력 오류
B. 근본적인 모델 구축 오류
C. 근사(approximation) 오류

처음 두 부류의 오류는 확인만 하면 쉽게 수정할 수 있다. 원칙적으로, 부류 A는 확인하기 쉬운 오류이나, 모델이 커짐에 따라 검색 작업에 어려움이 발생할 수도 있다. 부류 B는 실제 문제 또는 LP 모델의 특징을 잘못 이해하여 발생할 수 있는 좀더 중요한 오류이다. 부류 C 오류는 포착하기 힘들다. 대개 실제 상황에서 모델은 몇몇 근사를 포함하게 된다. 많은 제품들을 커다란 단일 제품으로 묶어서 처리하는 경우, 일주일의 여러 날들을 함께 묶는 경우, 또는 양에 정확하게 비례하지 않은 비용을 선형으로 취급하는 것 등이 그 예이다. C 부류의 오류를 피하기 위해서는 얼마만큼의 근사가 허용될 수 있는지를 규정하는 기술이 필요하다.

부류 A 오류와 관련하여 만일 당신이 운이 좋다면, 부류 A 오류는 명백하게 잘못된 해를 도출함으로써 스스로 드러날 수 있다.

여러 형태가 있기 때문에 모델 구축 오류에 대해 논의하는 것은 더욱 어렵다. 초보자는 치수 분석이라고 부르는 작업에서 자주 오류를 범한다. 물리나 화학을 수강한 사용자는 누구나 이것을 "단위를 점검하는 것"으로 알고 있을 것이다. 예를 들어 설명하기로 한다.

어떤 장난감 배급업자가 다가오는 축제(또는 휴가) 기간을 위하여 Tinkertoy(미국제

조립식 장난감, 상표명) 셋을 조립하는 전략을 분석하고 있다. 그는 두 종류의 셋을 조립한다. “Big” 셋은 60개의 조각과 30개의 연결부품으로 구성된다. 반면에 “Tot” 셋은 30개의 조각과 20개의 연결부품으로 구성된다. 이번 시즌을 위하여 중요한 요소는 단지 60,000개의 연결부품과 93,000개의 조각만을 보유하고 있다는 점이다. 그리고 조립품 모두를 판매할 수 있을 것으로 예상하고 있다. 각 셋의 이익은 각각 5.5달러와 3.5달러이다. 이익을 최대화하기 위해 각 셋을 얼마만큼 판매하여야 할 것인가?

배급업자는 다음의 모델을 개발하였다. 정의 :

B = “Big” 셋 조립 개수
T = “Tot” 셋 조립 개수
S = 실제로 사용한 조각 개수
C = 실제로 사용한 연결부품 개수.

```
MAX = 5.5 * B + 3.5 * T;
B - 30 * C - 60 * S  = 0;
T - 20 * C - 30 * S  = 0;
        C          <= 60000;
               S <= 93000;
```

처음 두 제약식은 다음과 동등함을 주지하기 바란다.

$$B = 30C+60S$$
$$T = 20C+30S$$

당신은 모델에 동의하는가? 만일 그렇다면, 다음 해를 분석해야 한다.

```
Optimal solution found at step:         0
Objective value:                    0.5455500E+08
Variable            Value           Reduced Cost
      B          7380000.            0.0000000
      T          3990000.            0.0000000
      C          60000.00            0.0000000
      S          93000.00            0.0000000
     Row     Slack or Surplus        Dual Price
      1         0.5455500E+08         1.000000
      2         0.0000000             5.500000
      3         0.0000000             3.500000
      4         0.0000000             235.0000
      5         0.0000000             435.0000
```

모델이 틀렸다는 징후가 있다. 해는 단지 100,000개의 조각으로 마법을 부린 것처럼 거의 4백만 개의 "Tot" 셋을 생산할 수 있기 때문이다.

하나의 제약식으로 한 활동의 특성들을 표현하려고 시도함으로써 이런 오류는 LP 초보자들에게 흔하게 발생한다. 하나의 제약식은 어떤 항목의 사용량이 그 항목의 가용량 이하여야 한다는 문장처럼 항상 한 문장으로 생각될 수 있다. 마지막의 두 제약식이 이런 특징을 가지고 있으나, 처음 두 식은 그렇지 않다.

만일 처음 두 제약식의 컴포넌트에 대한 단위를 분석하면, 문제가 있음을 알 수 있다. 첫 번째 제약식의 단위는 다음과 같다.

용어	단위
B	"Big" 셋
30 C	30 [연결 부품수/(Big 셋)] 연결부품 개수
60 S	60 [조각/(Big 셋)] 조각 개수

명백히, 그들은 다른 단위를 가지고 있다. 그러나 만일 당신이 항목들을 함께 추가한다면, 그들은 동일한 단위를 가져야 한다. 당신의 사과에 오렌지를 추가할 수 없다는 것이 기본이 된다. 제약식에 있는 모든 컴포넌트들의 단위는 동일해야 한다.

만일 문제를 말로 모델링하고 나서 그것을 LINGO의 대수학적 형태로 변형한다면, 대개 위와 같은 오류를 방지할 수 있다. 말로 하면, 우리가 원하는 것은 다음과 같다.

이익 최대화

제약 조건 :

사용 연결부품 수 ≤ 연결부품 가용량

사용 조각 수 ≤ 조각 가용량

LINGO의 대수학적 형태로 변형하면, 다음과 같다.

```
MAX = 5.5 * B + 3.5 * T;
        30 * B +  20 * T <= 60000;
        60 * B +  30 * T <= 93000;
```

제약식 "$30B+20T \le 60{,}000$"의 컴포넌트 단위는 다음과 같다.

용어	단위
30 B	30 [연결 부품/(Big 셋)] (Big 셋) = 30 연결부품
20 T	20 [연결 부품/(Tot 셋)] (Tot 셋) = 20 연결부품
60,000	60,000 개의 가용 연결부품

그래서 모든 항목이 "연결부품"의 동일 단위를 가지게 된다. 문제를 풀면, 다음의 의미 있는 해를 얻게 된다.

```
Optimal solution found at step:          0
Objective value:                   10550.00
Variable           Value          Reduced Cost
       B        200.0000             0.0000000
       T        2700.000             0.0000000
     Row    Slack or Surplus       Dual Price
       1        10550.00              1.000000
       2       0.0000000             0.1500000
       3       0.0000000             0.1666667E-01
```

4.7 비동시성(Nonsimultaneity) 오류

LP 모델에서 모든 제약식들은 동시에 적용되어야 한다. 활동 수준들의 조합은 모든 제약식들을 동시에 만족하여야 한다. 비록 우리는 그렇게 해석하기를 좋아하지만, 제약식들은 둘 중에 어느 '한쪽'/'또는 형태'로 적용되지는 않는다. 하나의 예로 신발 생산을 위한 배치 크기(B로 표시)를 생각해보자. 하나의 합당한 정책으로 생산이 일단 시작되면 최소한 두 다스를 생산하는 것이다. 그래서 B는 '0' 또는 24 이상의 어떤 수일 것이다. 이 정책을 다음과 같이 두 개의 제약식으로 쓰고 싶은 유혹이 들 수 있다.

$$B \leq 0$$
$$B \leq 24.$$

바라는 것은 이들 제약식 중에서 한 개만 만족해야 한다는 것이다. 만일 이 두 제약식이 LP 모델의 일부를 구성하면, 컴퓨터는 해가 존재하지 않는다는 퉁명스런 설명과 함께 이러한 모델을 거절할 것이다. 두 제약식을 동시에 만족하는 B 값은 없다.

만일 '또는 형태'의 제약식이 중요하다면, 뒤에서 다루고 있는 정수계획법을 이용하여야 한다.

연습문제

1. Tiny Timber Company는 자기의 삼림 지역 중의 하나에 있는 삼림 자원을 최대한 활용하고 싶어한다. 이 지역 안에 한 개의 목재제작소와 한 개의 합판제작소가 있다. 여기서, 나무는 목재와 합판으로 변환된다.
   판매 가능한 목재 제품의 1,000 board feet(목재의 치수) 조합을 생산하기 위해서는 가문비나무 1,000 board feet와 미송 4,000 board feet가 필요하다. 합판 1,000입방 피트를 생산하기 위해서는 가문비나무 2,000 board feet와 미송 4,000 board feet가 필요하다. 이 지역에서는 가문비나무 32,000 board feet와 미송 72,000 board feet가 가용하다.
   영업부서에 의하면, 계획 기간 동안 최소한 5,000 board feet의 목재와 12,000입방 피트의 합판이 생산되어야 한다. 목재의 이익 기여도는 1,000 board feet 당 $45이고, 합판은 1,000입방피트 당 $60이다. 목재의 생산량을 *L*(단위는 1,000 board feet)이라 하자. 그리고 *P*는 합판의 생산량(단위는 1,000 입방 피트)을 나타낸다. 문제를 LP 모델로 표현하라.

2. Shmuzzles, Inc.는 올해 성공을 기대하고 있는 장난감 제조 회사이다. 이 회사는 세 가지의 기본 장난감, Shmacrobat, Shlameleon, 그리고 JigSaw를 생산하고 있다. Shmuzzles은 이들 세 장난감을 묶은 두 가지 다른 크기의 키트를 만들고 여객기의 기내지 광고를 통해 판매함으로써 현재고를 삭감하려고 한다. 두 가지는 Dilettante 키트와 Advanced 키트로 각각 개당 $29.95와 $39.95 판매될 예정이다. 이들 두 가지 키트의 구성은 다음과 같다.

   Dilettante = 6 Shmacrobats, 10 Shlameleons, 1 Jig Saw
   Advanced = 8 Shmacrobats, 18 Shlameleons, 2 Jig Saws

   현 재고 수준은 6,000 Shmacrobats, 15,000 Shlameleons, 그리고 1,500 JigSaws이다. Shmuzzles, Inc.를 도와주는 LP 모델을 개발하고 이익을 최대화 하라.

3. 신규 제품을 도입하는 많은 회사가 흔히 접하게 되는 표준 문제는 "단계적인 폐지(phase-out)" 문제이다. 단계적으로 폐지될 제품을 위한 부품이 주어졌을 때, 질문은 다음과 같다. 가용한 재고를 가장 이익이 높도록 사용하기 위하여 폐지될 제품을 얼마나 생산하여야 하는가? 다음에 한 예가 있다. R. R. Bean Company는 캠핑과 야외운동가 시장을 위해 동결 건조된 음식을 생산, 포장, 그리고 분배한다. R. R. Bean은 더 좋은 품질과 더 맛 좋은 음식을 생산하는 새로운 건조 기술에 근간을 두는 신규 제품 생산 라인을 도입할 준비가 되었다. 현재 (곧 가동 중지될) 라인의 기초 성분들은 건조된 과일, 건조 고기, 그리고 건조 야채이다. 현재 (곧 폐지될) 라인에서는 "Weekender"와 "ExpeditionPak", 두 종류를 생산하고 있다. 두 제품의 패키지 당 판매가

는 각각 $3.80와 $7.00이다. 운반비용은 각 패키지 당 $1.50이다. 운반에 비용을 부가하지 않는 것이 R. R. Bean의 장기간에 걸친 표준 관행이다. "Weekender" 패키지는 건조 과일 3온스, 건조 고기 7온스, 그리고 2온스의 건조 야채로 구성된다. "ExpeditionPak" 패키지는 건조 과일 5온스, 건조 고기 18온스, 그리고 5온스의 건조 야채로 만들어진다. 신규 라인을 도입하기 전에, R. Bean은 가능하다면 이익을 최대로 하면서, "구식 기술"로 생산된 과일, 고기, 그리고 야채를 소모하고 싶어한다. 현 재고는 과일, 고기, 그리고 야채 각각에 대하여 10,000온스, 25,000온스, 그리고 12,000온스이다. 이들 재고의 장부 가치는 $2,000, $2,500, 그리고 $1,800이다. 잔여 재고는 비용이나 이익 없이 지방의 동물 보호소로 보내질 것이다. 생산되는 양은 모두 판매될 수 있다. 현 재고로부터 이익을 최대로 하기 위하여 얼마나 많은 "Weekender"와 "Expedition Pak" 패키지를 조합해야 할 지를 R.R. Bean에게 알려주는데 유용한 LP 모델을 개발하고 해를 구하라.

4. Quart Industries는 여러 공장에서 다양한 종류의 병에 넣은 음식제품을 생산하고 있다. Americus 공장에서는 두 가지 제품, 땅콩 버터와 사과 버터를 생산한다. 이 공장에서는 두 가지 희소한 자원, 포장 능력과 살균 능력을 사용한다. 두 가지 모두 일주일에 40시간의 능력을 갖는다. 땅콩 버터 1,000병을 생산하기 위해서는 4시간의 살균 시간과 5시간의 포장 시간이 필요하다. 반면에, 사과 버터 1,000병을 생산하기 위해서는 6시간의 살균 시간과 4시간의 포장 시간이 요구된다. 두 제품의 1,000병 당 이익 기여도는 각각 $1,100와 $1,300이다. 사과 버터를 생산하기 위해서는 끓여서 졸이는 공정이 필요한데, 최소한 배치로 5,000병의 분량을 졸여야 한다. 그래서, 사과 버터의 주간생산량은 0 또는 5,000병 이상이다. 이번 주에 각 제품을 얼마나 많이 생산해야 하는가?

5. 모델 구축에 있어서 중요한 기술 중의 하나는 모든 가능한 대안들을 열거하는 능력이다. Scott Wilkerson은 과학자이면서 우주비행사로 우주선에서의 7일 동안의 임무 수행 중에 있다. 우주의 무중력에 의해 악화되는 조심스러운 건강 문제에도 불구하고, Scott는 그의 과학 기술 능력과 한 제약 회사가 Scott를 위하여 매일 복용하는 두 종류의 증상 완화용 알약을 준비하였기 때문에 임무에 참여하게 되었다. 하루가 시작되는 시점에 Scott는 X 알약 한 개와 Y 알약한 개를 복용한다. 만일 이 방식에서 벗어나면, 그는 생명에 위협을 받게 되고, 우주선은 즉시 내려와야 한다. 임무 첫날, Scott는 X 약병에서 X 알약 한 개를 꺼낸다. 그러나 Y 약병에서 알약을 꺼내다가 그만 두 개가 나와 버린다. 그는 즉시 X 알약을 쥐고 있는 손으로 Y 알약 두 개를 쥔다. 이제 그는 그의 손에 알약이 3개가 있음을 발견한다. 불행하게도, X 알약과 Y 알약은 구별이 안 된다. 두 종류는 모두 정확히 표준형 아스피린처럼 보인다. 임무 수행 전체 기간을 위해 딱 맞는 양만큼의 알약만 있다. 그래서 하나도 버리면 안 된다. Scott는 무엇을 해야 하는가? (힌트: 이 문제는 정수계획법 단원에서는 부적당하다.)

05

세상을 셋 관점으로 조망하기

》 정상적인 형태에서 한 개체/레코드의 각 속성치/필드는 개체 키와 전체 키에만 의존해야 한다. - 무명씨 -

5.1 도 입

LINGO의 가장 강력한 특징은 대규모 시스템을 모형화 하는 능력이다. 이 능력을 제공하는 핵심 개념은 유사한 객체들의 집합을 사용하는 아이디어이다. 실세계의 상황을 모델링 할 때, 대개 유사한 객체들의 그룹이 존재한다. 이런 그룹의 예로 공장들, 제품들, 기간들, 고객들, 차량들, 종업원들 등을 들 수 있다. LINGO는 유사한 객체들을 셋으로 그룹화 한다. 일단 모델의 개체들이 셋으로 묶여지면, 한 셋의 모든 멤버들은 LINGO에서 하나의 문장으로 처리될 수 있다.

대규모 시스템에 대한 LINGO 모델은 대개 3개의 섹션으로 구성된다: 1) SETS 섹션, 2) DATA 섹션, 그리고 3) 모델 수식 섹션, SETS 섹션은 문제를 풀기 위해 사용되는 자료 구조를 기술한다. DATA 섹션은 자료 구조에 들어가는 자료를 제공한다. 모델 수식 섹션은 여러 가지 자료들과 의사결정 변수 사이의 관계를 기술한다.

(1) 왜 셋을 사용하는가?

대부분의 대규모 모델은 다수의 매우 유사한 계산과 제약식들을 필요로 한다. LINGO의 셋 처리 기능은 이러한 계산과 제약식들을 능률적으로 처리할 수 있게 해준다.

예를 들어, 100개의 창고가 있는 창고-수송 모델을 만든다고 생각하자. 이때, '창고 1은 현 재고보다 많은 양을 수송할 수 없다', '창고 2는 현 재고보다 많은 양을 수송할 수 없다', '창고 3은 현 재고보다 많은 양을 수송할 수 없다' 등과 같이 모든 제약식들을 일일이 표현해야 한다면 매우 지루한 작업이 될 것이다. 당신은 아마 "각 창고는 현 재고보다 많은 양을 수송할 수 없다"와 같은 하나의 단순하고 일반적인 형태의 문장을 선호할 것이다.

(2) 셋이란 무엇인가?

셋은 유사한 객체들의 묶음이다. 하나의 셋은 제품, 트럭, 종업원 등에 대한 목록이 될 수 있다. 셋에 있는 각 멤버는 그것에 대응되는 무게, 단위당 가격, 수입 등과 같은 하나 이상의 특성치들을 가진다. 우리는 이 특성치들을 속성(attributes)이라고 부른다. 한 셋의 모든 멤버들은 동일한 속성들을 갖는다. LINGO가 문제를 푸는 과정에서 속성 값들은 사전에 알 수 있거나 모를 수도 있다. 예를 들어, 한 제품 셋의 각 제품은 가격 속성을 가질 수 있다. 트럭 셋의 각 트럭은 운반 능력 속성을 가질 수 있다. 추가로, 각 종업원은 생일 속성과 급여 속성을 가질 수 있다.

(3) 셋의 종류

LINGO에는 기초(primitive)와 유도(derived)의 두 종류 셋이 있다. 기초 셋은 오로지 객체들로만 구성되는 셋으로 더 이상 축약될 수 없다.

유도 셋은 두 가지의 연산을 이용하여 하나 이상의 다른 셋으로부터 정의된다. 두 가지 연산은 선택과 두 개 이상의 집합에 대한 카테시안 곱(때때로 "교차" 또는 "결합"이라고 불림)이다. 핵심 개념은 유도 셋은 기존의 다른 셋으로부터 자기의 멤버를 끄집어 낸다는 것이다. 예를 들어, 두 개의 기초 셋, WAREHOUSE와 CUSTOMER가 있다고 하면, 각 창고와 고객의 가능한 조합으로 구성되는 SHIPLINK라고 부르는 유도 셋을 만들어 낼 수 있다. 비록 셋 SHIPLINK는 전적으로 기초 셋에서 유도되었지만, 또한 다른 유도 셋을 만드는데 사용될 수 있다.

5.2 모델의 SETS 섹션

셋 기반 LINGO 모델에서, 첫 번째 섹션은 대개 SETS 섹션이다. SETS 섹션은 키워드 SETS : (콜론 포함)로 시작되고 키워드 ENDSET로 끝난다. LINGO 모델은 SETS 섹션을 갖지 않을 수도 있고, 한 개의 SETS 섹션, 또는 다수의 SETS 섹션을 가질 수도 있다. SETS 섹션은 모델 내에 아무 곳에나 위치할 수 있다. 주요 제약은 모델의 제약식에서 사용되기에 앞서서 셋과 그것의 속성을 정의하는 것이다.

(1) 기초 셋 정의하기

SETS 섹션에서 기초 셋(primitive set)을 정의하려면, 다음을 기술한다.

- 셋의 이름
- 셋의 속성들

기초 셋 정의는 다음 문법을 갖는다.1)

setname : [attribute_list];

setname은 사용자가 선택하는 이름이다. 기억하기 쉬운 서술형 이름을 사용하는 것이 좋다. 셋 이름은 LINGO의 명명 규칙을 준수해야 한다. 즉, 사용 가능한 문자는 영문자(대소문자 구별은 없음), 숫자, 그리고 _(언더스코어 문자)이고, 총 길이는 32글자이다. 단, 첫 글자는 영문자이어야 한다. 셋 선언의 예로 다음을 살펴보자.

```
SETS:
  WAREHOUSE: CAPACITY;
ENDSETS
```

이것은 사용자가 한 개 이상의 창고로 작업을 할 것이라는 의미이다. 그들 각각은 CAPACITY라고 부르는 속성을 갖는다. 셋 멤버는 셋 정의의 attribute_lis에 규정되어 있는 0 또는 그보다 많은 수의 속성을 가질 수 있다. 속성은 셋의 각 멤버가 보유하는 어떤 성질이다. 속성의 이름은 LINGO 명명 규칙을 따라야 하고, 각 속성은 콤마로 구분된다.

예를 들어 위의 창고가 위치와 상/하역 도크 수와 관련된 추가 속성을 갖는다고 하자. 이 추가 속성들은 다음과 같이 셋 선언의 속성 목록에 추가될 수' 있다.

```
WAREHOUSE: CAPACITY, LOCATION, DOCKS;
```

(2) 유도 셋 정의하기

유도 셋(derived set)을 정의하기 위해서, 다음을 기술한다.

- 셋의 이름(name),
- 부모(parent) 셋들,
- 옵션으로 속성(attributes).

유도 셋 정의는 다음과 같은 문법을 갖는다.

---

1) 직각 모난괄호([ ])는 특정 항목이 선택사항(옵션)임을 의미한다. 여기서는 기초 셋의 member_list와 attribute_list가 옵션이다.

set_name (parent_set_list) [membership_filter] [: attribute_list];

set_name은 셋의 이름으로 사용자가 결정하는 표준 LINGO 이름이다. 옵션인 membership_filter는 셋의 멤버십에 관한 일반적인 조건을 표시한다.

parent_set_list는 이미 정의해 놓은 셋들에 대한 리스트인데 콤마로 구분된다. LINGO는 유도 셋의 멤버를 생성하기 위해 각 부모 셋 멤버들의 모든 조합을 만든다. 하나의 예로, 다음의 SETS 섹션을 생각해보자.

```
SETS:
   PRODUCT ;
   MACHINE ;
   WEEK;
   ALLOWED(PRODUCT, MACHINE, WEEK): VOLUME
ENDSETS
```

셋 PRODUCT, MACHINE, 그리고 WEEK는 기초 셋인 반면에 ALLOWED는 부모 셋 PRODUCT, MACHINE, 그리고 WEEK로부터 유도되었다. 별다른 규정이 없는 한, 셋 ALLOWED는 PRODUCT, MACHINE, 그리고 WEEK의 각 조합을 위한 하나의 멤버를 가질 것이다. 속성 VOLUME은 아마도 매주 각각의 기계에서 각 제품을 얼마나 생산하여야 하는 지를 규정하기 위해 쓰일 것이다. 멤버들의 모든 가능한 조합을 포함하는 유도 셋은 고밀도(dense) 셋으로 불린다. 셋 선언이 membership_filter를 포함할 때나, 또는 유도 셋의 멤버들이 DATA 섹션에 명시적으로 표현되면, 셋이 성기다고(sparse) 한다.

요약하면, 유도 셋의 멤버들은 아래의 방법으로 등록된다.

- DATA 섹션에 명시적으로 멤버 목록으로 포함,
- membership_filter, 또는
- 유도 셋의 멤버에 대하여 언급하지 않음으로써 암시적으로 고밀도 생성.

DATA 섹션에서 유도 셋을 위한 명시적으로 멤버십 목록을 지정하는 것에 대해서는 다음 절에서 설명할 것이다.

만일 대규모의 저밀도 셋이 있다면, 모든 멤버들을 명시적으로 표시하는 것은 귀찮은 일일 것이다. 다행히 많은 저밀도 셋에서 모든 멤버들은 멤버가 아닌 것들로부터 구별되는 어떤 조건을 만족한다. 만일 이런 조건을 규정할 수 있으면, 입력하는 수고를 많이 줄일 수 있다. 이것이 바로 멤버십 필터에 의해 처리되는 방식이다. 유도 셋의 member_list를 정의하는 멤버십 필터를 방법을 사용하려면 각 잠재적인 셋 멤버가 셋에 포함되기 위해 만족해야 하는 논리 조건을 지정하여야 한다. 논리 조건은 어떤 기준에 도달하지 못하는 멤버들을 걸러내는 필터로 쓰인다.

멤버십 필터에 대한 한 예로, TRUCKS이라고 불리는 셋을 이미 정의했고 CAPACITY 라고 불리는 특성치를 가지고 있다고 가정하자. 중량물을 다룰 수 있는 트럭을 포함하는 TRUCKS의 부분 집합을 유도하고자 한다. 명시적인 멤버 목록을 사용하여 중량물을 다룰 수 있는 트럭을 각각 입력할 수도 있다. 그러나 멤버십 필터를 사용할 수 있다면 해야 할 모든 일은 다음과 같다.

```
HEAVY_DUTY( TRUCKS) | CAPACITY( &1) #GT# 50000;
```

셋의 이름은 HEAVY_DUTY이고 이것은 부모 셋 TRUCKS으로부터 유도되었다. 멤버십 필터의 시작을 표시하기 위해 수직막대기 문자(|)가 사용된다. 멤버십 필터는 운반 능력(CAPACITY(&1))이 50,000보다 큰(#GT#) 트럭만을 HEAVY_DUTY 셋에 포함시킨다. 필터에 있는 &1 기호는 셋 인덱스 대리자(set index placeholder)라고 한다. 멤버십 필터를 사용하는 유도 셋을 만들 때, LINGO는 부모 셋 멤버들의 모든 조합을 생성한다. 그리고 나서 각 조합이 멤버십 조건을 만족하는지 조사한다. 첫 번째 부모 셋의 값이 &1에 들어가고, 두 번째가 &2에 들어가는 식이다. 이 예에서는 단지 하나의 부모 셋(TRUCKS)만 있다. 그래서 &2는 의미가 없다. 기호 #GT#는 논리 연산자의 하나이고 "크다"라는 의미다. LINGO가 인식하는 다른 논리 연산자들은 다음과 같다.

- #EQ# 같다.
- #NE# 같지 않다.
- #GE# 이상이다.
- #LT# 작다.
- #LE# 이하이다.

(3) 요약

LINGO는 두 가지 유형의 셋 즉, 기초와 유도 셋을 인식한다. 기초 셋은 모델의 근본적인 객체로 더 이상 작게 쪼개질 수 없다. 반면에 유도 셋은 다른 셋들로부터 생성된다. 다른 셋들은 유도 셋의 부모로 불리고 이들은 기초 또는 유도 셋이다.

유도 셋은 조밀하거나 성길 수 있다. 조밀한 셋은 부모 셋 멤버들의 모든 조합을 포함한다(때때로 이것은 부모 셋들의 카테시안 곱 또는 교차로 불린다). 저밀도 셋들은 단지 부모 셋들의 교차의 부분 집합만을 포함한다. 이들은 명시적 열거 또는 멤버십 필터의 두 가지 방법에 의해 정의될 수 있다. 명시적 열거는 DATA 섹션에 저밀도 셋의 멤버들은 열거하는 것과 관련되어 있다. 멤버십 필터 방법은 모든 멤버들이 만족해야 하는 논리조건을 사용하여 간결하게 저밀도 셋의 멤버들을 지정할 수 있게 해준다. 여러 가지 셋 유형들 사이의 관계에 대해 아래 그림 5.1에 설명되어 있다.

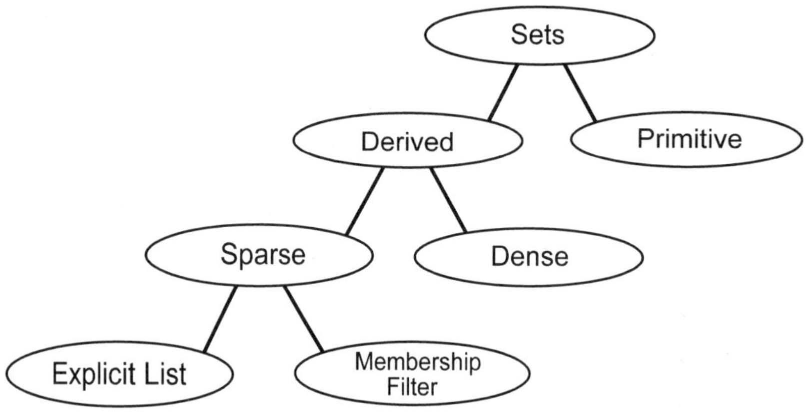

그림 5.1 셋의 유형

5.3 DATA 섹션

SETS 섹션은 특정 문제 클래스를 위한 자료 구조를 기술한다. DATA 섹션은 해당 문제 클래스에 대한 특정 개체를 생성하기 위한 자료를 제공한다. DATA 섹션은 한 주간에서 다른 주간으로 변경되는 것과 같은 것에서 분리될 수 있도록 해준다. 이것은 모델을 더 쉽게 유지보수 할 수 있도록 하고, 문제 크기를 확장 또는 축소하는 데 있어서 더 용이하게 해주는 측면에서 유용하다.

대규모 시스템에 대한 LINGO 모델은 세 개의 섹션으로 구분되는 것이 좋다: a) SETS 섹션, b) DATA 섹션, 그리고 c) 모델 식 섹션.

모델 개발자는 세 개의 섹션 모두를 이해해야 한다. 그러나 만일 개발자가 모델을 언급한 섹션들로 잘 분할해 놓았다면, 일상적인 사용자는 단지 DATA 섹션에만 익숙하면 될 것이다.

SETS 섹션과 유사하게, DATA 섹션은 키워드 DATA : (콜론을 포함하여)로 시작하고 키워드 ENDDATA로 끝난다. DATA 섹션에서, 셋 섹션에서 정의해 놓은 셋 멤버의 특성치 또는 셋 멤버를 초기화하기 위해 다음 문법을 따르는 문장을 이용한다.

attribute_list = value_list

또는

set_name = member_list;

attribute_list는 초기화 하고자 하는 특성치의 이름을 포함하는데 선택사항으로 콤마로 구분될 수 있다. 만일 문장의 좌측에 특성치가 두 개 이상이면, 모든 특성치들은 동일한 셋과 결합되어야 한다. value_list는 선택사항으로 콤마로 구분된 attribute_list에 있는 특성치들에 할당하고자 하는 값들을 포함하고 있다. 다음 예를 살펴보자.

```
SETS:
   SET1: X, Y;
ENDSETS
DATA:
  SET1 = M1, M2, M3;
     X =  1    2    3;
     Y =  4    5    6;
ENDDATA
```

셋 SET1은 두 개의 특성치 *X*와 *Y*를 가지고 있다. *X*의 세 값이 1, 2, 그리고 3으로 설정되어 있고, 반면에 *Y*는 4, 5, 그리고 6으로 설정되어 있다. 또한 동일 목적으로 다음과 같이 복합데이터 문을 사용할 수도 있다.

```
SETS:
   SET1: X, Y;
ENDSETS
DATA:
  SET1  X  Y =
   M1   1  4
   M2   2  5
   M3   3  6;
ENDDATA
```

이 예제를 살펴보면, *X*에 1, 4, 그리고 2 값이 할당될 것으로 예상할지도 모른다. 왜냐하면, 그들이 참 값 1, 2, 그리고 3보다 값 목록에 첫 번째로 나와 있기 때문이다. LINGO가 데이터 문장의 값 목록을 읽을 때, 처음 *n* 값들을 특성치 목록에 있는 *n*개 특성치들 각각의 첫 번째 위치에 할당하고, 두 번째 *n*개 값들을 두 번째 위치의 *n*개 특성치들 각각에 할당하는 방식을 취한다. 즉, LINGO는 행 형태보다 열 형태로 된 입력 데이터를 예상한다.

또한 DATA 섹션은 유도 셋의 멤버들을 지정하기 위하여 사용될 수 있다. 다음은 DATA 섹션의 셋 멤버십을 지정하는 방법과 저밀도 유도 셋을 지정하는 방법을 예시하고 있다. 또한 이 예는 필요하지는 않지만 VOLUME 특성치를 위한 값들을 지정하고 있다.

```
SETS:
   PRODUCT ;
   MACHINE ;
   WEEK ;
   ALLOWED( PRODUCT, MACHINE, WEEK): VOLUME;
ENDSETS
DATA:
   PRODUCT = A  B;
   MACHINE = M  N;
   WEEK = 1..2;
   ALLOWED, VOLUME =
     A M 1   20.5
     A N 2   31.3
     B N 1   15.8;
ENDDATA
```

ALLOWED 셋은 8개 멤버들의 전체를 가지고 있지 않다. 대신에, ALLOWED는 단지 다음과 같이 세 개 멤버의 저밀도 셋이다.

```
(A,M,1), (A,N,2), 그리고 (B,N,1).
```

LINGO는 표준 셋들의 숫자를 인식한다. 예를 들어, 만일 DATA 섹션을 다음과 같이 선언하면,

PRODUCT = 1..5;

PRODUCT 셋의 멤버들은 사실상 1, 2, 3, 4, 그리고 5일 것이다. 만일 다음과 같이 선언하면,

PERIOD = Feb..May;

PERIOD 셋의 멤버들은 사실상 Feb, Mar, Apr, 그리고 May일 것이다. 암시 셋들의 다른 예로 mon..sun과 thing1..thing12를 들 수 있다.

만일 특성치가 DATA 섹션에서 참조되지 않으면, 그것은 자동으로 의사결정 변수가 된다. LINGO는 이러한 특성치에 모델 식 섹션의 문장과 일치되는 값을 설정한다.

이번 절은 DATA 섹션의 사용에 대하여 간단히 소개하였다. 예제에서 본 바와 같이

실제로 데이터가 DATA 섹션에 존재할 필요는 없다. 사실, DATA 섹션은 엑셀에 대한 OLE 링크, 데이터베이스에 대한 ODBC 링크, 그리고 다른 스프레드시트와 텍스트 기반 데이터 파일과 연결을 가질 수 있다. 관련 예제들이 이번 단원의 후반부에 나와 있다.

LINGO가 유도 셋을 구성할 때, 가장 빨리 증가되는 것은 가장 우측 부모 셋임을 유의하기 바란다.

5.4 셋 반복 함수

모델의 모델 식 섹션에서, 여러 특성치들 사이의 관계를 기술한다. SETS 또는 DATA 섹션에 없는 문장들은 모델 식 섹션에서 디폴트값으로 자동 처리된다. 강력한 셋 기반 모델링 기능은 단일 문장을 사용하여 연산자를 셋의 모든 멤버들에게 적용하는 능력으로부터 나온다. 이것을 가능하게 하는 LINGO 함수를 셋 반복 함수(set looping functions)라고 부른다. 만일 셋 반복 함수를 사용하지 않는다면, 셋 기반 모델링의 강력함을 놓치게 되고 심지어 매우 힘들게 작업을 하게 된다.

셋 반복 함수는 셋의 모든 멤버들에게 어떤 연산을 반복하게 해준다. LINGO에는 4개의 셋 반복 함수가 있다. 함수의 이름과 기능은 다음과 같다.

함수	함수의 용도
@FOR	셋의 멤버들에 대하여 제약식을 생성함
@SUM	셋의 모든 멤버들에 대하여 표현식의 합을 계산함
@MIN	셋의 모든 멤버들에 대하여 표현식의 최소값을 계산함.
@MAX	셋의 모든 멤버들에 대하여 표현식의 최대값을 계산함

셋 반복 함수의 문법은 다음과 같다.

```
@loop_function ( setname [ ( set_index_list)
[ | conditional_qualifier]] : expression_list);
```

@loop_function 심볼은 위 목록에 있는 4가지 셋 반복함수 중에서 하나이다. setname은 반복 대상이 되는 셋의 이름이다. set_index_list는 선택 사항으로 setname에 지정된 셋을 형성하는 부모 또는 기초 셋 중에서 하나에 대응되는 인덱스의 목록을 생성하기 위해 사용된다. LINGO가 셋 setname의 멤버들에 대해 반복함에 따라, set_index_list에 있는 셋 setname의 현재 멤버에 대응되는 인덱스들의 값을 설정한다. conditional_ qualifier는 선택 사항 필터로 셋 반복 함수의 범위를 제한할 때 쓰일 수 있다. LINGO가 setname의 각 멤버에 대해 반복될 때, conditional_qualifier가 평가된다. 만일 conditional_qualifier가 참으로 판정되면, @loop_function의 expression_list가 수행된다. 거짓이면, 건너뛴다. expression_list는 셋 setname의 각 멤버에 적용되는 표현식들의 목록이다. @FOR 함수를 이용할 때, 표현식 목록은 세미콜론으로 구분되는 다수의 표현식들을 포함한다. 나머지 세 개의 셋 반복 함수(@SUM, @MAX, and @MIN)를 사용할 때, 표현식 목록은 단지 한 개의 표현식만을 포함한다. 만일 set_index_list가 생략되면, 모든 expression_list에 있는 특성치들은 셋 setname에 정의되어야 한다.

(1) @SUM

아래의 예에서, 일반적인 셋 반복 함수와 @SUM의 특징을 설명하기 위하여 @SUM 함수를 사용하는 다수의 합계 표현식들을 만들 것이다.

다음 모델을 고려해보자.

```
SETS:
   SET_A : X;
ENDSETS
DATA:
   SET_A = A1 A2 A3 A4 A5;
       X = 5  1  3  4  6;
ENDDATA
X_SUM = @SUM( SET_A( J): X( J));
```

LINGO는 먼저 내부 누적기를 '0'으로 초기화함으로써 @SUM 함수를 수행한다. 그리고 나서 LINGO는 SET_A의 멤버들에 대하여 반복을 시작한다. *J*는 대명사로 생각하면 된다. 먼저 인덱스 변수 *J*가 SET_A(즉, A1)의 첫 번째 멤버에 대하여 설정되고 *X*(A1)이 누적기에 더해진다. 그리고 나서, *J*가 두 번째 요소에 대해 설정된다. 이 과정이 *X*의 모든 값들이 누적기에 더해질 때까지 계속된 후, 합계가 변수 *X*_SUM에 저장된다.

표현식 목록(이 예에서는 표현식 목록에 단지 *X*만 나타나 있다)에 있는 모든 특성치들이 인덱스 셋 (SET_A)상에서 정의되므로, 합을 다음과 같이 쓸 수도 있다.

```
X_SUM = @SUM( SET_A: X);
```

이 예에서는 불필요한 인덱스 셋 목록과 *X*에 대한 인덱스를 생략하였다. 표현식이 이런 축약 방식을 사용할 때, 인덱스 목록이 '암시적으로 되어 있다'라고 한다. 표현식에 있는 특성치들이 다른 부모 셋을 가지고 있으면, 암시적 인덱스 목록은 허용되지 않는다.

다음으로 특성치 *X*의 처음 세 개 요소의 합계를 구하고 싶다고 가정하자. 아래와 같이 셋에 대하여 조건 지정자를 사용하여 이것을 달성할 수 있다.

```
X3_SUM = @SUM( SET_A( J) | J #LE# 3: X( J));
```

심볼 #LE#은 논리 연산자(logical operator)라고 불린다. 이 연산자는 좌측 피연산자 (*J*)와 우측 피연산자 (3)을 비교한다. 만일 좌측이 우측보다 작거나 같으면, 참(true)을 리턴한다. 그렇지 않으면, 거짓(false)을 리턴한다. 만일 조건 지정자가 참으로 판정하면, *X*(*J*)는 합에 더해진다. 4번째와 5번째 항목을 제외하고 더하게 되어 최종 결과는 '9'이다.

한 가지 유의할 점은 셋 인덱스 변수를 숫자 3과 비교하므로 *J*는 숫자이어야 한다는 점이다. 셋 인덱스는 셋 멤버에 대해 반복하기 위해 사용되므로, 셋 인덱스는 단지 현재 셋 멤버의 대리자(placeholder)라고 생각할 수도 있다. 어떤 의미에서 이것은 옳다. 그러나 셋 인덱스가 실제로 리턴하는 것은 부모 기초 셋의 현재 셋 멤버의 인덱스이다. 인덱스는 한 개씩 리턴된다. 즉, 첫 번째 셋 멤버가 참조될 때 값 1이 리턴되고, 두 번째가 참조될 때 값 2가 리턴되는 방식으로 계속된다. 셋 인덱스들이 숫자 값을 리턴하므로, 이들은 모델에서 변수와 함께 수식에 사용될 수 있다.

(2) @MIN과 @MAX

@MIN과 @MAX 함수는 셋의 멤버들에 대한 표현식의 최소값과 최대값을 찾기 위하여 사용된다. 다시 다음 모델을 고려하자.

```
SETS:
   SET_A : X;
ENDSETS
DATA:
  SET_A = A1 A2 A3 A4 A5;
      X = 5  1  3  4  6;
ENDDATA
```

*X*의 최소값과 최대값을 찾기 위하여 해주어야 하는 것은 두 표현식을 추가하는 것이다.

```
THE_MIN_OF_X = @MIN( SET_A( J): X( J));
THE_MAX_OF_X = @MAX( SET_A( J): X( J));
```

위의 @SUM 예제와 마찬가지로, 특성치들이 인덱스 셋 상에서 정의되기 때문에 암시적인 인덱스 목록을 사용할 수 있다. 암시적인 인덱스 방법을 사용함으로써 표현식을 다음과 같이 고쳐서 쓸 수 있다.

```
THE_MIN_OF_X = @MIN( SET_A: X);
THE_MAX_OF_X = @MAX( SET_A: X);
```

어느 경우에나 이 모델을 풀면, LINGO는 *X*의 기대되는 최소값과 최대값을 구해준다.

```
     Variable          Value
THE_MIN_OF_X        1.000000
THE_MAX_OF_X        6.000000
```

설명을 위하여, 단지 *X*의 처음 세 값 중에서 최소값과 최대값을 구하는 것을 원한다고 가정하자. @SUM 예제에서와 마찬가지로, 필요한 모든 것은 조건 수식어 *J* #LE# 3를 추가하여 아래와 같이 하는 것이다.

```
THE_MIN_OF_X_3 = @MIN( SET_A( J) | J #LE# 3: X( J));
THE_MAX_OF_X_3 = @MAX( SET_A( J) | J #LE# 3: X( J));
```

해는 다음과 같다.

```
     Variable          Value
THE_MIN_OF_X_3      1.000000
THE_MAX_OF_X_3      5.000000
```

(3) @FOR

@FOR 함수는 셋의 멤버들에 대하여 제약식을 생성하는데 쓰인다. 스칼라 기반 모델링 언어에서는 각 제약식을 명시적으로 입력해야 하는데 반하여, @FOR 함수는 단지 제약식을 한번만 입력하도록 해주고 LINGO는 각 셋 멤버에 대하여 제약식을 생성해준다. 이와 같이 @FOR 문장은 강력한 셋 기반 모델링 도구를 제공해준다.

@FOR 사용 예를 들기 위해 다음을 고려하자.

```
SETS:
   TRUCKS : HAUL;
ENDSETS
DATA:
   TRUCKS = MAC, PETERBILT, FORD, DODGE;
ENDDATA
```

HAUL이라는 단일 특성치를 가지는 네 대의 트럭으로 구성되는 기초 셋이 있다. 만일 특성치 HAUL이 대당 운반량을 나타낸다면, 아래와 같이 각 트럭의 운반량을 2,500파운드로 제한하기 위해 @FOR 함수를 사용할 수 있다.

```
@FOR( TRUCKS( T): HAUL( T) <= 2500);
```

이 경우에서, LINGO가 표현식으로부터 생성하는 제약식을 살펴보면 유익하다. Windows에서 Generate 명령을 이용하거나, 또는 다른 플랫폼에서 GENERATE 명령을 이용함으로써 이것을 수행할 수 있다. 이 명령을 실행하게 되면, LINGO는 아래 4개의 제약식을 생성한다.

```
      HAUL( MAC) <=   2500;
HAUL( PETERBILT) <=   2500;
     HAUL( FORD) <=   2500;
    HAUL( DODGE) <=   2500;
```

예상한 것처럼, LINGO는 셋에 있는 각 트럭에 대하여 부하를 2,500파운드로 제한하는 제약식을 한 개씩 생성하였다.

아래에서, GPM 특성치에 위치한 5개의 숫자에 대한 역수를 계산하기 위하여 @FOR 문 (굵은 글씨로 쓰여 있음)이 사용되었다.

```
SETS:
   OBJECT: GPM, MPG;
ENDSETS
DATA:
   OBJECT =   A      B       C       D       E;
      GPM = .0303 .03571 .04545 .07142 .10;
ENDDATA
   @FOR( OBJECT( I):
      MPG( I) = 1 / GPM( I)
       );
```

이 모델을 풀면 다음의 역수를 얻을 수 있다.

```
Variable          Value
 MPG( A)       33.00330
 MPG( B)       28.00336
 MPG( C)       22.00220
 MPG( D)       14.00168
```

```
MPG( E)         10.00000
```

'0'의 역수는 정의되지 않으므로, '0'이 나타나면 역수 계산을 하지 않도록 @FOR 문에 조건 수식어를 넣는다. 다음과 같이 @FOR 문이 완성된다.

```
@FOR( OBJECT( I) | GPM( I) #NE# 0:
   MPG( I) = 1 / GPM( I)
);
```

조건 수식어(굵은 글씨체로 되어 있음)는 GPM이 '0'이 아닌지를(#NE#) 조사한다. 만일 그렇다면, 계산이 진행된다.

이것은 @FOR문 사용에 대한 간단한 소개일 뿐이다. 많은 추가 예제가 아래 절에서 소개될 것이다.

(4) 중첩된 셋 반복 함수

이전 절에서 제시된 간단한 모델들은 단일 셋에 대해 반복하기 위해 @FOR를 사용한다. 더 큰 모델에서는 다른 셋의 반복 함수 안에서 반복되어야 할 필요가 생길 수 있다. 어떤 셋 반복 함수가 다른 범위 안에서 사용될 때, 이것을 중첩(nesting)이라고 부른다.

다음은 @FOR 안에 @SUM 반복이 중첩된 예이다.

```
! The demand constraints;
   @FOR( VENDORS( J):
     @SUM( WAREHOUSES( I): VOLUME( I, J)) = DEMAND( J);
      );
```

각 판매자(vendor)에 대해 모든 창고(warehouse)로부터 특정 판매자로의 운반량을 합하고 수량을 판매자의 수요와 등호로 놓는다.

@SUM, @MAX, 그리고 @MIN 은 어떤 반복 함수 내에서도 중첩될 수 있다. 반면에, @FOR 함수는 다른 @FOR 함수 내에서만 중첩될 수 있다.

5.5 셋 기반 모델링 예제

LINGO에서 4가지 형태의 셋이 생성될 수 있음을 기억하자.

- 기초 셋

• 고밀도 유도 셋
• 명시적으로 기술된 저밀도 유도, 그리고
• 멤버십 필터를 사용하는 저밀도 유도 셋

이번 절에서 독자들은 4가지 모델을 개발하고 토의함으로써 셋 기반 모델 개발 능력을 키울 수 있을 것이다. 위의 형태들을 소개하는 4가지 모델이 제시될 것이다.

(1) 기초 셋 예제

다음 참모 계획 문제를 통해 기초 셋 사용법을 알아보자. 이 모델은 LINGO 폴더 아래의 SAMPLES 폴더에서 STAFFDEM.LNG라는 이름으로 저장되어 있다.

| 문제 |

당신이 일주일에 7일을 오픈하는 대중적인 Pluto Dog의 핫도그 가판대를 운영한다고 가정하자. 당신은 5일을 일하고 2일을 연속해서 쉬는 종업원을 고용한다. 각 종업원은 동일한 주급을 받는다. 일주일 중의 어떤 날은 다른 날보다 바쁘다. 그리고 과거 경험에 의해 아래와 같이 특정 요일에 필요한 작업자의 수를 알고 있다.

요일	월	화	수	목	금	토	일
필요 스텝 수	20	16	13	16	19	14	12

스텝(종업원) 요구 인원수를 만족하면서, 총 소요 종업원 수를 최소화하기 위하여 일주일의 각 요일에 몇 명의 종업원이 일을 시작해야 하는지를 결정하고자 한다.

| 모델 구축 |

셋 기반 모델을 개발할 때 고려해야 하는 첫 번째 질문은 "적절한 셋과 특성치는 무엇인가?"이다. 이 모델은 일주일의 요일들을 표현하는 한 개의 기초 셋을 갖는다. DAYS 셋의 특성치는 매일 요구되는 스텝 인원수와 각 요일에 일을 시작하는 스텝수를 나타내는 의사결정 변수의 2개이다. 만일 이 특성치들을 REQUIRED와 START라고 하면, SETS 섹션과 DATA 섹션을 다음과 같이 쓸 수 있다.

```
SETS:
  DAYS : REQUIRED, START;
ENDSETS
DATA:
       DAYS = MON TUE WED THU FRI SAT SUN;
  REQUIRED = 20  16  13  16  19  14  12;
```

```
ENDDATA
```

이제 모델의 수학적 관계(즉, 목적함수와 제약식)를 입력해야 하는 시점이 되었다. 먼저 총 작업자 수를 최소화 하는 목적함수를 작성하자. 표준 수학 표현으로 다음과 같이 쓸 수 있다.

$$\text{Minimize} : \sum_i \quad START_i$$

동등한 LINGO 문장은 매우 유사하다. "Minimize :"를 "MIN="로 대치하고, i 를 "@SUM(DAYS(I) :"로 대치하면 다음과 같다.

```
MIN = @SUM( DAYS( I): START( I));
```

이제 남은 일은 제약식을 이끌어 내는 것이다. 모델에는 단지 한 개의 제약식 셋만 존재한다. 즉, 스텝 요구조건을 충족시킬 만큼의 스텝만 있으면 된다. 다른 표현으로 하면, 우리가 원하는 것은 아래와 같다.

for each day : Staff on duty today $\geq$ Staff required today,

이 식의 우측, Staff required today은 주어진 값이다. 이 값은 간단히 REQUIRED(I)이다. 좌측, Staff on duty today는 약간 생각을 해보아야 한다. 모든 작업자가 5일 일하고 2일을 쉰다고 할 때, 오늘 일하는 작업자 수는 다음과 같다.

Number working today = Number starting today+
Number starting 1 day ago+Number starting 2 days ago +
Number starting 3 days ago+Number starting 4 days ago.

즉, 오늘 일하는 작업자 수를 계산하기 위하여 오늘 일을 시작하는 작업자 수와 과거 4일전에 걸쳐서 일을 시작한 작업자 수를 합해야 한다. 5일과 6일전에 일을 시작한 작업자들은 포함해서는 안 된다. 왜냐하면 그들은 비근무 중이기 때문이다. 따라서, 수학 기호를 쓰면 아래의 제약식을 추가하는 것으로 생각할 수 있다.

$$\sum_{i=j-4,j} START i \geq REQUIRED j, \text{ for } j \in DAYS$$

LINGO 표현으로 변환하면, 다음을 얻을 수 있다.

```
@FOR( DAYS( J):
   @SUM( DAYS( I) | I #LE# 5: START( J - I + 1))
    >= REQUIRED( J)
);
```

즉, LINGO 문장은 일주일의 매 요일을 위하여 4일 전에 시작하여 오늘 일을 끝내서 5일간에 걸쳐 일을 시작해야 하는 작업자 수의 합은 각 요일에 필요로 하는 스텝 수 이상이어야 한다는 것을 얘기하고 있다. 이것은 옳은 것처럼 보인다. 그러나 여기에는 약간의 문제가 있다. 만일 이 제약식으로 된 모델을 풀게 되면, 다음 에러 메시지를 얻는다.

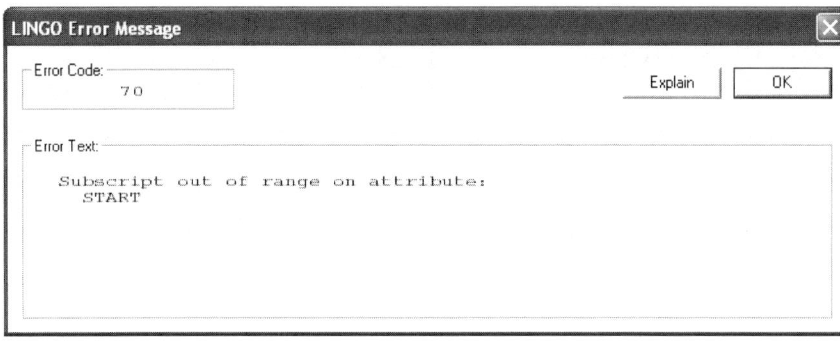

왜 이런 에러 메시지가 나오는지 알아보기 위해서 목요일에 무슨 일이 발생하는지 생각해보자. 목요일은 셋 DAYS에서 4의 인덱스를 갖는다. 목요일에 대한 스텝 제약식은 아래와 같이 쓸 수 있다.

```
START( 4 - 1 + 1) + START( 4 - 2 + 1) +
START( 4 - 3 + 1) + START( 4 - 4 + 1) +
START( 4 - 5 + 1) >= REQUIRED( 4);
```

간단히 하면 다음과 같다.

```
START( 4) + START( 3) +
START( 2) + START( 1) +
START( 0) >= REQUIRED( 4);
```

START(0) 항이 문제의 근원이다. START는 요일을 위하여 1에서 7사이에 정의된다. START(0)은 존재하지 않는다. START에 있는 인덱스 '0'은 "범위를 벗어남(out of range)"이다.

우리가 원하는 것은 '0' 이하의 인덱스 값이 일주일의 마지막으로 맞춰지는 것이다. '0'은 일요일 (7)에 대응되고, '−1'은 토요일 (6)에 대응되는 식이다. LINGO는 이런 일을 하는 함수 @WRAP를 가지고 있다.

@WRAP 함수는 INDEX와 LIMIT라고 불리는 두 개의 인자를 가지고 있다. 공식적으로 말하면, @WRAP는 J=INDEX−K×LIMIT (단, 여기서 *K*는 *J*가 구간 [1,LIMIT]내에 있는 정수)를 만족하는 *J*를 리턴한다. 비공식적으로 말하면, @WRAP은 INDEX가

1~LIMIT의 범위 내에 있도록 INDEX에서 LIMIT를 빼거나 더한다. 다기간 계획 문제에서는 인덱스가 범위를 벗어나지 않도록 해야 한다.

@WRAP 함수를 추가함으로써 스텝 제약식에 대한 완벽한 최종 버전을 얻게 된다.

```
@FOR( DAYS( J):
 @SUM( DAYS( I) | I #LE# 5:
  START( @WRAP( J - I + 1, 7))) >= REQUIRED( J)
);
```

| 풀이 |

스텝 구하기 문제의 전체 모델은 다음과 같다.

```
SETS:
  DAYS : REQUIRED, START;
ENDSETS
DATA:
      DAYS = MON TUE WED THU FRI SAT SUN;
  REQUIRED = 20  16  13  16  19  14  12;
ENDDATA
MIN = @SUM( DAYS( I): START( I));
@FOR( DAYS( J):
  @SUM( DAYS( I) | I #LE# 5:
     START( @WRAP( J - I + 1, 7))) >= REQUIRED( J)
     );
```

이 모델을 풀면, 아래의 해 보고서를 얻게 된다.

```
Optimal solution found at step:          8
Objective value:                  22.00000
      Variable           Value        Reduced Cost
REQUIRED( MON)        20.00000           0.0000000
REQUIRED( TUE)        16.00000           0.0000000
REQUIRED( WED)        13.00000           0.0000000
REQUIRED( THU)        16.00000           0.0000000
REQUIRED( FRI)        19.00000           0.0000000
REQUIRED( SAT)        14.00000           0.0000000
REQUIRED( SUN)        12.00000           0.0000000
   START( MON)         8.00000           0.0000000
   START( TUE)         2.00000           0.0000000
   START( WED)         0.00000           0.0000000
   START( THU)         6.00000           0.0000000
```

```
START( FRI)        3.00000         0.0000000
START( SAT)        3.00000         0.0000000
START( SUN)        0.00000         0.0000000
        Row    Slack or Surplus      Dual Price
          1        22.00000         1.000000
          2       0.0000000       -0.2000000
          3       0.0000000       -0.2000000
          4       0.0000000       -0.2000000
          5       0.0000000       -0.2000000
          6       0.0000000       -0.2000000
          7       0.0000000       -0.2000000
          8       0.0000000       -0.2000000
```

목적함수 값 22는 22명의 작업자를 고용해야 함을 의미한다.
아래 스케줄을 따라 종업원들의 일을 시작시켜야 한다.

	월	화	수	목	금	토	일
Start	8	2	0	6	3	3	0

만일 스텝 요구 행들(행 2-7)에 잉여 값들을 살펴보면, 여유 값들이 모든 요일에 대해 '0'임을 알 수 있다. 이것은 어떤 요일에도 여분의 작업자가 없음을 의미한다.

(2) 고밀도 유도 셋 예제

다음 모델은 배합(blending) 모델에서 고밀도 유도(dense derived) 셋의 사용을 예시하고 있다. 이 모델은 LINGO 메인 폴더 아래의 SAMPLES 폴더에서 CHESS.LNG라는 이름으로 찾을 수 있다.

| 문제 |

Chess Snackfoods Co.는 4가지 상표의 혼합 견과류 제품을 판매하고 있다. 4가지 제품은 Pawn, Knight, Bishop, 그리고 King이다. 각 제품은 특정 비율의 땅콩(peanut)과 캐슈(cashew)를 포함하고 있다. 아래의 표는 각 제품의 1파운드 당 포함되어 있는 두 가지 견과의 양과 각 제품 1파운드 당 판매가를 보여주고 있다.

	Pawn	Knight	Bishop	King
땅콩(peanut) (oz.)	15	10	6	2
캐슈(cashew) (oz.)	1	6	10	14
판매가 ($/lb.)	2	3	4	5

(oz.: 온스, lb.: 파운드, 1 파운드는 16 온스임.)

이 회사는 매일 750파운드의 땅콩과 250파운드의 캐슈를 공급받기 위해 공급자들과 거래를 하고 있다. 문제는 공급 견과 양을 넘지 않으면서 총 이익을 최대화하기 위해 매일 생산해야 하는 각 제품의 파운드 양을 결정하는 것이다.

| 모델 구축 |

이 모델의 기초 셋은 견과 형태와 제품 형태이다. NUTS 셋은 일일 공급되는 견과의 파운드 양을 나타내는 특성치 SUPPLY를 가지고 있다. BRANDS 셋은 PRICE과 PRODUCE 특성치를 가지고 있다. 여기서, PRICE는 각 제품의 판매가를 보관하고 있고 PRODUCE는 매일 생산해야 하는 각 제품의 파운드 양에 대응되는 의사결정 변수를 나타낸다.

배합 식을 입력하기 위해서는 셋이 한 개 더 필요하다. 견과 형태와 제품명으로 정의되는 2차원 테이블이 필요하다. 이를 위해서 NUTS와 BRANDS 셋의 곱하기 형태의 유도 셋을 생성한다. 이 유도 셋을 추가함으로써, 완벽한 SETS 섹션을 얻게 된다.

```
SETS:
   NUTS : SUPPLY;
   BRANDS : PRICE, PRODUCE;
   FORMULA( NUTS, BRANDS): OUNCES;
ENDSETS
```

유도 셋의 이름을 FORMULA로 하였고, 이것은 단일 특성치 OUNCES를 가지고 있다. OUNCES는 각 제품의 1 파운드 생산당 소요되는 견과들의 온스 양을 보관하기 위해 쓰이게 된다. 이 유도 셋의 멤버들을 지정하지 않았기 때문에, LINGO는 우리가 견과와 제품에 대한 모든 쌍을 포함하는 완벽한 고밀도 셋을 원한다고 가정한다.

이제 모든 셋이 정의되었으므로, DATA 섹션 개발에 착수할 수 있다. DATA 섹션에서 3개의 특성치 SUPPLY, PRICE, 그리고 OUNCES를 초기화 한다.

```
DATA:
    NUTS = PEANUTS, CASHEWS;
  SUPPLY =   750      250;
```

```
   BRANDS = PAWN, KNIGHT, BISHOP, KING;
      PRICE =  2       3       4       5;
     OUNCES = 15      10       6       2   !(Peanuts);
               1       6      10      14;  !(Cashews);
ENDDATA
```

지정된 셋과 데이터를 이용하면, 총 이익을 최대화 하는 목적함수는 아래와 같이 간단히 구해진다.

```
MAX = @SUM( BRANDS( I): PRICE( I) * PRODUCE( I));
```

모델은 단지 한 부류의 제약식만 가지고 있다. 즉, 매일 공급 받는 견과 양 이상을 사용할 수 없다. 말로 표현하면, 다음과 같다.

> 각 견과 형태 *i*에 대해, 사용된 견과 *i*의 파운드 량은
> 견과 *i*의 공급량 이하이어야 한다.

LINGO에서는 아래와 같이 표현된다.

```
@FOR( NUTS( I):
   @SUM( BRANDS( J):
   OUNCES( I, J) * PRODUCE( J) / 16) <= SUPPLY( I)
);
```

온스를 파운드로 변환하기 위해 좌변에 있는 합을 16으로 나누었다.

| 풀이 |

완벽한 견과 배합 모델은 다음과 같다.

```
SETS:
   NUTS : SUPPLY;
   BRANDS : PRICE, PRODUCE;
   FORMULA( NUTS, BRANDS): OUNCES;
ENDSETS
DATA:
    NUTS = PEANUTS, CASHEWS;
  SUPPLY =   750       250;
  BRANDS = PAWN, KNIGHT, BISHOP, KING;
   PRICE =   2       3       4       5;
   OUNCES = 15      10       6       2   !(Peanuts);
             1       6      10      14;  !(Cashews);
```

```
ENDDATA
MAX = @SUM( BRANDS( I):
 PRICE( I) * PRODUCE( I));
 @FOR( NUTS( I):
   @SUM( BRANDS( J):
     OUNCES( I, J) * PRODUCE(J)/16) <= SUPPLY(I)
     );
```

모델에 대한 간략한 해 보고서는 아래와 같다.

```
Optimal solution found at step:          0
Objective value:                      2692.308
          Variable           Value    Reduced Cost
   PRODUCE( PAWN)        769.2308      0.0000000
PRODUCE( KNIGHT)        0.0000000      0.1538461
PRODUCE( BISHOP)        0.0000000      0.7692297E-01
   PRODUCE( KING)        230.7692      0.0000000
             Row   Slack or Surplus   Dual Price
               1        2692.308        1.000000
               2       0.0000000        1.769231
               3       0.0000000        5.461538
```

이 해는 총 $2692.30의 수익을 얻기 위해 Chess Pawn을 769.2파운드, 그리고 King을 230.8파운드 생산해야 함을 보여주고 있다. 행에 대한 잠재가(dual price)는 Chess 사가 땅콩의 추가 파운드에 대해 $1.77까지 지불할 수 있고, 캐슈의 추가 파운드에 대해서는 $5.46까지 지불할 수 있음을 의미한다. 만일 시장 상황에 따라 Chess사가 최소한의 Knight과 Bishop 제품을 생산해야 한다고 하면, 할인가(reduced cost)를 통해 Knight 1파운드가 생산되면 15.4cents의 이익이 감소되고, Bishop 1파운드가 생산되면 76.9cents의 이익이 감소됨을 알 수 있다.

(3) 저밀도 유도 셋 예제 - 명시적 열거

여기에서는 명시적으로 열거하는 저밀도 유도 셋의 사용에 대해 소개한다. 저밀도 셋을 정의하기 위해 이 방법을 사용할 때, 셋의 모든 멤버들을 명시적으로 열거해야 한다. 이것은 대개 부모 셋들의 꽉 찬 카테시안 곱의 결과로 만들어진 고밀도 셋의 작은 서브셋이다.

예로, 신제품 생산과 관련된 프로젝트에서 작업의 핵심 경로(critical path)을 결정하는 PERT(Program Evaluation and Review Technique) 모델을 만들 것이다. PERT는 관리자가 대규모 프로젝트의 진행을 추적하는데 도움을 주기 위하여 1950년대에 개발된 단순하지만 강력한 기법이다. PERT 이것의 첫 번째 공식적인 적용은 소위 Polaris(북극성, 잠항중의 잠수함에서 발사하는 중거리 탄도탄) 프로젝트라고 불린 해군 잠수함 탄도 미사일 프로젝트에 대한 것이었다. 사실 PERT는 프로젝트가 계획보다 18개월 앞서서 완료됨으로써 성공적임을 증명하였다! PERT는 프로젝트 내에서의 주 활동을 규정하는데 특별히 유용하다. 주 활동이란 만일 지연되면, 프로젝트 전체를 지연시키는 활동으로 핵심 경로라고 불린다. 프로젝트의 역동성에 대한 통찰력을 가짐으로써 곁길로 빠지거나 지연되지 않도록 보장하면서 잘 진척되게 해준다. PERT와 CPM(Critical Path Method)이라고 부르는 밀접하게 관련된 기술이 다양한 프로젝트들에 계속해서 성공적으로 적용되고 있다. 이 문제에 대한 모델은 LINGO 메인 폴더 아래의 SAMPLES 폴더에서 PERTD.LNG 라는 이름으로 찾을 수 있다.

| 문제 |

Wireless Widgets사는 Solar Widget이라는 신제품을 발진시키려고 한다. 정시에 발진되는 것을 보장하기 위해, WW사는 Solar Widget이 기한 내에 시장에 소개되도록 보장하기 위해 정시에 완료해야 하는 작업들에 대한 핵심 경로를 규정하는 PERT 분석을 수행하고자 한다. 완료해야 하는 작업들의 목록이 아래에 제시되어 있다.

업무	주
최종 설계(Finalize Design)	10
수요 예측(Forecast Demand)	14
경쟁 상대 조사(Survey Competition)	3
가격 설정(Set Prices)	3
생산 계획(Schedule Production Run)	7
비용 산정(Cost Out)	4
영업사원 훈련(Train Salesmen)	10

어떤 작업들은 다른 작업들이 시작하기 전에 완료해야 한다. 이러한 우선순위 관계가 그림 5.2에 보여지고 있다.

예를 들어, Forecast Demand 노드에서 출발하는 두 화살표는 Schedule Production Run 작업과 Set Prices 작업이 시작되기 전에 완료해야 하는 작업임을 의미한다.

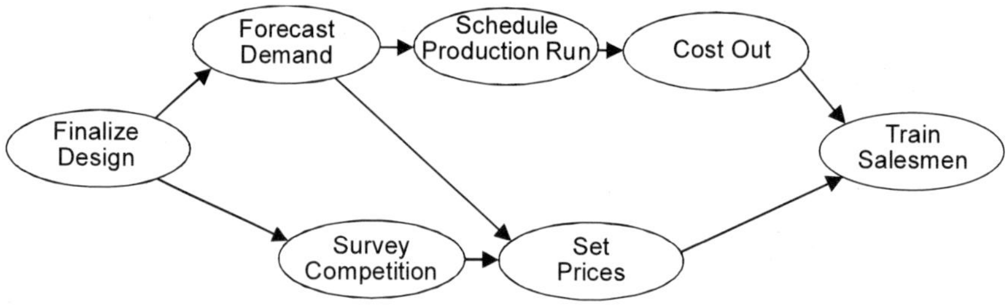

그림 5.2 제품 진수 우선순위 관계

우리의 목표는 Solar Widget 신제품을 개발 과정에서 핵심 경로 상에 있는 작업들을 규정하기 위하여 PERT 모델을 구축하는 것이다.

| 모델 구축 |

프로젝트의 작업들을 표현하는 기초 셋이 필요하다. TASKS 셋에는 관련되는 특성치가 4개 있다. 특성치들의 정의는 다음과 같다.

TIME	작업 소요 시간 (주어짐)
ES	허용 가능한 가장 이른 작업 개시시간 (계산될 값)
LS	허용 가능한 가장 늦은 작업 개시시간 (계산될 값)
SLACK	특정 작업의 LS와 ES 차이 (계산될 값)

만일 어떤 작업의 여유(slack)가 '0'이면, 이 작업은 정시에 개시되어야 함을 의미한다. 그렇지 않으면, 전체 프로젝트는 지연될 것이다. '0' 여유시간을 가지는 작업들을 모으면, 프로젝트의 핵심 경로를 구성할 수 있다.

작업의 시작 시간을 계산하기 위하여, 우선순위 관계를 조사해야 한다. 그래서 모델에 우선순위 관계를 입력해야 한다. 우선순위 관계는 업무의 순서쌍의 목록으로 볼 수 있다. 예를 들어, DESIGN 업무가 FORECAST 업무 이전에 완료되어야 한다는 사실은 순서쌍 (DESIGN, FORECAST)으로 표현될 수 있다. TASKS 셋에 대한 이차원의 유도집합을 생성하면, 우선순위 관계 목록을 입력할 수 있다. 따라서, DATA 섹션은 아래와 같다.

```
DATA:
 TASKS : TIME, ES, LS, SLACK
PRED( TASKS, TASKS);
```

참고로 PRED 셋은 특성치가 없다. 이것의 목적은 단지 작업들 사이의 우선순위 관계에 대한 정보를 제공하는 것이다.

다음으로, DATA 섹션에 작업 시간과 우선순위 쌍을 입력한다.

```
DATA:
 TASKS= DESIGN, FORECAST, SURVEY, PRICE, SCHEDULE, COSTOUT, TRAIN;
 TIME =    10,       14,       3,      3,       7,        4,      10;
 PRED =
    DESIGN,FORECAST,
    DESIGN,SURVEY,
    FORECAST,PRICE,
    FORECAST,SCHEDULE,
    SURVEY,PRICE,
    SCHEDULE,COSTOUT,
    PRICE,TRAIN,
    COSTOUT,TRAIN;
ENDDATA
```

PRED 셋의 첫 번째 멤버는 순서쌍 (DESIGN, FORECAST)이고 단지 단일 작업 DESIGN이 아니라는 점을 기억하기 바란다. 따라서, 이 셋은 총 8개의 멤버를 가지고 있다. 각 멤버는 우선 순위 관계 다이어그램에서 호에 대응된다.

이 예제의 특징은 셋 PRED가 멤버들을 명시적으로 열거하는 저밀도 유도 셋이라는 점이다. 이 셋은 TASKS 셋과 TASKS 셋의 곱으로부터 유도된 서브 셋이다. 이 셋은 저밀도이다. 왜냐하면 이것은 TASKS와 TASKS의 곱에서 발견할 수 있는 총 49개 멤버들 중에서 단지 8개만 갖기 때문이다. 셋에 포함되기를 원하는 멤버들을 나열하고 있기 때문에, 이 셋은 명시적으로 열거되어 있다. 저밀도 셋의 멤버들을 명시적으로 열거하는 것은 선택해야 할 멤버가 수천 개일 경우 편리한 방법이 아닐 것이다. 그러나 멤버십 조건이 잘 정의되지 않고 저밀도 셋의 크기가 그다지 크지 않을 때에는 의미가 있다.

이제, 설정된 셋과 데이터를 가지고, 모델의 계산식을 만들도록 할 것이다. 계산을 위해 3개의 특성치, 즉 가장 이른 개시(earliest start, ES), 가장 늦은 개시(latest start, LS), 그리고 여유 시간(slack time, SLACK)을 가지고 있다. 비결은 ES와 LS를 계산하는 것이다. 일단 이 값들이 있으면, SLACK은 두 값의 차이로 쉽게 구해진다. ES를 계산하는 공식을 유도하는 것부터 시작하자. 모든 선행 작업이 완료되기 전에는 특정 작업을 시작할 수 없다. 그래서 만일 모든 선행 작업들 중에서 가장 늦게 끝나는 시간을 알게 되면, 특정 작업의 가장 빠른 개시시간을 얻을 수 있다. 말로 하면, 작업 t의 가장 빠른 작업 개시시간은 작업 t의 모든 선행 작업들에 대하여 선행 작업의 가장 빠른 개시시간과 작업시간의 합 중에서 최대값을 구하는 것과 같다. 대응되는 LINGO 표기는 다음과 같다.

```
@FOR( TASKS( J)| J #GT# 1:
   ES( J) = @MAX( PRED( I, J): ES( I) + TIME( I)));
```

조건 지정자 *J* #GT# 1를 추가함으로써 작업 1에 대한 계산을 생략한 점에 유의하기 바란다. 작업 1은 선행 작업이 없기 때문이다. 아래에서 첫 번째 작업의 시작 시점은 임의로 '0'으로 할 것이다.

LS 계산은 거꾸로 생각한다는 점 이외에는 ES의 경우와 유사하다. 말로 하면, 작업 *t*의 가장 늦은 개시시간은 모든 후속작업 *j*에 대해 *j*의 가장 늦은 개시시간에서 작업 *t*를 수행하기 위한 시간을 뺀 값들 중에서 최소값이다. 만일 작업 *t*가 이보다 더 늦게 시작하면, 최소한 한 개의 후속작업이 그것의 가장 늦은 개시시간보다 늦게 시작되도록 할 것이다. LINGO 문법으로 변환하면 아래와 같다.

```
@FOR( TASKS( I)| I #LT# LTASK:
   LS( I) = @MIN( PRED( I, J): LS( J) - TIME( I)));
```

여기서, 후속 작업이 없으므로 마지막 작업에 대한 계산을 생략했다.

여유 시간(slack time)은 단지 LS와 ES 사이의 차이로 아래와 같다.

```
@FOR( TASKS( I): SLACK( I) = LS( I) - ES( I));
```

작업 1의 시작 시간은 임의의 값으로 설정될 수 있다. 여기서는 '0'으로 설정하기로 한다.

```
ES( 1) = 0;
```

이제 최종 작업에 대한 가장 늦은 개시시간을 제외하고 모든 변수의 값을 계산하기 위한 공식을 입력하기로 한다. 만일 마지막 작업이 자기의 가장 이른 개시시간보다 늦게 시작되면, 전체 프로젝트는 지연될 것이다. 그래서 정의상, 마지막 작업의 가장 늦은 개시시간은 자기의 가장 이른 개시시간과 같다. LINGO에서는 이것을 아래 식으로 표현한다.

```
LS( 7) = ES( 7);
```

이것은 제대로 작동할 것이지만, 관계를 표현하는 일반적인 방법은 아니다. 모델에 몇몇 작업을 추가한다고 가정해보자. 새로운 작업의 수에 따라 이 식의 7을 변경해야 할 것이다. LINGO의 셋 기반 모델링 언어에 깔려 있는 전체 아이디어는 데이터가 변경될 때마다 모델의 식의 변경될 필요는 없게 하자는 것이다. 이 형태로 식을 표현하는 것은 데이터 독립성을 위반하는 것이다. 더 나은 방법은 다음과 같다.

```
LTASK = @SIZE( TASKS);
LS( LTASK) = ES( LTASK);
```

@SIZE 함수는 셋의 크기를 알려준다. 이 경우에, 기대하는 대로 7값이 리턴된다. 그러나 만일 작업의 수가 변경되면, @SIZE는 새로이 정확한 값을 알려줄 것이다. 그래서 모델 구조와 무관하게 데이터를 유지할 수 있다.

| 풀이 |

전체 PERT 모델과 해의 일부가 다음에 나와 있다.

```
SETS:
   TASKS : TIME, ES, LS, SLACK;
   PRED( TASKS, TASKS);
ENDSETS
DATA:
 TASKS= DESIGN, FORECAST, SURVEY, PRICE, SCHEDULE, COSTOUT, TRAIN;
 TIME =   10,      14,       3,      3,       7,        4,       10;
 PRED =
    DESIGN,FORECAST,
    DESIGN,SURVEY,
    FORECAST,PRICE,
    FORECAST,SCHEDULE,
    SURVEY,PRICE,
    SCHEDULE,COSTOUT,
    PRICE,TRAIN,
    COSTOUT,TRAIN;
ENDDATA
@FOR( TASKS( J)| J #GT# 1:
   ES( J) = @MAX( PRED( I, J): ES( I) + TIME( I))
    );
@FOR( TASKS( I)| I #LT# LTASK:
   LS( I) = @MIN( PRED( I, J): LS( J) - TIME( I));
    );
@FOR( TASKS( I): SLACK( I) = LS( I) - ES( I));
ES( 1) = 0;
LTASK = @SIZE( TASKS);
LS( LTASK) = ES( LTASK);
```

해의 관심 있는 부분은 다음과 같다.

```
        Variable              Value
           LTASK            7.000000
      ES( DESIGN)           0.000000
    ES( FORECAST)          10.000000
      ES( SURVEY)          10.000000
       ES( PRICE)          24.000000
    ES( SCHEDULE)          24.000000
     ES( COSTOUT)          31.000000
       ES( TRAIN)          35.000000
      LS( DESIGN)           0.000000
    LS( FORECAST)          10.000000
      LS( SURVEY)          29.000000
       LS( PRICE)          32.000000
    LS( SCHEDULE)          24.000000
     LS( COSTOUT)          31.000000
       LS( TRAIN)          35.000000
   SLACK( DESIGN)           0.000000
 SLACK( FORECAST)           0.000000
   SLACK( SURVEY)          19.000000
    SLACK( PRICE)           8.000000
 SLACK( SCHEDULE)           0.000000
  SLACK( COSTOUT)           0.000000
    SLACK( TRAIN)           0.000000
```

관심 있는 값은 작업에 대한 여유 시간이다. SURVEY와 PRICE는 각각 19와 8의 여유 시간을 갖는다. SURVEY 또는 PRICE (둘 모두는 아니고)의 개시시간은 전체 프로젝트의 완료시간이 지연되지 않으면서 이 여유시간 값만큼 지연될 수 있다. 한편, 작업 DESIGN, FORECAST, SCHEDULE, COSTOUT, 그리고 TRAIN은 '0' 여유를 갖는다. 이 작업들이 핵심 경로를 구성한다. 만일 이들의 어느 하나라도 시작 시간이 지연되면, 전체 프로젝트는 지연될 것이다. 경영자는 이 핵심경로의 활동들에 주의를 집중하여 이들이 정시에 개시될 수 있도록 하고 지정된 시간 내에 완료되도록 할 것이다. 마지막으로, ES(TRAIN) 값 35는 Solar Widget 생산 시작까지의 추정 시간이 45주(TRAIN 시작 시점까지 35주 소요되고, TRAIN 완료에 10주 소요됨)가 될 것이라는 것을 알려주고 있다.

(4) 멤버십 필터를 사용하는 저밀도 유도

여기에서는 멤버십 필터를 가지는 저밀도 유도(sparse derived) 셋의 사용을 소개하기로 한다. 멤버십 필터를 사용하는 것은 유도 셋을 정의하는 제3의 방법이다. 이 방법으로 셋을 정의할 때, 셋의 각 멤버가 충족시켜야 하는 논리 조건을 지정한다. 이 조건은 멤버십 조건을 만족시키지 못하는 멤버들을 걸러내는데 이용된다.

한 예로 대응(matching) 문제를 다루기로 한다. 대응 문제에서는, 최소의 비용으로 쌍을 대응시키고자 하는 *N*개의 객체가 존재한다. 이것은 룸메이트 선정 문제로도 알려져 있다. 이것은 매 학사연도의 초에 신입생들의 기숙사 방이 배정되기 때문에 대학이 직면하는 문제이다. 쌍 (*I*, *J*)는 쌍 (*J*, *I*)과 구분되지 않는다. 따라서, 우리는 임의로 '쌍에서 *I*는 *J*보다 작다'라고 정한다. 정식으로, *I*와 *J*가 순서쌍의 셋을 구성하는 것이 필요하다. 즉, *I*와 *J*의 중복되는 순서쌍이 생성되는 것을 원하지 않고 *I*가 *J*보다 작은 순서쌍들만 원한다. *I*가 *J*보다 작다는 이 요구 조건은 멤버십 필터를 구성할 것이다.

이 모델을 포함하는 파일은 LINGO 메인 폴더 아래의 SAMPLES 폴더에서 MATCHD.LNG라는 이름으로 찾을 수 있다.

| 문제 |

당신은 회사의 전략 기획부서의 관리자라고 가정하자. 부서에는 8명의 분석가가 있다. 당신의 부서는 4개의 사무실이 있는 새로운 지역으로 이사할 예정이다. 당신은 부서의 분석가들을 4쌍으로 대응시켜야 한다. 각 쌍에 새로운 사무실의 하나가 할당된다. 과거의 관찰을 근거로, 몇몇 분석가들이 함께 일할 때 다른 사람들과 일할 때보다 성과가 더 좋다는 점을 알고 있다. 부서의 평화를 위해, 당신은 잠재적인 충돌을 최소화 하는 결과를 가져오는 분석가들의 쌍을 구하고 싶다. 이 목적을 위하여, 분석가 쌍에 대한 점수 시스템을 고안하였다. 척도는 1에서 10 사이이다. 어떤 쌍에 대해 점수가 '1'이면 두 사람은 환상적으로 일을 한다는 의미이다. 반면에 점수 '10'은 최악의 상황이다. 다음에 점수표가 제시되어 있다.

Analysts	1	2	3	4	5	6	7	8
1	-	9	3	4	2	1	5	6
2	-	-	1	7	3	5	2	1
3	-	-	-	4	4	2	9	2
4	-	-	-	-	1	5	5	2
5	-	-	-	-	-	8	7	6
6	-	-	-	-	-	-	2	3
7	-	-	-	-	-	-	-	4

분석가의 불일치점수

분석가 I와 J의 쌍은 J와 I의 쌍과 구분되지 않으므로, 위의 표는 대각선 위의 항목만 포함하고 있다. 우리의 문제는 쌍으로 맺어진 분석가들의 불일치 점수의 합을 최소화 하는 분석가의 쌍들을 찾는 것이다.

| 모델 구축 |

이 문제에서 관심 있는 첫 번째 셋은 8명 분석가들의 셋이다. 이 기초 셋은 아래와 같이 간단하게 표기된다.

```
ANALYSTS;
```

필요한 마지막 셋은 모든 잠재쌍들을 구성하는 셋이다. 이것은 ANALYST 셋의 곱을 취함으로써 만들 수 있는 유도 셋이 될 것이다. 첫 번째 단계로 고밀도 유도 셋을 만든다.

```
PAIRS( ANALYSTS, ANALYSTS);
```

그러나 이 셋은 PAIRS(I, J)와 PAIRS(J, I) 둘 다 포함할 것이다. 둘 중에서 한 개만 필요하므로, 두 번째 것은 버려야 한다. 더군다나, 이 셋은 PAIRS(I, I)형태의 동일한 분석가의 쌍을 포함하고 있다. 각 분석가가 그들 자신의 사무실에만 있게 되면, 해는 실행 가능하지 않게 된다. 해결책은 유도셋에 최종 셋에 있는 각 쌍 (I, J)이 J는 I보다 커야 한다는 조건을 따르도록 멤버십 필터를 추가하는 것이다.

```
PAIRS( ANALYSTS, ANALYSTS) | &2 #GT# &1;
```

멤버십 필터의 앞에는 수직 바 문자(|)를 넣는다. 필터에 있는 &1과 &2 심볼은 셋 인덱스 대리자(set index placeholders)로 알려져 있다. 셋 인덱스 대리자는 단지 멤버십 필터 안에서만 유효하다. LINGO가 PAIRS 셋을 만들 때, LINGO는 ANALYSTS 셋과 ANALYSTS 셋의 곱에 대한 모든 조합을 생성한다. 그리고 나서 모든 조합은 검사를 통과하는지 알아보기 위해 멤버십 필터에 접속된다. 특히, ANALYSTS 셋과 ANALYSTS 셋의 곱의 각 쌍 (I, J)에 대하여, I는 대리자 &1로 그리고 J는 &2로 대치되어서 필터가 평가된다. 만일 필터가 참으로 판정되면, (I, J)는 셋에 추가된다. 테이블 형태로 보면, 대각선 상단의 (I, J) 원소들만 남게 된다.

또한 PAIRS 셋의 두 특성치들을 고려해야 한다. 첫 번째로, 쌍의 불일치 점수에 대응되는 특성치가 필요하다. 두 번째로, 분석가 I가 분석가 J와 쌍을 이루고 있는지 여부를 나타내는 특성치가 필요하다. 이들 특성치를 RATING과 MATCH라고 하자. 이들을 다음과 같이 PAIRS 셋 정의에 추가한다.

```
PAIRS( ANALYSTS, ANALYSTS) | &2 #GT# &1: RATING, MATCH;
```

DATA 섹션을 사용하여 RATING 특성치를 위 목록의 불일치 점수로 간단히 초기화한다.

```
DATA:
  ANALYSTS = 1..8;
   RATING =
      9  3  4  2  1  5  6
         1  7  3  5  2  1
            4  4  2  9  2
               1  5  5  2
                  8  7  6
                     2  3
                        4;
ENDDATA
```

만일 분석가 *I*와 분석가 *J*를 쌍으로 하면, MATCH(*I*, *J*)를 '1'로 하고 그렇지 않으면 '0'으로 하는 관례를 따르기로 한다. 이렇게 해서, MATCH 특성치는 모델을 위한 의사결정 변수를 포함하게 된다.

우리의 목적은 최종적인 모든 쌍들의 불일치 점수의 합을 최소화 하는 것이다. 이것은 바로 RATING와 MATCH 특성치의 내적(inner product)으로 다음과 같다.

```
MIN = @SUM( PAIRS( I, J):
   RATING( I, J) * MATCH( I, J));
```

모델에는 단지 한 부류의 제약식만 있다. 말로 하면, 우리가 원하는 것은 아래와 같다.

각 분석가는 정확히 다른 한 명의 분석가와 쌍을 이루어야 한다.

이 제약식을 LINGO 문법으로 표현하면 아래와 같다.

```
@FOR( ANALYSTS( I):
  @SUM( PAIRS( J, K) | J #EQ# I #OR# K #EQ# I:
    MATCH( J, K)) = 1
    )
```

이 제약식에서 관심을 끄는 특징은 @SUM 함수에 있는 조건 지정자 *J #EQ# I #OR# K # EQ# I*이다. 각 분석가 *I*에 대하여, *I*를 포함하는 모든 MATCH 변수들을 더하고 1과 같게 설정한다. 이렇게 함으로써, 분석가 *I*는 다른 분석가와 정확히 한 번만 쌍을 이루도록 보장된다. 조건 지정자는 단지 쌍에 *I*를 포함하는 MATCH 변수를 합하는 것만을 보장한다.

이 모델에는 또 다른 기능이 필요하다. 만일 *I*와 *J*가 쌍을 이루면, MATCH(*I*, *J*)를 1로 하고, 그렇지 않으면, 0으로 놓는다. 특별히 다른 언급이 없으면, LINGO 변수는 0에서 무한대까지의 어떤 값이라도 취할 수 있는 것으로 가정한다. MATCH는 단지 0 또는 1 값만 가져야 하므로, 우리 모델에 또 다른 기능을 추가해야 한다. 우리에게 필요한 것은 MATCH 특성치에 @BIN 변수 범위 함수를 적용하는 것이다. 변수가 취할 수 값을 제한하기 위해 변수 범위 함수(Variable domain function)가 쓰인다. @BIN 함수는 변수를 0 또는 1 값만을 갖는 이진 형태(binary)로 제한한다. 모델이 이진 변수를 가지고 있으면, 정수계획(integer programming, IP) 모델이라고 한다. IP 모델은 연속형 변수만을 포함하는 모델보다 풀기가 더 어렵다. 부주의하게 모델링 되어 수백 개 이상의 정수 변수를 포함하는 IP 모델을 푸는데 글자 그대로 영원의 시간이 걸릴수 있다. 그래서 가능하다면 이진변수 사용을 제한해야 한다. MATCH 특성치에 있는 모든 변수에 @BIN를 적용하기 위해서, @FOR 표현식을 추가한다.

```
@FOR( PAIRS( I, J): @BIN( MATCH( I, J)));
```

| 풀이 |

대응 문제의 예제에 대한 전체 모델과 해의 일부가 아래에 나와 있다.

```
SETS:
   ANALYSTS;
   PAIRS( ANALYSTS, ANALYSTS) | &2 #GT# &1:
    RATING, MATCH;
ENDSETS
DATA:
   ANALYSTS = 1..8;
   RATING =
      9  3  4  2  1  5  6
         1  7  3  5  2  1
            4  4  2  9  2
               1  5  5  2
                  8  7  6
                     2  3
                        4;
ENDDATA
```

```
MIN = @SUM( PAIRS( I, J):
   RATING( I, J) * MATCH( I, J));
@FOR( ANALYSTS( I):
  @SUM( PAIRS( J, K) | J #EQ# I #OR# K #EQ# I:
                                 MATCH( J, K)) = 1
     );
@FOR( PAIRS( I, J): @BIN( MATCH( I, J)));
```

풀이는 다음과 같다.

Variable	Value
MATCH(1, 2)	0.0000000
MATCH(1, 3)	0.0000000
MATCH(1, 4)	0.0000000
MATCH(1, 5)	0.0000000
MATCH(1, 6)	1.000000
MATCH(1, 7)	0.0000000
MATCH(1, 8)	0.0000000
MATCH(2, 3)	0.0000000
MATCH(2, 4)	0.0000000
MATCH(2, 5)	0.0000000
MATCH(2, 6)	0.0000000
MATCH(2, 7)	1.000000
MATCH(2, 8)	0.0000000
MATCH(3, 4)	0.0000000
MATCH(3, 5)	0.0000000
MATCH(3, 6)	0.0000000
MATCH(3, 7)	0.0000000
MATCH(3, 8)	1.000000
MATCH(4, 5)	1.000000
MATCH(4, 6)	0.0000000
MATCH(4, 7)	0.0000000
MATCH(4, 8)	0.0000000
MATCH(5, 6)	0.0000000
MATCH(5, 7)	0.0000000
MATCH(5, 8)	0.0000000
MATCH(6, 7)	0.0000000
MATCH(6, 8)	0.0000000
MATCH(7, 8)	0.0000000

목적 함수 값으로부터 최적쌍에 대한 불일치 점수의 총 합은 6이다. Value 열에서 '1'을 찾아보면, 최적 쌍은 (1, 6), (2, 7), (3, 8), 그리고 (4, 5)임을 알 수 있다.

5.6 변수의 범위 규정 함수

이번 단원 앞 부분의 대응(matching) 모델에서 @BIN 함수를 사용할 때, 변수 범위 함수가 간략히 소개되었다. 변수 범위 함수는 의사결정 변수가 취할 수 있는 값들을 제한할 때 사용한다. 사용 가능한 4개의 범위 함수의 예가 아래에 나와 있다.

```
@BIN (Y);
@GIN (X);
@BND (100, DELIVER, 250);
@FREE (PROFIT);
```

문장 @BIN (*Y*)은 변수 *Y*를 이진변수로 제한한다. 즉, 이것은 단지 0과 1값만 가질 수 있다.

문장 @GIN (*X*)은 변수 *X*를 일반 정수 변수로 제한한다. 즉, 이것은 단지 0, 1, 2 등의 값만을 가질 수 있다.

@BND ( ) 지정은 단순 상한과 하한 범위를 설정한다. 문장 @BND (100, DELIVER, 250)은 변수 DELIVER를 구간 [100, 250]의 값으로 제한한다. 좀더 장황하게 아래와 같이 함으로써 동일한 효과를 달성할 수도 있다.

```
DELIVER >= 100;
DELIVER <= 250;
```

LINGO는 자동으로 모든 의사결정 변수의 하한을 '0'으로 설정한다. 문장 @FREE (PROFIT)는 변수 PROFIT의 자동 하한 설정을 무시한다. PROFIT 변수는 음수 또는 양수의 어떤 값이라도 가질 수 있다. 각 범위 함수는 다른 제약식과 마찬가지로 @FOR 반복 내부에 포함될 수 있다.

5.7 스프레드시트와 LINGO

이 단원에서 우리는 LINGO가 대규모 문제를 모델링 하는데 얼마나 유용한지 알아보았다. 모델 개발을 위해 가장 폭넓게 사용되는 방법은 의심할 여지 없이 스프레드시트를 사용하는 것이다. 언제 어떤 방법이 더 적절할 것인가?

스프레드시트로 모델을 개발할 때 얻을 수 있는 주요 장점은 다음과 같다.

- 우수한 보고서 양식 제공.
- 스프레드시트를 이해하는 사람이 많음.
- 문서 편집기와 같은 다른 시스템과의 좋은 인터페이스 제공.

LINGO로 모델을 개발할 때 얻을 수 있는 주요 장점은 다음과 같다.

- 여러 가지 유연성 제공.
- 확장성 - 수식을 복사하거나 편집할 필요 없이 쉽게 셋(예 : 기간, 제품, 고객, 공급자, 수송 형태 등)의 크기를 변경할 수 있음. 스프레드시트처럼 열 수에 대한 255의 상한 제한이나 행수에 대한 65536 제한이 없음.
- 저밀도(sparse) 셋이 쉽게 표현됨.
- 가시성 - LINGO 모델의 수식을 완벽하게 이해하는 것은 쉽다. 복잡한 스프레드시트에 있는 모델 수식을 완전히 이해하는 것은 탐정 일을 하는 것처럼 어렵다.
- 다차원이 쉽게 표현됨. 스프레드시트는 2차원을 매우 잘 다루고, 3차원은 어느 정도 잘 다루고, 그리고 4차원 이상은 잘 다루지 못함.

스프레드시트와 연결하여 LINGO를 사용함으로써 두 부분 이익의 대부분을 얻을 수 있다. LINGO 모델에 연결 자리를 마련해둠으로써, 스프레드시트, 데이터베이스 또는 텍스트 파일과 자동으로 데이터를 주고받을 수 있다. Microsoft Windows 환경 하에서 사용되는 연결 자리는 Windows의 일부분으로 제공되는 OLE(Object Linking and Embedding)와 ODBC(Open Database Connectivity) 인터페이스이다. OLE를 이용하여 엑셀 스프레드시트와 LINGO를 연결하려면, 다음의 2단계가 필요하다.

a) 스프레드시트에서, LINGO와 데이터를 주고받는 각 데이터 영역에 대해 적절한 범위 이름이 주어져야 한다. 이것은 스프레드시트에서 마우스로 관심 부분을 강조(highlighting)하고 난 후, Insert | Name | Define 명령을 이용함으로써 수행된다.
b) LINGO 모델에서, 스프레드시트로부터 검색되는 각 특성치(벡터)는 (예를 들어, 공장 능력) LINGO DATA 섹션에 다음의 형태로 나타나야 한다.

```
CAPACITY = @OLE('C : \MYDATA.XLS');
```

스프레드시트로 보내지는 각 특성치(예를 들어, 운반량)는 LINGO DATA 섹션에 아래의 형태로 나타나야 한다.

```
@OLE('C : \MYDATA.XLS') = AMT_SHIPPED
```

만일 엑셀에서 한 개의 스프레드시트만 오픈되면, 이 연결은 단순할 수 있다. 아래와 같이 작성하면 된다.

```
CAPACITY = @OLE( );
```

LINGO는 CAPACITY라고 불리는 범위를 위하여 단지 오픈 된 스프레드시트만 조사하게 된다. 만일 동일한 LINGO 모델에 여러 다른 스프레드시트 데이터 셋들을 적용하기를 원한다면, 이 "비지정 스프레드시트" 특징은 매우 편리하다.

스프레드시트 안에 LINGO 모델을 포함시킴으로써 이 스프레드시트와 연결할 수도 있다. 이것은 편리한 기능이다. 왜냐하면 연동되는 LINGO 모델이 항상 명백하고 스프레드시트가 오픈 될 때 즉시 사용 가능하기 때문이다. 아래의 화면은 스프레드시트에 포함된(embedded) 수송 모델을 보여주고 있다. 모델 개발자가 아닌 일반 사용자에게 특별한 풀이(solve) 버튼을 가진 표준 스프레드시트처럼 보인다.

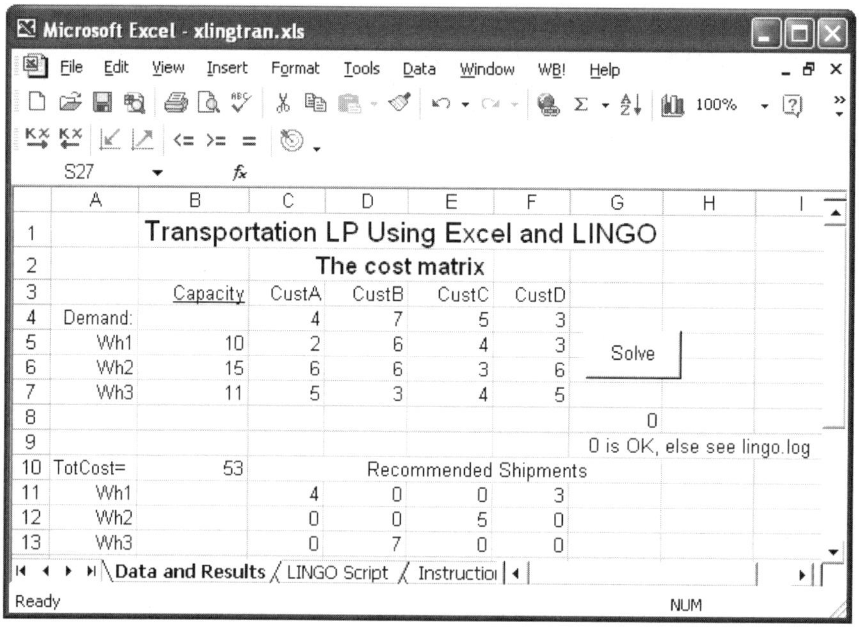

데이터와 결과가 스프레드시트 파일의 첫 번째 탭/시트에 저장되어 있다. 동일한 스프레드시트의 다른 탭에 저장되어 있는 LINGO 모델은 그다지 명확하지 않다 (아래를 참조하기 바람). 첫 번째 탭에 대해 Solve 버튼이 클릭될 때마다, 두 번째 탭에 있는 LINGO모델이 실행될 수 있도록 하기 위해 스프레드시트에 있는 조그만 VBA 프로그램은 완전히 감춰져 있다. 완벽한 예제는 xlingtran.xls 파일에서 찾을 수 있다.

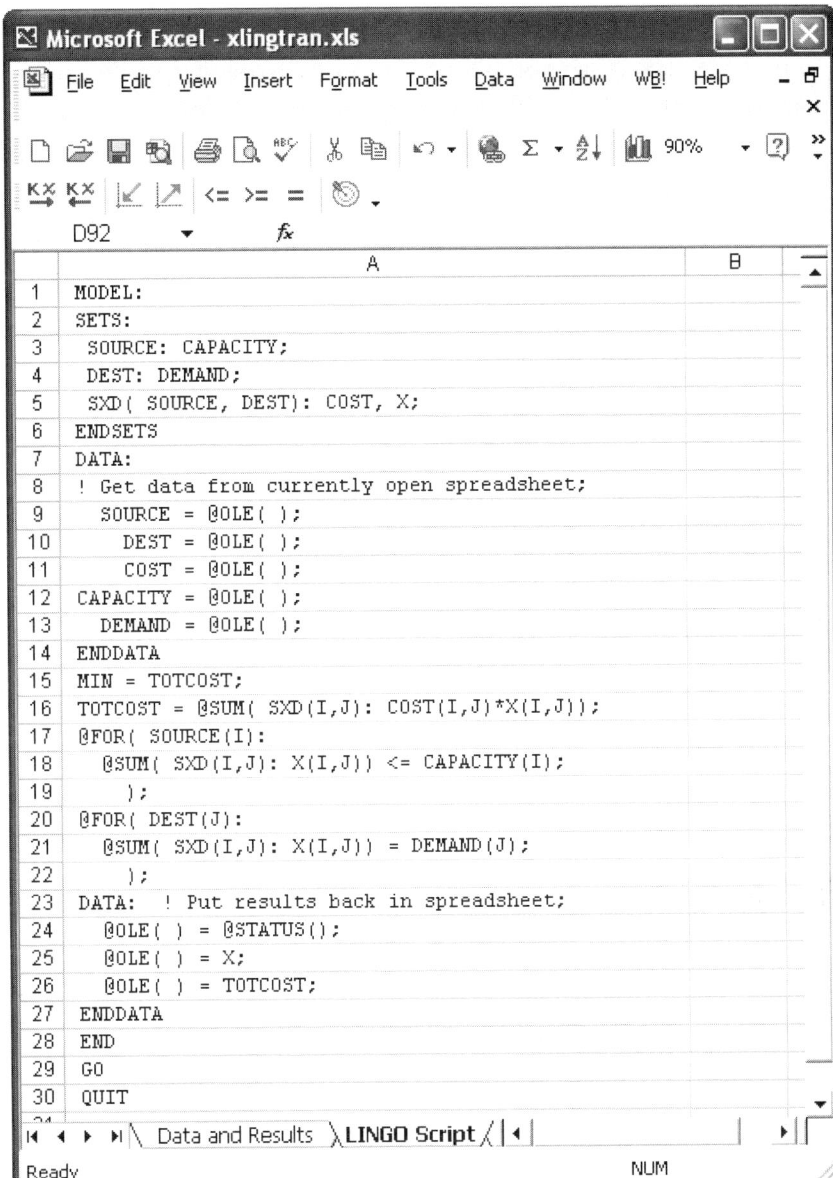

@OLE( )가 LINGO 모델을 스프레드시트와 연결하는데 사용되고 @ODBC( )가 LINGO 모델을 데이터베이스와 연결하는데 사용되는 것과 마찬가지로, @TEXT( ) 문장은 LINGO 모델을 단순한 텍스트 파일과 연결하는데 사용한다. 아래와 같이 하면, 특성치 *X*의 값을 파일 "myfile.out"로 보낼 수 있다.

```
DATA:
  @TEXT( 'MYFILE.OUT') = X;
```

```
ENDDATA
```

다음 예는 설명 메시지와 함께 *X*의 값을 화면으로 보낸다.

```
@TEXT() = 'The value of X=',  X;
```

LINGO를 응용 소프트웨어와 연결하는 방법이 하나 더 있는데, 서브루틴을 부르는 것이다. C/C++ 또는 Visual Basic 등의 프로그램은 LINGO DLL(Dynamic Link Library)을 호출할 수 있다. 모델이 LINGO DLL에 대한 문자열 변수로 보내진다. 상세한 내용은 LINGO 메뉴얼을 참고하기 바란다.

5.8 요 약

이 단원에서는 셋의 개념에 대해서 알아보고, 셋을 정의하였다. 그리고 셋 기반 모델링의 강력함과 유연성에 대해 설명하였다. 이제 여러분은 기초 셋과 유도 셋의 정의와 용도에 대한 기초 지식을 갖게 되었다.

연습문제

1. 특정 학기에 학교의 상황을 표현하고자 한다. 표현되어야 하는 주요 특징은 강사가 과목을 가르치고 학생은 과목 수강 신청을 하는 것이다. 누가 어떤 과목을 가르치고, 누가 각 과목을 신청하고, 그리고 학생별로 어떤 과목을 신청하는 지를 기록하고자 한다. 만일 각 과목이 정확히 한 명의 강사에 의해 가르쳐진다면 어떤 셋이 적절한가?

2. 추가로 복잡한 팀 강의(team teaching)를 고려하고 있다고 가정하자. 즉, 2명 이상의 강사가 같은 과목을 가르친다. 바로 전의 질문에 대한 해답을 어떻게 변경해야 하는가?

06

제품조합 문제

6.1 도 입

제품조합(product mix) 문제는 개념적으로 이해하기가 가장 쉬운 제약이 있는 최적화 문제이다. 앞에서 살펴본 Astro/Cosmo 문제가 한 예이다. 비록 교과서에 나오는 간단한 형태로 된 제품조합 문제들을 실제로 만나는 경우는 드물지만, 그들은 다기간 계획모델과 같은 대규모 문제의 매우 중요한 요소를 구성한다.

제품조합 문제의 특징은 유한한 자원의 집합을 차지하기 위하여 경쟁하는 제품들의 모임이 있다는 점이다. 만일 m개의 자원과 n개의 제품이 있다면, 소위 "기술"은 m개의 행과 n개의 열을 가지는 기술 계수(technologic coefficient) 표에 의해서 특징이 지워진다. 행 i와 열 j의 계수는 제품 j의 각 단위에 투여되는 자원 i의 단위 수이다. 표의 행에 있는 숫자는 단순히 LP에 있는 한 제약식의 계수이다. 간단한 제품조합 문제에서, 이들 계수들의 값은 비음(nonnegative)이다. 추가로, 단위당 이익 기여도가 각 제품에 관련되어 있고 가용량이 각 자원에 관련되어 있다. 목적은 각 자원을 가용한 양 이하로 사용하면서, 이익을 최대로 하기 위해 각 제품(조합)을 얼마나 생산해야 할지를 찾아내는 것이다.

아래의 제품조합 예제는 제품조합 LP 모델뿐만 아니라, 1) 비선형 이익 함수의 표현, 2) 대부분의 문제가 올바른 대안 모델을 가지고 있는 점에 대해서도 예시할 것이다. 두 사람이 동일한 문제에 대해 둘 다 정확하지만 표현이 다른 모델들을 구축할 수도 있다.

6.2 예 제

어떤 공장은 임의의 조합으로 5개의 다른 제품을 생산할 수 있다. 각 제품은 다음과 같이 3대의 기계 각각에 대해 작업 시간을 필요로 한다(숫자는 분/단위임).

	기계		
제품	1	2	3
A	12	8	5
B	7	9	10
C	8	4	7
D	10	0	3
E	7	11	2

각 기계는 일주일 당 128시간이 가용하다.

제품 A, B, 그리고 C는 순수한 경쟁 제품으로 생산량에 관계없이 개당 각각 $5, $4, 그리고 $5에 판매된다. 매주 생산되는 D와 E의 처음 20단위는 개당 $4에 판매된다. 그러나 20개를 초과하는 제품은 단지 개당 $3만 받을 수 있다. 변동 노무비는 기계 1과 2에 대해 시간당 $4인 반면에, 기계 3의 노무비는 시간당 $3이다. 재료비는 제품 A와 C에 대해 $2이고, 반면에 B, D, 그리고 E의 경우에는 단지 $1이다. 당신은 이익을 최대로 하고자 한다.

복잡한 점은 제품 D와 E의 이익 기여도가 선형이 아니라는 점이다. 이런 복잡성을 제거하기 위해 당신은 아마도 다음과 같은 수단을 발견할 수도 있다. 추가로 단위당 $3에 판매되는 두 개의 제품 D_2와 E_2를 정의하기로 한다. 원래 제품 D와 E의 판매 상한선은 무엇인가? 의사결정 변수와 그들의 이익 기여도는 다음과 같다.

의사결정변수	정의	단위당 이익 기여도
A	주 당 생산되는 A의 단위 수	5−2 = $3
B	주 당 생산되는 B의 단위 수	4−1 = $3
C	주 당 생산되는 C의 단위 수	5−2 = $3
D	20 단위를 초과하지 않는 주 당 생산되는 D의 단위 수	$3
D_2	20 단위를 초과하는 주 당 생산되는 D의 단위 수 *	$2
E	20 단위를 초과하지 않는 주 당 생산되는 E의 단위 수	$3
E_2	20 단위를 초과하는 주 당 생산되는 E의 단위 수	$2
M_1	주 당 사용되는 기계 1의 시간	$4
M_2	주 당 사용되는 기계 2의 시간	$4
M_3	주 당 사용되는 기계 3의 시간	$3

* 제품 D의 총생산량은 $D+D_2$이다.

각 기계에서 여러 제품들의 순서에 대한 문제를 걱정할 필요는 없다. 만일 납기까지의 여유가 충분하다면, 이것은 합당하다. 이 경우에 우리의 문제는 다음과 같다.

최대화　　비용을 제외한 이익

제약 조건

각 기계의 사용 시간(단위 : 분)은 각 기계의 작동시간과 동일함,
제품 D와 E의 최대생산 가능량은 20단위임,
각기계는 128시간 동안 작동된다.

정확한 LINGO 모델은 다음과 같다.

```
! Maximize revenue minus costs;
MAX = 3 * A + 3 * B + 3 * C + 3 * D + 2 * D2 + 3 * E
     + 2 * E2 - 4 * M1 - 4 * M2 - 3 * M3;
! Machine time used = machine time made available;
12*A + 7*B + 8*C + 10*D + 10*D2 + 7*E +  7*E2 - 60*M1 = 0;
8*A + 9*B + 4*C + 11*E + 11*E2 - 60*M2 = 0;
5*A + 10*B + 7*C + 3*D + 3*D2 + 2*E + 2*E2 - 60*M3=0;
   D <= 20;  ! Max sellable at high price;
   E <= 20;
!Machine availability;
   M1 <= 128;
   M2 <= 128;
   M3 <= 128;
END
```

처음 3개의 제약식들은 "분" 단위이고 생산 단위수의 함수로 "시간" 단위 기계 시간이 설정되어 있다. 다음 2개의 제약식들은 제품 D와 E의 최대 생산 가능량의 상한선을 표시한다. 최종 3개의 제약식들은 사용 가능한 기계 시간의 상한선이고 단위는 "시간"이다.

제약식 2는 먼저 다음과 쓸 수 있다.

$$\frac{12A + 7B + 8C + 10D + 10D_2 + 7E + 7E_2}{60} = M_1$$

60을 곱하고 좌변에 M_1을 도입함으로써, 두 번째 제약식을 얻는다. 풀이는 다음과 같다.

```
Optimal solution found at step:        4
Objective value:                1777.625
Variable           Value        Reduced Cost
       A       0.0000000            1.358334
```

```
  B        0.0000000           0.1854168
  C         942.5000           0.0000000
  D        0.0000000           0.1291668
 D2        0.0000000            1.129167
  E         20.00000           0.0000000
 E2        0.0000000           0.9187501
 M1         128.0000           0.0000000
 M2         66.50000           0.0000000
 M3         110.6250           0.0000000
Row    Slack or Surplus      Dual Price
  1         1777.625            1.000000
  2        0.0000000           0.2979167
  3        0.0000000           0.6666667E-01
  4        0.0000000           0.5000000E-01
  5         20.00000           0.0000000
  6        0.0000000           0.8125000E-01
  7        0.0000000            13.87500
  8         61.50000           0.0000000
  9         17.37500           0.0000000
```

해의 형태는 말로 하기에 매우 단순하다. 제품 E를 가능한 한 많이(20) 만들라. 그리고 나서 기계 1의 능력이 소진될 때까지 제품 C를 최대한 생산한다.

이 문제는 동일한 문제에 대한 대안 모델을 쉽게 구축할 수 있는 좋은 예이다. 이들 대안 모델들은 모두 정확하지만, 다소 많거나 적은 수의 제약식과 변수를 가질 수도 있다. 예를 들어, 제약식은 아래와 같고

$$8A+9B+4C+11E+11E_2-60M_2 = 0,$$

다음과 같이 쓸 수 있다.

$$M_2=(8A+9B+4C+11E+11E_2)/60$$

우변의 식은 모델에서 M_2를 대치할 수 있다. 우변의 식은 항상 비음이기 때문에 M_2에 대한 비음 제약은 자동으로 충족된다. 따라서, 만일 약간의 산술 작업을 하면, M_2와 위의 제약식은 문제로부터 제거될 수 있다. 유사한 논법이 M_1와 M_3에 적용되고 나눗셈이 수행되면, 다음 모델이 얻어진다.

```
MAX = 1.416667*A + 1.433333*B + 1.85*C + 2.183334*D +
1.183333*D2 + 1.7*E + .7*E2;
! Machine time used = machine time made available;
12*A + 7*B + 8*C + 10*D + 10*D2 + 7*E + 7*E2 <= 7680;
8*A + 9*B + 4*C + 11*E + 11*E2 <= 7680;
```

```
5*A + 10*B + 7*C + 3*D + 3*D2 + 2*E + 2*E2 <= 7680;
! Product limits;
D < 20;
E < 20;
```

이것은 좀더 표준 제품조합 모델처럼 보인다. 모든 제약식들은 어떤 종류의 능력에 대한 제약식이다. 이 모델에 대한 해는 이전 모델의 해와 전적으로 동일하다는 점에 유의하기 바란다.

```
Optimal solution found at step:          6
Objective value:                  1777.625
Variable            Value        Reduced Cost
       A        0.0000000            1.358333
       B        0.0000000           0.1854170
       C         942.5000           0.0000000
       D        0.0000000           0.1291660
      D2        0.0000000            1.129167
       E         20.00000           0.0000000
      E2        0.0000000           0.9187500
     Row    Slack or Surplus      Dual Price
       1         1777.625            1.000000
       2        0.0000000           0.2312500
       3         3690.000           0.0000000
       4         1042.500           0.0000000
       5         20.00000           0.0000000
       6        0.0000000           0.8125000E-01
```

게으른 모델 개발자는 아마도 첫 번째 형태로 모델을 개발할 것이다. 반면에 수학을 즐기는 사람은 두 번째 형식으로 모델을 개발할 것이다.

6.3 제조공정 선택 제품조합 문제

제품조합 모델의 드물지 않은 특징은 LP 모델에서 두 개 또는 그 이상의 별도의 변수가 동일 제품을 생산하기 위한 대안 방법들에 대응된다는 점이다. 이 경우에, LP는 특정 제품이 얼마나 생산되어야 하는지를 발견할 뿐만 아니라 각 제품을 생산하기 위한 최적의 공정을 선택하는데 이용된다.

제품조합 문제에 나타나는 두 번째 특징은 한 제품의 특정 양이 생산되어야 한다는 요구 사항이다. 이 조건은 문제를 단순한 제품조합 문제영역에서 벗어나게 한다. 그럼에도 불구하고, 위의 두 가지 특징을 가지는 문제를 생각해보자.

American Metal Fabricating Company(AMFC) 회사는 봉강을 이용하여 다양한 제품을 생산하고 있다. 초기 단계 중의 하나는 압연 기계에 의해 수행되는 모양 형성 작업이다. 이 목적을 위하여 B_3, B_4, 그리고 B_5의 3대의 기계가 가용하다. 다음 표는 그들의 특징을 제시하고 있다.

기계	속도 (피트/분)	허용 가능한 원자재 두께 (인치)	주 당 가용한 시간	작업 시간당 노무비
B_3	150	3/16 ~ 3/8	35	$10
B_4	100	5/16 ~ 1/2	35	$15
B_5	75	3/8 ~ 3/4	35	$17

능력 조합에서 이런 종류는 드물지 않다. 즉, 더 큰 자재를 처리하는 기계들은 더 느린 속도로 작동한다.

이번 주에 3가지 제품들이 생산되어야 한다. AMFC는 최소한 ¼" 자재를 218,000피트, ⅜" 자재를 114,000피트, 그리고 ½" 자재를 111,000피트를 생산해야 한다. 노무비를 제외한 이 3가지 제품들의 피트 당 이익 기여도는 0.017, 0.019, 그리고 0.02이다. 이들 가격은 모든 제품에 적용된다(예를 들어, 요구 생산량을 초과하는 어떤 양에 대해서도). 수송 부서는 주 당 두께와 관계없이 600,000피트의 처리 능력 한계를 가지고 있다.

이 문제의 의사결정 변수와 제약식은 무엇인가? 의사결정 변수들은 몇몇 고려 사항이 필요하다. ¼" 자재를 생산하는 방법은 단 한 가지이고, ⅜" 자재를 생산하는 방법은 세 가지이고, 그리고 ½"의 경우에는 두 가지 방법이 있다. 그래서 최소한 다음의 의사결정 변수가 필요하다. 숫자로 쉽게 처리하기 위해, 길이를 1,000피트 단위로 측정한다.

B_{34} = 1,000피트 단위로 B_3에 대해 생산되는 ¼" 자재 양
B_{38} = 1,000피트 단위로 B_3에 대해 생산되는 ⅜" 자재 양
B_{48} = 1,000피트 단위로 B_4에 대해 생산되는 ⅜" 자재 양
B_{58} = 1,000피트 단위로 B_5에 대해 생산되는 ⅜" 자재 양
B_{42} = 1,000피트 단위로 B_4에 대해 생산되는 ½" 자재 양
B_{52} = 1,000피트 단위로 B_5에 대해 생산되는 ½" 자재 양

목적함수를 위하여, 노무비를 포함한 이익 기여도를 가지고 있어야 한다. 이것을 확보하면, 다음을 얻는다.

변수	피트 당 이익 기여도
B_{34}	0.01589
B_{38}	0.01789
B_{48}	0.01650
B_{58}	0.01522
B_{42}	0.01750
B_{52}	0.01622

확실히, AMFC의 희소한 기계 자원 3대와 수송 부서의 능력에 대응되는 4개의 제약식이 있다. 3가지 제품의 생산 요구량으로 인한 3개의 추가 제약식이 있다. 기계 능력 제약식에 대해, 1,000피트 생산에 필요한 작업 시간을 알아야 한다. 기계 B_3을 위하여, 이 값은 1,000피트 당 '1,000/(60 min./hr.)×(150 ft./min.)=0.111111'시간이다. B_4와 B_5에 대해서도 비슷하게 각각 1,000피트 당 0.16667시간과 1,000 피트 당 0.22222시간이다.

이제 모델은 다음과 같이 구축될 수 있다.

$$\text{Maximize} = 15.89B_{34} + 17.89B_{38} + 16.5B_{48} + 15.22B_{58} + 17.5B_{42} + 16.22B_{52}$$

subject to

$$
\begin{array}{rll}
0.11111B_{34} + 0.11111B_{38} \le 35 & \text{Machine} \\
0.16667B_{48} + 0.16667B_{42} \le 35 & \text{capacities} \\
0.22222B_{58} + 0.22222B_{52} \le 35 & \text{in hours} \\
B_{34} + B_{38} + B_{48} + B_{58} + B_{42} + B_{52} \le 600 & \text{Shipping capacity in 1,000's of feet} \\
B_{34} \ge 218 & \text{Production} \\
B_{38} + B_{48} + B_{58} \ge 114 & \text{requirements} \\
B_{42} + B_{52} \ge 111 & \text{in 1,000's of feet}
\end{array}
$$

마지막 세 개의 제약식을 제외하면, 문제는 단순한 제품조합 문제이다.

단지 비용 인자로부터 최적해를 추론해보는 것은 의미가 있다. ¼" 제품은 기계 B_3에서만 생산될 수 있기 때문에, B_{34}는 최소한 218이라는 것을 알게 된다. ⅜" 제품은 기계 B_3에서 ¼" 제품보다 더 이익이 많이 난다. 따라서, B_{34}=218이고 B_{38}이 여분의 시간을 차지할 것이라는 결론에 도달한다. ½"과 ⅜" 제품은 B_4 또는 B_5에서 생산될 수 있다. 어느 경우에서나 ½"이 더 이익이 많이 난다. 그래서 B_{48}과 B_{58}이 절대적으로 필요한 양보다 크지 않다는 것을 알게 된다. 질문은 절대적으로 "필요한 양"이 무엇이냐 하는 것이다. ⅜"는 B_4 또는 B_5에서 보다 B_3에서 더 이익이 많이 나므로, B_3에서 ⅜" 요구량을 충족시키려 할 것이고 나머지는 B_4에서, 그리고 나서 B_5에서 생산하는 식이 될 것이다. 곧, 다음과 같이 진행된다.

B_{34}=218으로 놓는다.

이것은 B_3에서 '35−218×0.11111=10.78' 시간의 여유를 남기게 된다. 이것은 ⅜" 제품을 97,000피트만큼 생산하는데 충분하다. 따라서 다음 결론에 도달한다.

$$B_{38} = 97$$

⅜" 요구량의 나머지는 기계 B_4 또는 B_5에서 생산되어야 한다. ⅜"의 이익 기여도가 B_5보다 B_4에서 더 높기 때문에, 기계 B_4에서 생산되어야 하는 것처럼 보인다. 그러나 ½" 또한 B_5보다 B_4에서 정확히 동일한 양으로 더 이익이 높다는 점을 주지하기 바란다. 따라서 우리는 아무래도 좋다. 임의로 기계 B_4를 사용하여 ⅜" 요구량의 나머지를 채우기로 한다. 그래서

$$B_{48} = 17.$$

이제 모든 잔여 능력은 ½" 제품을 생산하는데 쓰이게 된다. B_4에 '35−17×0.16667=32.16667' 시간만큼의 능력이 있다. 이 시점에서 운반 능력에 대해 염려해야 한다. 우리는 여전히 1,000피트 단위로 했을 때 '600−218−97−17=268'만큼의 능력을 가지고 있다. B_{42}는 B_{52}보다 더 이익이 많이 나므로, 그것을 가능한 한 많이 생산해야 한다. 즉 32.16667/0.16667=193. 그래서

$$B_{42} = 193.$$

잔여 운반 능력은 268−193=75이고, B_{52s}=75이다.

만일 LINGO로 풀어보면, 다음과 같이 수작업과 동일한 해를 얻게 된다.

```
Optimal solution found at step:          2
Objective value:                   10073.85
Variable            Value        Reduced Cost
     B34         218.00000          0.000000
     B38          97.00315          0.000000
     B48          16.99685          0.000000
     B58           0.00000          0.000000
     B42         192.99900          0.000000
     B52          75.00105          0.000000
     Row     Slack or Surplus      Dual Price
       1          10073.85          1.000000
       2          0.000000         24.030240
       3          0.000000          7.679846
       4         18.333270          0.000000
       5          0.000000         16.220000
       6          0.000000         -3.000000
```

7	0.000000	-1.000000
8	157.000000	0.000000

기저(basis)가 변경되지 않는 범위는 다음과 같다.

Objective Coefficient Ranges

Variable	Current Coefficient	Allowable Increase	Allowable Decrease
B34	15.89000	3.000000	INFINITY
B38	17.89000	INFINITY	2.670000
B48	16.50000	1.000000	0.0
B58	15.22000	0.000000	INFINITY
B42	17.50000	0.0	1.000000
B52	16.22000	1.280000	0.0

Right-hand Side Ranges

Row	Current RHS	Allowable Increase	Allowable Decrease
2	35.00000	1.888520	9.166634
3	35.00000	12.50043	13.75036
4	35.00000	INFINITY	18.33327
5	600.0000	82.50053	75.00105
6	218.0000	97.00315	16.99685
7	114.0000	157.0000	16.99685
8	111.0000	157.0000	INFINITY

*B*58은 0이지만, 그것의 하한가는 또한 0임에 유의하기 바란다. 이것은 *B*58이 이익에 영향을 주지 않으면서 증가될 수 있음(*B*48이 감소)을 의미한다. 이것은 ⅜" 요구를 충족시키기 위해 *B*48과 *B*58 사용하는 것 사이에는 차이가 없다는 우리의 이전 언급과 일치한다.

아래는 이 문제에 대한 셋 버전 모델이다.

```
!This is a sets version of the previous example;
MODEL:
SETS:
   MACHINE / B3, B4, B5 / : HPERWK, TIME;
!This is the coefficient for the time per day constraint;
   THICKNESS / FOURTH, EIGHT, HALF / : NEED;
!This is the amount of each thickness needed
to be produced;
   METHOD ( MACHINE, THICKNESS ) : VOLUME, PROFIT, POSSIBLE;
!VOLUME is the variable, PROFIT the objective coefficients,
and POSSIBLE is a Boolean representing whether it is possible
```

```
to produce the given thickness;
ENDSETS
DATA:
!  Hours/week available on each machine;
    HPERWK =   35,   35,   35;
! Hours per 1000 feet for each machine;
      TIME = .11111 .16667 .22222;
! Amount needed of each product;
      NEED = 218    114    111;
! Profit by product and machine;
    PROFIT = 15.89, 17.89,  0,
             0,     16.5,  17.5,
             0,     15.22, 16.22;
! Which products can be made on which machine;
  POSSIBLE =  1,      1,      0,
              0,      1,      1,
              0,      1,      1;
! Shipping capacity per day;
  SHPERDAY = 600;
ENDDATA
!---------------------------------------------------
!Objective function;
MAX = @SUM( METHOD(I,J): VOLUME(I,J) * PROFIT(I,J));
@SUM( METHOD( K, L): VOLUME( K, L)) <= SHPERDAY;
!This is the max amount that can be made each day;
@FOR( MACHINE( N):
! Maximum time each machine can be used/week.;
@SUM( THICKNESS( M):
POSSIBLE(N,M) * VOLUME(N,M) * TIME(N))<=HPERWK(N););
@FOR( THICKNESS( Q)  :
!Must meet demand for each thickness;
@SUM( MACHINE(P): POSSIBLE(P,Q)*VOLUME(P,Q))>=NEED(Q));
END
```

연습문제

1. 어떤 회사가 2가지 제품, Widget 그리고 Frisbee를 생산하고 있다. 각 제품은 2가지 자재, polyester 그리고 polypropylene로 만들어진다. 다음 표는 두 제품의 자재 요구량을 보여준다.

Widget	Frisbee	원자개
3	5	Polyester
6	2	Polypropylene

수입 할당량 때문에, 회사는 이번 달에 단지 polyester와 polypropylene 각각에 대하여 12단위와 10단위만을 확보할 수 있다. 회사는 차월 생산 계획에 관심이 있다. 이를 위해서, 각 제품의 이익 기여도를 아는 것이 중요하다. 이들은 polyester와 polypropylene 각각에 대하여 $3와 $4인 것으로 알려져 있다. 다음 달에 Widget와 Frisbee를 얼마만큼 생산해야 할 것인가?

2. Otto Maddick Machine Tool Company는 두 제품, muffler bearing와 torque amplifier를 생산한다. 하나의 muffler bearing은 ⅛시간의 조립 노동, 상표부착 부서에서 0.25시간, 그리고 9입방 피트의 철판을 필요로 한다. 각 torque amplifier는 조립과 상표부착에서 각각 ⅓시간, 그리고 6입방 피트의 철판을 필요로 한다. 현재 조립과 상표부착 부서의 주간 능력은 각각 400시간과 350시간이다. 철판의 가격은 입방 피트당 15센트이다. muffler bearing은 개 당 $8에 판매될 수 있다. torque amplifier는 개당 $7에 판매될 수 있다.
   (a) 주간 이익 기여도를 최대화 하는데 유용한 LP 모델을 개발하라.
   (b) 이전에 포함되지 않은 두 개의 중요한 고려 사항이 발견되었다.
      (i) 조립 부서에서 100시간까지의 시간외 근무가 시간당 $5의 비용으로 가능하다.
      (ii) 철판 공급자는 주당 5,000입방 피트를 초과하는 양에 대해 1입방 피트 당 12센트만을 부과한다.

   위의 고려 사항들 중에서 어느 것이 LP 모델에 쉽게 포함될 수 있을까? 만일 한 개 혹은 둘 다 쉽게 포함될 수 없다면, 당신은 그럼에도 불구하고 이 문제를 어떻게 풀지 서술하라.

3. 이번 단원의 전반부에서 소개된 5 제품, 3 기계 제품조합 문제에 대한 해를 재검토한다.
   (a) 각 기계에 대해 추가 되는 시간의 잠재가는 얼마인가?
   (b) 제품 A의 현재 판매가는 $5이다. 제품 A를 생산하기 위해서는 가격이 얼마이어야 하는가?
   (c) 가능하다면 $4에 제품 E를 더 많이 판매하는 것이 이득이다. 그러나 더 많이 판매할 수 있더라도, $3에 E를 판매하는 것은 이득이 없다. E를 더 많이 팔더라도 좋지도 나쁘지도 않은 균형(breakeven) 가격은 얼마인가?

(d) 추가 능력을 얻기 위하여 3 종류 기계 각각의 자동 버전을 시간 단위로 임차할 수 있다. 즉, 그들은 노동력을 요구하지 않는다. 세 가지 형태 자동 기계 각각을 임차하기 위해 당신이 지불할 의사가 있는 시간당 최대 요금은 얼마인가?

4. Aviston ElectronicsAviston Electronics Company는 장난감과 소형 가전 제품을 위한 모터를 생산한다. 마케팅 부서는 다음 분기에 6,100단위의 Dynamonster 모터가 판매될 것으로 예측하고 있다. 하나의 Dynamonster는 3개의 부품, shaft, base, 그리고 cage로 조립된다. 내부 생산 능력이 부족하기 때문에 이들 부품 중에서 몇몇은 외부에서 구매해야 할 것이 확실하다. 단위당 내부 생산 변동비용와 외부 구매비용이 다음 표에 제시되어 있다.

부품	외부 비용	내부 비용
Shaft	1.21	0.81
Base	2.50	2.30
Cage	1.95	1.45

Aviston의 공장은 3개의 부서로 구성된다. 부품이 내부에서 제작될 때, 각 부서에서의 각 부품별 소요 시간(단위 : 시간)은 아래의 표와 같다. Dynamonster 제품을 위한 가용 시간이 마지막 행에 열거되어 있다.

부품	절단 부서	형상 부서	조립 부서
Shaft	0.04	0.06	0.04
Base	0.08	0.02	0.05
Cage	0.07	0.09	0.06
능력	820	820	820

(a) 의사결정 변수들은 무엇인가?
(b) 적절한 LP 모델을 개발하라.
(c) 외부에서 각 부품에 대해 얼마나 많은 단위를 구매해야 하는가?

5. Buster Sod의 동생, Marky Dee은 텍사스에서 3개의 농장을 운영하고 있다. 3개 농장의 에이커 수와 가용한 농업용수는 다음과 같다.

농장	면적 (acres)	가용한 농업 용수(acre feet)
1	400	1500
2	600	2000
3	300	900

3가지 곡식을 경작하고 있다. 그러나 가용한 추수 장비가 제한되어 있어서 각 곡식의 최대 경작

면적에는 아래와 같이 한계가 있다.

곡식	총 경작 능력 (단위: acres)	용수 요구량 (단위: acrefeet/acre)	기대 이익 (단위: $/acre)
Milo	700	6	400
Cotton	800	4	300
Wheat	300	2	100

농장에서는 곡식들의 어떤 조합이라도 경작될 수 있다.

(a) 의사결정 변수들은 무엇인가?

(b) LP 모델을 개발하라.

6. 이번 단원에 있는 American Metal Fabricating 공정 선택/제품조합 문제의 모델과 해를 재검토한다. 해 보고서에 기초하여 다음 문제를 풀어라.

(a) B_4 기계에 추가되는 1시간의 능력의 가치는 얼마인가?

(b) B_3 기계에 추가되는 2시간의 능력의 가치는 얼마인가?

(c) ¼" 자재를 더 많이 생산하는 것이 가치가 있기 위해서는 그것의 1,000ft 당 이익 기여도를 얼마나 올려야 하는가?

(d) 만일 노동비 변화 없이 기계 B_5의 속도가 2배가 된다면, 일주일에 얼마나 가치가 있을까? (참고로 B_5에 대한 노동비는 $17/시간임.)

7. 최근 주말판 신문의 한 광고에 쿠폰이 있었다. 쿠폰은 Ocean Spray 덩굴월귤 쥬스의 모든 크기에 대해서 $1을 할인해 주는 것이었다. 주말판 신문의 가격은 $1보다 비싸다.
가게에서 점검한 결과, 아래와 같이 두 가지 크기가 있음을 알았다.

크기(온스)	가격	가격/온스(쿠폰 없는 경우)	가격/온스(쿠폰 있는 경우)
32	2.09	.0653125	.0340625
48	2.89	.0602083	.039375

어떤 크기를 살 것인지를 결정하는데 있어서 무엇을 질문해야 하는가? 이와 같은 구매 의사결정 문제에서 목적함수는 무엇인가?

LINGO/ 최적화 모형

07 커버링, 참모, 절단 모델

7.1 도 입

커버링 문제는 서비스 산업에서 발생되는 경향이 있다. 핵심 특징은 커버되어야 하는 요구 사항의 집합이 있다는 점이다. 우리는 가용한 여러 가지 활동을 가지고 있다. 각각 어떤 것을 커버하는데 도움을 주지만, 모든 요구 사항을 커버할 수는 없다. 커버링 문제의 정성적인 형식은 다음과 같다.

최소 비용의 활동 집합을 선택하시오
조건 하에서
선택된 활동들은 모든 요구사항들을 커버한다.

여러 가지 문제에 대한 활동과 요구사항 형태의 몇 가지 예가 제시되어 있다.

문제	요구 사항	활동
참모 스케줄	매일(매주) 필요한 사람 수.	작업 또는 교대 패턴. 각 패턴은 모든 기간은 아니지만 어떤 기간을 커버한다.
경로	각 고객을 방문해야 한다.	여러 가지 가능한 여행. 각 여행은 모든 고객은 아니지만 몇몇 고객을 방문한다.
종이, 목재, 철강, 섬유 등의 원재료 절단	각 최종 제품크기에 따라 필요한 양.	원자재를 여러 가지 최종 제품 크기로 절단하기 위한 절단 패턴. 각 패턴은 모든 제품은 아니지만 몇몇 제품을 생산한다.

다음 절에서, 이들 문제에 대해 상세히 알아보기로 한다.

(1) 참모 문제

대부분 서비스 설비 경영의 한 부분은 인력에 대한 스케줄을 결정하는 것이다. 즉, 어떤 근무조에 얼마나 많은 사람들이 필요한지를 결정하는 것이다. 이 문제는 전화 회사, 고속도로의 톨 플라자, 대형 병원, 그리고 공공 서비스를 제공해야 하는 일반적인 설비의 정보 제공 부서의 참모를 결정하는데 있어서 존재한다.

풀이 과정은 최소한 다음 3개 부분으로 구성된다. (1) 스케줄 기간의 하루 내의 매 시간 동안 또는 일주일 내의 매일 필요한 인력에 대한 좋은 예측치를 얻는다. (2) 가용한 인력과 근무 협약과 규제에 기초해서 실행 가능한 근무 패턴을 규정한다. 특정 근무 패턴은 화요일에서 토요일까지 일하고, 2일간 쉬는 형태가 될 수 있다. (3) 비용을 최소화하고 각 기간 동안 근무하는 사람의 총수가 (1)에서 결정된 요구 사항을 만족하면서 각 근무 패턴에 얼마나 많은 사람이 일해야 하는 지를 결정한다. 이들 3단계는 모두 어렵다. LP는 단계 3을 해결하는데 도움을 줄 수 있다.

첫 번째로 출판된 최적화 기반 참모 스케줄 작성 방법들 중의 하나는 Edie(1954)가 개발한 것이다. 그는 뉴욕 항구 관리국(Port Authority)을 위한 통행세 징수소의 관리원들을 결정하는 방법을 개발하였다. Edie의 의견은 비록 오래 되었지만, 여전히 매우 적절하고 완벽하다. 그의 완벽성은 다음 요약을 통해 설명되어 있다. “Lincoln Tunnel에서 한 시도가 수행되었다...각 톨 수금원은 그의 창구 할당과 교체 기간을 보여주는 전표를 받고 스케줄을 엄격히 따르도록 교육을 받는다...과다한 예비 요원이 발생하지 않았다...수금원의 이동과 창구의 개폐는 톨 관리자의 조치 없이 처리되었다. 때때로 창구의 수는 약간 과다했다. 그러나 이전 정도는 아니었다... 말할 필요없이, 상당히 만족할만하다....”

(2) 예제 : Northeast Tollway 참모 문제

시카고의 Northeast Tollway 회사는 다음의 매일 24시간 기간 동안의 참모 요구 사항을 갖는 고속도로의 톨 플라자를 운영하고 있다.

시간	필요 수금원 수
자정 ~ 6 A.M.	2
6 A.M. ~ 10 A.M.	8
10 A.M. ~ 정오	4
정오 ~ 4 P.M.	3
4 P.M. ~ 6 P.M.	6
6 P.M. ~ 10 P.M.	5
10 P.M. ~ 자정	3

각 수금원은 4시간 동안 근무를 하고, 한 시간 동안 휴식을 취한 후, 추가로 4시간을 근무한다. 수금원은 시간 단위로 아무 때나 근무를 시작할 수 있다. 목적이 고용되는 수금원의 수를 최소화 하는 것이라고 가정할 때, 각 시간 단위로 몇 명의 수금원이 근무를 시작하도록 할 것인가?

| 모델과 풀이 |

의사결정 변수를 정의한다.

x_1 = 자정에 근무를 시작하는 수금원 수,
x_2 = 오전 1시에 근무를 시작하는 수금원 수,
.
.
.
x_{24} = 오후 11시에 근무를 시작하는 수금원 수.

각 시간 단위로 해당 시간의 수금원의 수는 해당 시간에 요구되는 수가 되어야 한다는 것을 나타내는 한 개의 제약식이 있게 된다. 목적함수는 24시간 동안 고용될 수금원의 수를 최소화 하는 것이다. 좀더 형식화 하여 표현하면 다음과 같다.

Minimize $x_1+x_2+x_3+\cdots+x_{24}$
subject to
$x_1+x_{24}+x_{23}+x_{22}+x_{20}+x_{19}+x_{18}+x_{17} \geq 2$ (자정 ~ 1 A.M.).
$x_2+x_1+x_{24}+x_{23}+x_{21}+x_{20}+x_{19}+x_{18} \geq 2$ (1 A.M. ~ 2 A.M.)
.
.
.
$x_7+x_6+x_5+x_4+x_2+x_1+x_{24}+x_{23} \geq 8$ (6 A.M. ~ 7 A.M.)
.

.

.

$x_{24}+x_{23}+x_{22}+x_{21}+x_{19}+x_{18}+x_{17}+x_{16} \geq 3$ (11 P.M. ~ 자정)

아래의 식 계수 표를 살펴봄으로써 근무조의 중간에서 한 시간의 휴식이 발생할 때의 효과를 알아보는데 도움을 얻을 수 있다.

제약식 행	x_1	x_2	x_3	x_4	x_5	x_6	x_7	x_8	x_9	…	x_{17}	x_{18}	x_{19}	x_{20}	x_{21}	x_{22}	x_{23}	x_{24}	우변
12A.M~1A.M.	1										1	1	1	1		1	1	1	≥2
1A.M.~2A.M.	1	1										1	1	1	1		1	1	≥2
2A.M.~3A.M.	1	1	1										1	1	1	1		1	≥2
3A.M.~4A.M.	1	1	1	1										1	1	1	1		≥2
4A.M.~5A.M.		1	1	1	1										1	1	1	1	≥2
5A.M.~6A.M.	1		1	1	1	1										1	1	1	≥2
6A.M.~7A.M.	1	1		1	1	1	1										1	1	≥8
7A.M.~8A.M.	1	1	1		1	1	1	1										1	≥8
8A.M.~9A.M.	1	1	1	1		1	1	1	1										≥8
9A.M.~10A.M.		1	1	1	1		1	1	1										≥8
10A.M.~11A.M.			1	1	1	1		1	1										≥4
11A.M.~12P.M.				1	1	1	1		1										≥4
12P.M.~1P.M.					1	1	1	1											≥3
1P.M.~2P.M.						1	1	1	1										≥3
2P.M.~3P.M.							1	1	1										≥3
			…															…	

셋 기반 모델링

이 문제를 위한 LINGO의 "셋" 기반 모델링은 매우 축약적이다. 두 개의 셋이 있는데, 하나는 일일 24시간에 대한 것이고, 나머지는 9시간 근무조를 위한 것이다. *X* 변수에 대한 인덱스를 처리하기 위해 @WRAP 함수를 사용하고 있다는 점을 주지하기 바란다.

```
MODEL: ! 24 hour shift scheduling;
 SETS: !Each shift is4 hours on, 1 hour off, 4 hours on;
  HOUR/1..24/: X, NEED;
 ENDSETS
 DATA:
  NEED=2 2 2 2 2 2 8 8 8 8 4 4 3 3 3 3 6 6 5 5 5 5 3 3;
 ENDDATA
 MIN = @SUM( HOUR(I): X(I));
 @FOR( HOUR( I): ! People on duty in hour I are those who
      started 9 or less hours earlier, but not 5;
 @SUM(HOUR(J)|(J#LE#9)#AND#(J#NE#5): X(@WRAP((I-J+1),24)))>= NEED(I));
END
```

LP로 풀이를 구하면, 목적함수 값으로 15.75를 갖고 양수 값의 변수들은 다음과 같다.

$x_2 = 5$	$x_5 = 0.75$	$x_{11} = 1$	$x_{16} = 1$
$x_3 = 0.75$	$x_6 = 0.75$	$x_{14} = 1$	$x_{17} = 1$
$x_4 = 0.75$	$x_7 = 0.75$	$x_{15} = 2$	$x_{18} = 1$

몇몇 숫자가 분수이기 때문에, 이 답은 직접적으로 유용하지는 않다. 정수 제약을 명시하기 위하여, @GIN 함수를 다음 줄에 사용한다.

```
@FOR( HOUR(I): @GIN( X(I)));
```

해를 구하면, 목적함수 값으로 16를 갖고 양수 값의 변수들은 다음과 같다.

$x_2 = 4$	$x_5 = 1$	$x_{14} = 1$	$x_{17} = 2$
$x_3 = 1$	$x_6 = 1$	$x_{15} = 1$	$x_{18} = 1$
$x_4 = 1$	$x_7 = 1$	$x_{16} = 2$	

참모 문제의 가장 큰 사례 중의 하나가 전화 콜 센터이다. 예로 신용 카드 서비스 센터의 전화주문 접수자와 신용 점검자를 들 수 있다. 네브래스카 주 오마하 시 인구의 상당히 많은 비율이 콜 센터에서 일한다. 콜 센터의 전형적인 근무조 패턴은 15분 휴식, 30분 점심 휴식, 그리고 15분 추가 휴식으로 구분되는 8시간 근무로 구성된다.

(3) 참모 스케줄의 추가 특징

예측, 작업 패턴 규정, 그리고 작업 패턴 선택의 처음 3단계에 추가하여 완벽한 적용을 위해서 4번째 단계(명부 작성)가 있을 수 있다. 명부 작성에서는, 특정 개인의 이름이 특정 작업 패턴에 할당된다. 몇몇 산업에서는(예들 들어, 항공사) 사람들(예를 들어, 비행사들)이 결정된 근무 패턴들에 입찰하는 것이 허용된다.

어떤 참모 결정 상황에서는 충족되어야 하는 몇 가지의 기술적 요구 사항들이 있을 수 있다. 예를 들어, 처음 한 시간 동안 최소한 3명의 스페인어 구사자와 최소한 4 명의 영어 구사자가 있어야 한다. 직원들은 각기 다른 기술 집합을 보유하고 있다(예를 들어, 어떤 사람들은 영어만 구사할 수 있고, 또 다른 사람들은 영어와 스페인어를 동시에 구사할 수 있다).

어떤 상황에서는(예를 들어 우편처리), 요구가 1 또는 2기간 연기될 수도 있다. 그래서 만일 이월되는 요구가 다음 기간에 처리될 수 있다면, 소위 피크 기간 동안 참모의 수를 적게 갖는 것이 가능하다.

거의 모든 상황에서 요구 사항은 어느 정도 확률적이다. 그래서 참모 요구량은 어느 정도 유동적이다. 어떤 기간 동안에 최소한 10명이 필요하다고 말할 수도 있지만, 만일 11명을 가지고 있다면, 추가 한 명은 전 기간동안 그저 일 없이 있지만은 않을 것이다. 우연히 요구량이 점 추정값보다 크다면, 좋은 기회가 되어 추가 사람을 활용할 수 있다. 요구 수준을 초과하는 참모 각 단위의 한계 이익의 추정치를 제공하기 위하여 대기행렬 방법들이 자주 이용된다.

7.2 절단과 패턴 선택

제지, 음식물 랩, 그리고 섬유와 같은 산업에서는 초기 시점에 제품을 크게 경제적 크기로 생산한다. 그리고 나서 제품이 소비자에게 가까워질수록 더 작고 유용한, 다양한 크기로 절단된다. 최소의 비용으로 큰 크기의 원자재를 더 작은 크기로 어떻게 절단해야 할 것인가를 결정하는 것이 절단 문제이다. 일차원 절단 문제의 한 예로, 기계 설계에서 자재가 72인치 폭으로 생산되어야 함을 요청하는 경우를 생각해보자. 72인치 폭의 자재를 이러한 더 작은 폭들로 절단하는 데에는 다양한 방법이 있다. 그들 중에 두 가지가 그림 7.1에 제시되어 있다.

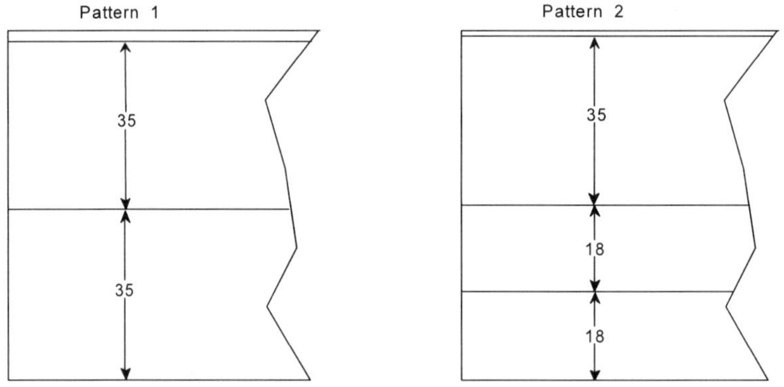

그림 7.1 절단 패턴의 예

패턴 1은 2인치의 모서리 낭비(72−2×35=2)를 갖는다. 반면에 패턴 2는 단지 1인치의 모서리 낭비(72−2×18−35=1)를 갖는다. 그러나 18인치 폭의 자재가 35인치 폭의 자재의 두 배 정도가 필요하지 않다면, 패턴 2는 그리 유용하지 않다. 그래서 모서리 낭비와 끝 낭비 사이에 절충이 있어야만 한다.

절단 문제의 해는 앞에서 알아본 바와 같이 3단계 절차로 구성된다. (1) 최종 폭에 대한 요구량을 추정한다. (2) 큰 폭의 자재를 더 작은 폭으로 절단하기 위해 가능한 패턴들의 집합을 구성한다. (3) (1)에 있는 요구량들을 최소 비용으로 만족하도록 (2)에 있는 각 패턴을 얼마만큼의 횟수로 수행해야 하는 지를 결정한다. 최적화가 단계 (3)을 수행하는데 이용될 수 있다.

많은 대형 제지 회사들은 절단 문제를 풀기 위하여 LP 기반 절차를 가지고 있다. 실제 절단 문제들은 모서리 낭비/끝 낭비 이외에 절충을 이루어야 하는 다양한 비용 항목들과 관련되어 있다. LP 기반 절차의 유용성은 이들 다른 요인들의 중요성에 따라 달라진다. 다음 예는 까다로운 비용 항목을 도입하지 않고, 절단 문제의 근본적인 특징들을 예시하고 있다.

(1) 예 : Cooldot 절단 문제

Cooldot Appliance Company 회사는 냉장고와 난로와 같은 다양한 범위의 대형 가전제품을 생산하고 있다. 원자재 비용의 상당히 많은 부분은 강판을 구입하는데 소요된다. 현재, 강판은 3가지 상이한 폭 72인치, 48인치, 그리고 36인치의 코일로 구입된다. 제조 공정에서 8가지 종류의 60, 56, 42, 38, 34, 24, 15, 그리고 10인치 강판이 필요하다. 모든 것들은 동일한 품질과 두께의 강판이 필요하다.

지속적인 문제는 잘려나가는 낭비이다. 예를 들어, 72인치 폭 코일을 절단하는 한 가지 방법은 그것을 하나의 38인치 폭 코일과 두 개의 15인치 폭 코일로 길게 잘라내는 것이다. 그러면 4인치 코일의 잘려나가는 낭비가 발생하고, 그것은 폐기된다.

세 가지 다른 원자재들의 1피트당 가격은 36인치 폭은 15센트, 48인치 폭은 19센트, 그리고 72인치 폭은 28센트이다. 세 가지 원자재들의 인치 피트 당 비용은 36", 48", 그리고 72" 각각에 대하여 15/36=0.416667센트/(인치×피트), 0.395833센트/(인치×피트), 그리고 0.388889센트/(인치×피트)이다.

코일은 어떤 가능한 해로도 절단될 수 있다. 세 가지 원자재를 능률적으로 자르는 가능한 절단 패턴들이 아래 표에 제시되어 있다.

예를 들어, 패턴 C_4는 72인치 폭 코일을 하나의 24인치 폭과 4개의 10인치 폭으로 절단하는 것에 대응된다. 이때 낭비는 8인치이다.

이번 계획 기간에 필요한 다양한 폭들의 길이는 다음과 같다.

폭	60"	56"	42"	38"	34"	24"	15"	10"
필요한 피트 수	500	400	300	450	350	100	800	1000

이번 계획 기간에 가용한 원자재는 72인치 코일이 1,600피트이고, 48인치와 36인치 폭들이 각각 10,000피트이다.

여러 가지 폭의 요구량을 만족하면서 비용을 최소화하기 위해 패턴을 얼마나 절단해야 하는가? 36인치 자재의 사용량을 사전에 예측할 수 있을까?

(2) Cooldot 문제의 모델과 해

다음 표에서 심볼들 A_1, A_2, ⋯ , E_4는 대응되는 패턴의 절단 피트 수를 나타낸다고 하자.

[원자재에 대한 절단 패턴]

패턴 명칭	요구되는 폭의 절단 수								낭비되는 인치 수
	60"	56"	42"	38"	34"	24"	15"	10"	
	72 인치 원자재								
A_1	1	0	0	0	0	0	0	1	2
A_2	0	1	0	0	0	0	1	0	1
A_3	0	1	0	0	0	0	0	1	6
A_4	0	0	1	0	0	1	0	0	6
A_5	0	0	1	0	0	0	2	0	0
A_6	0	0	1	0	0	0	1	1	5
A_7	0	0	1	0	0	0	0	3	0
A_8	0	0	0	1	1	0	0	0	0
A_9	0	0	0	1	0	1	0	1	0
B_0	0	0	0	1	0	0	2	0	4
B_1	0	0	0	1	0	0	1	1	9
B_2	0	0	0	1	0	0	0	3	4
B_3	0	0	0	0	2	0	0	0	4
B_4	0	0	0	0	1	1	0	1	4
B_5	0	0	0	0	1	0	2	0	8
B_6	0	0	0	0	1	0	1	2	3
B_7	0	0	0	0	1	0	0	3	8
B_8	0	0	0	0	0	3	0	0	0
B_9	0	0	0	0	0	2	1	0	9
C_0	0	0	0	0	0	2	0	2	4
C_1	0	0	0	0	0	1	3	0	3
C_2	0	0	0	0	0	1	2	1	8
C_3	0	0	0	0	0	1	1	3	3
C_4	0	0	0	0	0	1	0	4	8
C_5	0	0	0	0	0	0	4	1	2
C_6	0	0	0	0	0	0	3	2	7
C_7	0	0	0	0	0	0	2	4	2
C_8	0	0	0	0	0	0	1	5	7
C_9	0	0	0	0	0	0	0	7	2

			48 인치 원자재						
D_0	0	0	1	0	0	0	0	0	6
D_1	0	0	0	1	0	0	0	1	0
D_2	0	0	0	0	1	0	0	1	4
D_3	0	0	0	0	0	2	0	0	0
D_4	0	0	0	0	0	1	1	0	9
D_5	0	0	0	0	0	1	0	2	4
D_6	0	0	0	0	0	0	3	0	3
D_7	0	0	0	0	0	0	2	1	8
D_8	0	0	0	0	0	0	1	3	3
D_9	0	0	0	0	0	0	0	4	8
			36 인치 원자재						
E_0	0	0	0	0	1	0	0	0	2
E_1	0	0	0	0	0	1	0	1	2
E_2	0	0	0	0	0	0	2	0	6
E_3	0	0	0	0	0	0	1	2	1
E_4	0	0	0	0	0	0	0	3	6

계산을 위해, 추가로 다음을 정의하면 유용하다.

T_2 = 48 인치 패턴들의 절단 피트 수,
T_3 = 36 인치 패턴들의 절단 피트 수,
W_1 = 72 인치 패턴들로부터의 잘려나가는 낭비의 인치 · 피트,
W_2 = 48 인치 패턴들로부터의 잘려나가는 낭비의 인치 · 피트,
W_3 = 36 인치 패턴들로부터의 잘려나가는 낭비의 인치 · 피트,
X_1 = 60 인치 폭의 초과 절단 피트 수,
X_2 = 56 인치 폭의 초과 절단 피트 수,
.
.
.
X_8 = 10 인치 폭의 초과 절단 피트 수.

목적함수가 어떻게 되어야 하는지는 즉시 드러나지 않는다. 각 패턴의 절단에 대해 잘려나가는 낭비 비용을 계산하고 총 낭비 비용을 최소화 하고자 할지도 모른다. 예를 들어 아래와 같다.

```
MIN = 0.3888891W1 + 0.395833W2 + 0.416667W3;
```

그러나 이러한 목적은 낭비를 매우 적게 갖는 해를 내주지만, 비용은 매우 높아진다. 이것은 모든 원자재들에 대하여 제곱 인치당 비용이 동일하지 않을 때 특별히 가능하다. 좀더 합당한 목적함수는 총 비용을 최소화 하는 것이다. 즉, 다음과 같다.

```
MIN = 28 * T1 + 19 * T2 + 15 * T3;
```

이 목적함수를 모델에 추가하면, 다음 모델을 얻을 수 있다.

```
MODEL:
SETS:
! Total, Waste, Cost, Waste cost Supply of each base pattern;
 SUPPLY/1..3/: T, W, C, WCOST, S;
! 10 will correspond to 0 in this model;
 WHICH/1..5/:;
 ISIT( SUPPLY, WHICH): YN;
 PATTERN/1..10/:;
 STYLE( WHICH, PATTERN): AMT, WASTE;
 WIDTH/1..8/: N, X;
 NUMBER( STYLE, WIDTH): NUM;
ENDSETS
DATA:
    C =      28      19      15;
WCOST = .388889 .395833 .416667;
    S =    1600   10000   10000;
N = 500 400 300 450 350 100 800 1000;
YN = 1 1 1 0 0
     0 0 0 1 0
     0 0 0 0 1;
WASTE = 2 1 6 6 0 5 0 0 0 0
        9 4 4 4 8 3 8 0 9 4
        3 8 3 8 2 7 2 7 2 4
        0 4 0 9 4 3 8 3 8 6
        2 6 1 6 0 0 0 0 0 2;
NUM =   1 0 0 0 0 0 0 1
        0 1 0 0 0 0 1 0
        0 1 0 0 0 0 0 1
        0 0 1 0 0 1 0 0
        0 0 1 0 0 0 2 0
        0 0 1 0 0 0 1 1
        0 0 1 0 0 0 0 3
        0 0 0 1 1 0 0 0
        0 0 0 1 0 1 0 1
        0 0 0 0 0 0 0 0
        0 0 0 1 0 0 1 1
        0 0 0 1 0 0 0 3
        0 0 0 0 2 0 0 0
        0 0 0 0 1 1 0 1
```

```
        0 0 0 0 1 0 2 0
        0 0 0 0 1 0 1 2
        0 0 0 0 1 0 0 3
        0 0 0 0 0 3 0 0
        0 0 0 0 0 2 1 0
        0 0 0 1 0 0 2 0
        0 0 0 0 0 1 3 0
        0 0 0 0 0 1 2 1
        0 0 0 0 0 1 1 3
        0 0 0 0 0 1 0 4
        0 0 0 0 0 0 4 1
        0 0 0 0 0 0 3 2
        0 0 0 0 0 0 2 4
        0 0 0 0 0 0 1 5
        0 0 0 0 0 0 0 7
        0 0 0 0 0 2 0 2
        0 0 0 1 0 0 0 1
        0 0 0 0 1 0 0 1
        0 0 0 0 0 2 0 0
        0 0 0 0 0 1 1 0
        0 0 0 0 0 1 0 2
        0 0 0 0 0 0 3 0
        0 0 0 0 0 0 2 1
        0 0 0 0 0 0 1 3
        0 0 0 0 0 0 0 4
        0 0 1 0 0 0 0 0
        0 0 0 0 0 1 0 1
        0 0 0 0 0 0 2 0
        0 0 0 0 0 0 1 2
        0 0 0 0 0 0 0 3
        0 0 0 0 0 0 0 0
        0 0 0 0 0 0 0 0
        0 0 0 0 0 0 0 0
        0 0 0 0 0 0 0 0
        0 0 0 0 0 0 0 0
        0 0 0 0 1 0 0 0;
ENDDATA
! This sets dummy variables, A10 and E5to zero;
@FOR(PATTERN(I)|I #GE# 5 #AND# I #LE# 9:AMT(5,I)=0);
AMT(1, 10) = 0;
! The above objective;
MIN = @SUM(SUPPLY: T * C);
! this isn't minimizing waste trim - just to see what it would be;
NOTMIN = @SUM( SUPPLY: W * WCOST);
```

```
! (U72), (U48), and (U36) see below;
@FOR( SUPPLY( I): T( I) = @SUM( STYLE( J, K):
      YN( I, J) * AMT(J, K));
! (S72), (S48), AND (S36);
W(I) = @SUM( STYLE(J,K): YN(I,J)*WASTE(J,K)*AMT(J,K));
! Supply constraints;
     T(I) < S(I));
! (D60) through (D10);
@FOR(WIDTH(K): N(K) + X(K) = @SUM(STYLE(I,J): NUM(I,J,K) * AMT(I,J)));
END
```

제약식들 (*S* 72), (*S*48), 그리고 (*S*36)은 3가지 원자재 폭의 가용 한계를 나타내고 있다. 제약식들 (*U* 72), (*U*48), 그리고 (*U*36)은 변수 T_1, T_2, 그리고 T_3를 정의한다. (*D*10)에서 (*D*60) 사이의 제약식들은 8가지 수요량이 충족되어야 함을 표현한다. 예를 들어, (*D*60)는 60인치 폭이 최소한 500피트는 생산되어야 함을 규정하고 있는 반면에, (*D*10)은 10인치 폭에 대하여 유사한 요구 사항을 규정한다.

두 가지의 다른 목적하에 얻어진 두 개의 해가 아래 표에 비교되어 있다.

[절단 문제의 해]

양수를 갖는 패턴	잘려나가는 낭비를 최소화 하는 해	총 비용 최소화 해
A_1	500	500
A_2	400	400
A_5	200	171.4286
A_7	100	128.5714
A_8	350	350
A_9	50	3.571429
B_8	0	32.14286
C_9	0	14.28571
D_1	150	96.42857
D_3	9850	0
잘려나가는 낭비 비용	$5.44	$5.55
총 비용	$2348.00	$466.32
X_4	100.000	0
X_6	19650	0
T_1	1600	1600
T_2	10000	96.429
T_3	0	0

해들의 핵심적인 차이는 "낭비 최소화" 해가 48" 폭 원자재를 더 많이 사용한다는 점이다. 그래서 모서리 낭비가 최소화 된다. 그러나 목적함수가 이것을 낭비로 계산하지 않기 때문에, 42" 폭과 34" 폭의 원자재가 요구량보다 더 많이 절단된다.

두 가지 해는 분수 답을 가지고 있다. 그러나 분수 부분은 생산되는 양에 비해 매우 적은 양이고, 실제적인 문제에서는 대부분의 사람들은 이 만큼을 무시한다(예를 들어 가장 가까운 정수로 반올림함으로써).

(3) 절단 문제의 일반화

대규모 절단 문제에서, 모든 가능한 패턴들을 생성하는 것은 비현실적이다. 최적해에 나타날 확률이 매우 높은 패턴들만을 생성하는 능률적인 방법이 있다. 이것은 이 책의 범위를 넘어 상세히 언급하지는 않는다. 그러나 그것은 대규모 문제에서 중요하다. 상세한 내용은 제18단원을 참조하기 바란다. Dyckhoff(1988)는 패턴들의 생성을 필요로 하지 않는 또 다른 모델을 제시하였다. 그러나 그 모델은 매우 많은 수의 행들을 필요로 한다.

복잡성

복잡한 절단 문제에서, 아래의 추가 비용을 고려하는 것이 중요하다.

1. 특정 패턴을 준비하기 위한 고정비: 이 비용은 손실된 기계 시간, 노동 등을 구성한다. 이것은 해가 작은 수의 패턴들을 가지도록 유도한다.
2. 과잉 또는 끝 낭비의 가치: 예를 들어, 이번 기간의 초과 절단에 대한 다음 기간의 어떤 요구가 있을 수 있다.
3. 부족 비용: 어떤 산업에서는, 특정 양의 초과 또는 부족분(예를 들어 5%)을 공급할 수 있다. 최소 허용량에 대한 생산 비용은 과거의 이익으로 측정된다.
4. 기계 사용 비용: 기계 사용비용은 대개 사용되고 있는 자재에 독립적이다. 이것은 원자재 폭을 넓게 절단하는 해를 유도한다.
5. 특정 자재를 사용하는 제품: 다른 자재(예를 들어 다른 두께, 품질, 표면 처리, 혹은 형태)를 요구하는 두 종류의 제품을 같은 패턴으로 생산하는 것은 불가능 하다.
6. 등급 향상 비용: 특정 수요 폭을 위해 요구되는 것보다 더 등급이 높은 자재로 대치함으로써 셋업, 모서리 낭비, 그리고 끝 낭비 비용을 줄일 수도 있다.
7. 주문 분할 비용: 만일 한 수요 폭이 여러 패턴들로부터 생산된다면, 운반을 위해 다른 로트들을 결합시킴으로써 통합 비용이 발생한다.

8. <u>폭 변경 비용</u>: 단지 패턴 변경에만 관련된 셋업은 대개 패턴 변경과 원자재 폭 변경 둘 모두에 관련된 셋업보다 시간이 덜 걸린다. 이것은 해가 작은 수의 원자재 폭들을 가지도록 유도한다.
9. <u>허용 가능한 모서리 낭비의 최소값과 최대값</u>: 어떤 자재에 대해서는, 매우 폭이 좁은 띠 모양의 모서리 낭비를 다루기가 매우 어렵다. 따라서, 모서리 낭비가 없거나 또는 2cm와 같이 어떤 최소값을 초과하는 모서리 낭비를 갖는 패턴들만 허용하는 경우도 있다. 한편, 최대로 허용 가능한 모서리 낭비를 규정하는 경우도 있다. 예를 들어, 제지 산업에서 모서리 낭비는 재활용 낙하장치로 배출될 수 있다. 어떤 최소값보다 넓은 모서리 낭비는 이 낙하 장치로 배출하기 어려울 수도 있다.
10. <u>납기와 순서</u>: 어떤 수요들은 즉시 충족되어야 하는 반면에 다른 것들은 덜 급하다. 긴급 또는 높은 우선순위 제품들을 포함하는 패턴들은 먼저 생산되어야 한다. 만일 긴급 수요들이 낮은 우선순위의 수요들과 동일한 패턴들에서 나타나면 높은 우선순위의 수요들을 빨리 충족시키는 것은 더욱 어렵게 된다.
11. <u>재고 제약</u>: 전형적으로 고객의 주문은 고객을 위한 모든 요구가 수송될 수 있기 전까지는 수송되지 않을 것이다. 그래서 이것은 주어진 고객의 수요들을 가능한 한 작은 수의 패턴들에 분배하도록 유도한다. 만일 모든 고객이 모든 패턴의 제품을 원한다면, 모든 패턴이 생산되기 전까지는 어떤 고객의 주문도 수송될 수 없다. 그래서 모든 패턴들이 생산되기 전까지는 상당한 양의 재공재고가 있게 될 것이다.
12. <u>한 세트 패턴(1-set pattern)에 대한 제한</u>: 제지와 같은 산업에서는 패턴을 설정하는 것과 관련된 명확한 비용이 없다. 그러나 패턴 변경 비율에 대한 제한이 있다. 예를 들어, 패턴 변경을 위해 15분 정도 걸릴 수 있고, 이 일의 대부분은 주 기계를 끄지 않은 채 오프라인으로 진행될 수 있을 것이다. 한 두루마리(roll) 세트를 만드는데 10분 소요된다. 그래서 만일 너무 많은 한 세트 패턴들이 생산되면, 패턴 변경이 완료될 때까지 주 기계는 대기해야 할 것이다.
13. <u>패턴 제약</u>: 어떤 산업에서는 한 패턴에서 나타날 수 있는 최종 제품의 폭들이 총 개수에 제한이 있을 수 있고, 한 패턴 내에서의 "작은" 폭들의 개수에 제한이 있을 수 있다. 예를 들어, 만일 절단된 제품을 감기 위한 물레(reel)의 개수가 제한되어 있다면, 첫 번째 제약이 적용될 수 있다. 두 번째 제약은 폭이 협소한 제품의 두루마리들이 아래로 늘어지는 경향을 가지고 있어서 단일 패턴을 다루기 위해 너무 많은 두루마리를 보유하고 싶어하지 않는 제지 산업에서 발생할 수 있다. 몇몇 고객들은 그들의 제품이 패턴의 특정 위치에서(예로, 중심) 되도록 요구할 수도 있다. 왜냐하면, 그들은 자재의 품질이 그 위치에서 더 우수하다고 느끼기 때문이다.

14. 패턴 쌍: 몇몇 플라스틱 랩 제조에서는 생산 공정의 특성상, 원자재를 두 개의 폭, 즉 상위 산출물과 하위 산출물로 동시에 가공한다. 그래서 상위 산출물과 하위 산출물에 어떤 패턴이 사용되든지 관계없이 동일한 길이를 생산해야 한다. 때때로 유사한 상황이 우연히 제지 제조에서도 발생한다. 만일 "생산 벨트" 위에서 결함이 발생하면, 폭의 내부에 있는 좁은 폭의 제지는 사용할 수 없게 된다. 그래서 기계는 능률적으로 두 개의 산출물 폭, 결함의 왼쪽에 한 개, 결함의 오른쪽에 나머지 한 개를 생산한다.

높은 고정 셋업 비용, 주문 분할 비용, 그리고 폭 변경 비용들이 대부분 해결하기에 곤란한 복잡함을 야기한다. 만일 이것들이 중요하다면, 대개 수작업 풀이 절차를 사용하게 될 것이다. LP 해가 어떤 해가 좋을 지에 대한 통찰력을 제공해 줄 수 있으나, 사용 가능한 최종해를 결정하기 위해서는 다른 방법들을 사용해야만 한다.

(4) 이차원 절단 문제

일차원 절단 문제는 코일 형태로 있는 원자재를 자르는 것과 관련이 있다. 원자재가 시트 형태이고 문제가 이것들을 더 작은 형태의 시트들로 절단하는 경우에도 기본 아이디어는 여전히 유효하다. 예를 들어, 베니어 합판이 48인치 ×96인치의 직사각형 시트로 공급되고 최종 제품들은 36×50, 24×36, 20×60, 그리고 18×30이라고 가정하자. 일단 48×96시트를 4개의 더 작은 시트의 조합으로 절단하는 모든 가능한 패턴들을 열거하고 나면, 문제는 정확히 이전 것과 동일하게 된다.

모든 가능한 2차원 패턴들을 열거하는 것은 기세가 꺾이는 힘든 일이다. 실제 2차원 절단 문제의 아래의 두 가지 특징은 이 귀찮은 일의 양을 줄여줄 수 있다: (a) 방향 요구사항, (b) "재단기" 절단 요구사항이 있다. (a)가 중요한 응용분야는 목재와 섬유의 절단이다. 내구력과 외양 때문에, 패턴이 원자재 위에 위치하는 방향에 제한을 받을 수 있다 (제작자가 원자재 위에 패턴의 방향을 아무렇게나 잡은 격자무늬 의상을 상상해보라). 모든 훌륭한 야구선수들은 공을 칠 때 배트의 나뭇결이 공을 향해야 한다는 것을 알고 있다. 만일 목재 제품이 구조적이거나 미학적인 목적으로 쓰인다면, 나뭇결에 주의를 기울여야 한다. 그러나 유리는 방향성이 중요하지 않은 원자재의 한 예이다. 만일 각 절단물이 절단되는 아이템의 전체 폭을 가로지르는 전단기에 의해 만들어지면, 패턴이 재단기 날로 절단이 가능하다고 한다.

7.3 근무조 스케줄링 문제

대형 항공사의 항공기와 승무원을 관리하는 것은 복잡한 스케줄 문제와 관련되어 있다. 이러한 스케줄 문제에 특별한 주의를 기울이는 것은 가치가 있는 일이다. 정기 여객기의 연간 운영비는 상당한 좋은 컴퓨터의 비용을 훨씬 상회한다. 그래서 항공기를 좀더 능률적으로 사용하기 위하여 컴퓨팅 자원을 사용하는 것은 매력적이다. 항공사의 스케줄 문제의 작은 부분이 아래에서 다루어질 것이다.

대형 항공사는 승무원 조 스케줄 문제라고 알려진 참모 문제에 직면하고 있다. 해결되어야 하는 요구 사항은 다음 스케줄 기간(예를 들어,한 달) 동안 해당 라인을 담당하게 될 비행 승무원 조를 결정하는 것이다. 특정 승무원 조가 근무하는 기간 동안, 그 조는 반드시 그렇지는 않지만 대개 동일한 항공기로 수회 비행을 한다. 문제는 어떤 비행들이 승무원 조의 근무일을 구성해야 하는 지를 결정하는 것이다.

많은 항공사들이 채용하고 있는 접근법은 참모 문제에 대해 기술한 아래 방법과 유사하다: (1) 수요 요구 사항들(즉, 커버해야 할 비행들)을 규정한다. (2) 한 승무원 조가 근무 기간 동안 커버할 많은 수의 실행 가능 비행 집합을 생성한다. (3) (2)에서 생성된 집합 중에서 최소 비용의 부분 집합을 선택한다.

LP가 단계 (3)을 위해 사용될 수 있다. LP 문제가 커서 풀기가 어려웠기 때문에, 1985년까지 대부분의 대형 항공사들은 단계 (3)을 풀기 위하여 휴리스틱 방법을 사용하였다. 그러나 Marsten, Muller 그리고 Killion(1979)는 LP 기반 해법을 제시하였고, Flying Tiger Airlines 회사에서 매우 성공적으로 사용되었다. Flying Tiger 사는 대형 여객기보다는 소형여객기들을 보유하고 있었다. 그래서 LP가 경제적으로 풀릴 수 있었고, 휴리스틱 방법보다 저비용의 해결책을 제시해 주었다. 이들 최적화 방법들은 이제 대형 항공사까지 확장되었다.

승무원 스케줄 문제의 극적으로 단순화된 버전이 아래에 예로 제시되어 있다. 이 예는 단지 10개 비행을 커버한다. 대조적으로, 전형적인 대형 항공사는 매일 2,000 비행 이상을 커버하여야 한다.

(1) 예제 : Sayre-Priors 항공사의 근무조 스케줄링

Sayre-Airline은 아래의 비행 스케줄을 수행하는 소규모 회사이다.

비행(Flights)			
비행 번호 (Flight Number)	출발지 (Origin)	도착지 (Destination)	시간 (Time of Day)
101	Chicago	Los Angeles	Afternoon
410	New York	Chicago	Afternoon
220	New York	Miami	Night
17	Miami	Chicago	Morning
7	Los Angeles	Chicago	Afternoon
13	Chicago	New York	Night
11	Miami	New York	Morning
19	Chicago	Miami	Night
23	Los Angeles	Miami	Night
3	Miami	Los Angeles	Afternoon

비행 스케줄이 그림 7.2에 도식화 되어 있다.

비행 운영 부서(Flight Operations Staff)는 저비용 승무원 조 할당 스케줄을 설정하고 싶어할 것이다. 기본적인 문제는 한 승무원이 비행을 끝낸 후, 다음 비행을 결정하는 것이다. 이 문제를 이해하는데 필요한 기본 개념은 여행(tour)에 관한 개념이다. 여행은 다음 특징들을 갖는다.

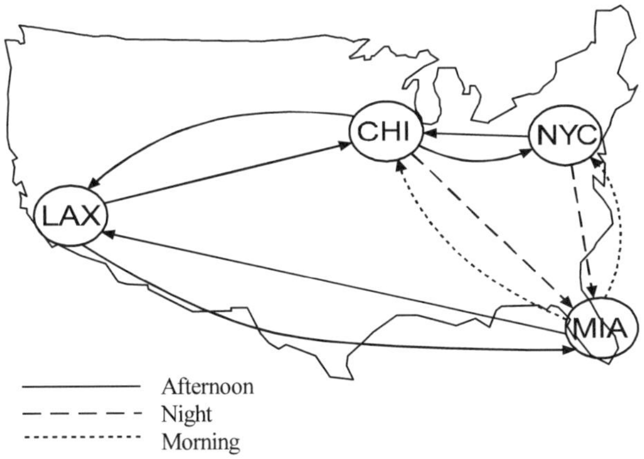

그림 7.2 비행 스케줄

• 하나의 여행은 하나로부터 세 개로의 연결 비행으로 구성된다.
• 만일 출발도시에서 종료되는 하나의 여행은 $2,000의 비용을 갖는다.

• "회송(deadheading)"(즉, 출발 도시가 아닌 도시에서 종료됨)을 필요로 하는 하나의 여행은 $3,000의 회송 비용이 든다.

항공 용어로, 여행은 자주 "편성(pairing)" 또는 "교대(rotation)"로 불린다. 다음은 채택할 수 있는 여행의 예이다.

여행(Tour)	비용
17, 101, 23	$2,000
220, 17, 101	$3,000
410, 13	$2,000

실제로, 여행 비용을 계산하는 것은 위의 것보다 훨씬 더 복잡하다(예를 들어, pairing_cost=max{ fixed_pay, c_1*flying_time, c_2*elapsed_time}).

(2) Sayre-Priors 항공사의 근무조 스케줄링 문제의 해

이 작은 문제를 위해, 해야 할 첫 번째 일은 모든 가능한 여행을 열거하는 것이다. 우리는 중간에 도중하차 하는 여행과 관련되는 비행 모음을 고려하지 않는다. 10가지의 1비행 여행, 14가지의 2비행 여행, 그리고 비회송 여행(non-deadheading tour)에 대하여 출발 도시의 구분 여부에 따라서 37 또는 41가지 3비행이 있다. 이 여행들이 아래의 표에 정리되어 있다.

[여행 목록]

1 비행 여행	비용	2 비행 여행	비용	3 비행 여행	비용
1. 101	$3,000	11. 101, 23	$3,000	25. 101, 23, 17	$2,000
2. 410	$3,000	12. 410, 13	$2,000	26. 101, 23, 11	$3,000
3. 220	$3,000	13. 410, 19	$3,000	27. 410, 19, 17	$3,000
4. 17	$3,000	14. 220, 17	$3,000	28. 410, 19, 11	$2,000
5. 7	$3,000	15. 220, 11	$2,000	29. 220, 17, 101	$3,000
6. 13	$3,000	16. 17, 101	$3,000	30. 220, 11, 410	$3,000
7. 11	$3,000	17. 7, 13	$3,000	25. 17, 101, 23	$2,000
8. 19	$3,000	18. 7, 19	$3,000	31. 7, 19, 17	$3,000
9. 23	$3,000	19. 11, 410	$3,000	32. 7, 19, 11	$3,000
10. 3	$3,000	20. 19, 17	$2,000	33. 11, 410, 13	$3,000
		21. 19, 11	$3,000	28. 11, 410, 19	$2,000
		22. 23, 17	$3,000	34. 19, 17, 101	$3,000
		23. 23, 11	$3,000	28. 19, 11, 410	$2,000
		24. 3, 23	$2,000	25. 23, 17, 101	$2,000
				35. 23, 11, 410	$3,000
				36. 3, 23, 17	$3,000
				37. 3, 23, 11	$3,000

의사결정 변수를 정의하면 다음과 같다.

$$T_i = \begin{cases} 1 \text{ if tourtour } i \text{ is used} \\ 0 \text{ if tourtour } i \text{ is not used for } i = 1, 2, \ldots, 37. \end{cases}$$

여기서는 비회송 3비행 여행(non-deadheading three-flight tour)에 대하여 출발 도시를 구분하지 않는다. 모델은 아래와 같다($1,000 단위로 비용을 측정함).

```
MODEL:
SETS:
FLIGHT/1..10/: COST, X;
FLIGHT2/1..14/: COST2, X2;
COMP2(FLIGHT, FLIGHT2): YN1;
FLIGHT3/1..17/: COST3, X3;
COMP3(FLIGHT, FLIGHT3): YN2;
ENDSETS
DATA:
COST = 3 3 3 3 3 3 3 3 3 3;
!YN1=1 if flight n is on the schedule of flight2 m;
! 0 otherwise;
YN1 = 1 0 0 0 0 1 0 0 0 0 0 0 0 0
      0 1 1 0 0 0 0 0 1 0 0 0 0 0
      0 0 0 1 1 0 0 0 0 0 0 0 0 0
      0 0 0 0 0 1 0 0 0 1 0 1 0 0
      0 0 0 0 0 0 1 1 0 0 0 0 0 0
      0 1 0 0 0 0 1 0 0 0 0 0 0 0
      0 0 0 0 1 0 0 0 1 0 1 0 1 0
      0 0 1 0 0 0 0 1 0 1 1 0 0 0
      1 0 0 0 0 0 0 0 0 0 0 1 1 1
      0 0 0 0 0 0 0 0 0 0 0 0 0 1;
COST2 = 3 2 3 3 2 3 3 3 3 2 3 3 3 2;
!YN2=1 if flight n is on the schedule of flight3 m;
! 0 otherwise;
YN2 = 1 1 0 0 1 0 1 0 0 0 0 1 0 1 0 0 0
      0 0 1 1 0 1 0 0 0 1 1 0 1 0 1 0 0
      0 0 0 0 1 1 0 0 0 0 0 0 0 0 0 0 0
      1 0 1 0 1 0 1 1 0 0 0 1 0 1 0 1 0
      0 0 0 0 0 0 0 1 1 0 0 0 0 0 0 0 0
      0 0 0 0 0 0 0 0 0 1 0 0 0 0 0 0 0
      0 1 0 1 0 1 0 0 1 1 1 0 1 0 1 0 1
      0 0 1 1 0 0 0 1 1 0 1 1 1 0 0 0 0
      1 1 0 0 0 0 1 0 0 0 0 0 0 1 1 1 1
      0 0 0 0 0 0 0 0 0 0 0 0 0 0 0 1 1;
```

```
COST3 = 2 3 3 2 3 3 2 3 3 3 2 3 2 2 3 3 3;
ENDDATA
@FOR(FLIGHT:@BIN(X));
@FOR(FLIGHT2:@BIN(X2));
@FOR(FLIGHT3:@BIN(X3));
MIN = @SUM(FLIGHT: X * COST) + @SUM(FLIGHT2:
      X2 * COST2) + @SUM(FLIGHT3: X3 * COST3);
@FOR(FLIGHT(I): X(I) + @SUM(FLIGHT2(J):
      YN1(I, J) * X2(J)) + @SUM(FLIGHT3(K):
      YN2(I, K) * X3(K)) = 1);
END
```

다음 도표를 보면 문제의 구조에 대해 더 잘 이해할 수 있다. 예를 들어, 첫 번째 제약식은 101비행을 포함하는 여행은 정확히 한번만 선택되어야 함을 규정한다.

	T1	T2	T3	T4	T5	T6	T7	T8	T9	T10	T11	T12	T13	T14	T15	T16	T17	T18	T19	T20	T21	T22	T23	T24	T25	T26	T27	T28	T29	T30	T31	T32	T33	T34	T35	T36	T37	
1:	3	3	3	3	3	3	3	3	3	3	3	2	3	3	2	3	3	3	3	2	3	3	3	2	2	3	3	2	3	3	3	3	3	3	3	3	3	MIN
2:	1										1					1									1	1			1					1				= 1
3:		1										1	1						1								1	1		1			1		1			= 1
4:			1											1	1														1	1								= 1
5:				1												1				1		1			1		1		1		1			1		1		= 1
6:					1												1	1													1	1						= 1
7:						1						1					1																1					= 1
8:							1								1				1		1		1			1		1		1		1	1		1		1	= 1
9:								1					1					1		1	1						1	1			1	1		1				= 1
10:									1		1											1	1	1	1	1									1	1	1	= 1
11:										1														1												1	1	= 1

LP로 풀면, 선택된 여행들과 함께 정수해를 얻는다.

여행(Tour)	비행(Flights)
T17	7, 13
T24	3, 23
T28	410, 19, 11
T29	220, 17, 101

이 해의 비용은 $10,000이다. 동일한 비용을 갖는 대체 최적해가 있다.
제약식들에 대한 잠재가는 다음과 같다.

```
Row        Slack          Dual Prices     Flight
```

```
 2      0.000000      -2.000000      (101)
 3      0.000000       0.000000      (410)
 4      0.000000      -2.000000      (220)
 5      0.000000       1.000000       (17)
 6      0.000000      -1.000000        (7)
 7      0.000000      -2.000000       (13)
 8      0.000000       0.000000       (11)
 9      0.000000      -2.000000       (19)
10      0.000000      -1.000000       (23)
11      0.000000      -1.000000        (3)
```

잠재가는 101, 220, 13 그리고 19비행들은 커버하기 위해 가장 비싼 비용이 드는 반면에 또 다른 비행 17을 추가하면 회송을 줄일 수 있기 때문에 승무원 비용은 실제로 감소될 수 있다는 것을 제안한다.

500개가 넘는 제약식을 가진 승무원 조 스케줄 문제는 LP로 풀기가 매우 어려운 것으로 증명되었다. 실제로는 때때로 위의 모델에 승무원의 근거 제약식이라는 상세 사항이 추가된다. 본부(home base)가 각 여행에 결합된다. 각 본부 근방에 기거하는 비행사들의 수가 주어지면, 각 본부에 대해 해당 본부를 위해 선택된 여행의 수를 제한하는 제약식을 추가할 수 있다. 실제로 문제를 단순하게 해주는 것은 특정 비행사는 전형적으로 단지 한 가지 형태의 항공기에만 자격을 갖추고 있다는 점이다. 그래서 각 항공기종별(예를 들어, 보잉 747, 록히드 1011 등)로 별도의 승무원 조 스케줄 문제를 풀 수 있다. 유사하게, 객실 전속 승무원 조는 비행(비행사) 조와 별도로 스케줄 될 수 있다.

7.4 일반적인 커버링/분할 모델

승무원 조 스케줄 문제는 매우 특수한 문제이다. 아래에 소위 커버링 문제라고 불리는 매우 일반적인 표준 문제가 있다. 이 모델은 설비(facility)와 고객(customer)의 관점을 취한다. 만일 오픈되어 있다면, 각 설비는 특정 고객의 집합을 서비스한다. 우리의 승무원 조 스케줄을 예로 국한하면, 여행(tour)은 설비이고, 비행(flight)은 고객이다. 입력해야 할 주요 데이터는 어떤 설비가 어떤 고객을 서비스 하는지를 나타내는 "2쌍"이다. 이 모델은 고객이 과다하게 또는 부족하게 서비스를 받는지를 규정하는데 있어서 상당한 유연성을 허용한다. 만일 모수 BNDU가 '0'으로 설정되면, 이것은 모든 고객(또는 비행)은 최소한 한 개의 오픈 된 설비(여행)의 서비스를 받아야 한다는 것을 의미한다. 이것은 때때로 집합 커버링 문제로 불린다. 대신에 만일 BNDV가 '0'으로 설정되면, 각 비행은 기껏해야 한번 선택된 여행에 대해 나타날 수 있다. 이것은 때때로 셋 포장 문제라고 불린다. 만일 BNDV와 BNDU가 모두 '0'으로 설정되면, 각 비행은 정확히 한번 선택된 여행에 대해 나타나야 한다. 이것은 때때로 집합 분할 문제라고 불린다. 임의의 실행 가능해는 사실상 고객 집합을 각 결정된 오픈 설비(또는 여행)에 대해 한 개씩의 부분 집합으로 분할하기 때문에 집합 분할이라고 불린다.

```
SETS:
! The set covering/packing problem (COVERPAK);
! Given a set of customers, a set of candidate facilities,
    and the set of customers served by each facility,
    which facilities should be opened?;
 FACILITY/ 1..37/: COST, Y; ! The tours;
 CUST/ F101 F410 F220 F17 F7 F13 F11 F19 F23 F3/: CU, CV, U, V;
! The "facility serves customer" 2-tuples;
 FXC( FACILITY, CUST)/
  1,F101  2,F410  3,F220 4,F17 5,F7 6,F13 7,F11 8,F19 9,F23 10,F3
 11,F101 11,F23  12,F410 12,F13 13,F410 13,F19 14,F220 14,F17
 15,F220 15,F11  16,F17 16,F101 17,F7 17,F13 18,F7 18,F19
 19,F11  19,F410 20,F19 20,F17 21,F19  21,F11 22,F23 22,F17
 23,F23  23,F11  24,F3  24,F23 25,F101 25,F23 25,F17
 26,F101 26,F13  26,F11 27,F410 27,F19 27,F17
 28,F410 28,F19 28,F11 29,F220 29,F17 29,F101 30,F220 30,F11 30,F410
 31,F7   31,F19 31,F17 32,F7 32,F19 32,F11 33,F11 33,F410
 34,F19  34,F17 34,F101 35,F23 35,F11 35,F410 36,F3 36,F23 36,F17
 37,F3   37,F23 37,F11
 /:;
ENDSETS
DATA:
!  Cost of each facility;
 COST = 3 3 3 3 3 3 3 3 3 3 2 3 3 2 3 3 3 3 2
        3 3 3 2 2 3 3 2 3 3 3 3 3 3 3 3 3 3;
! Cost/unit under at each customer;
  CU = 1 1 1 1 1 1 1 1 1 1;
! Cost/unit over at each customer;
  CV = 1 1 1 1 1 1 1 1 1 1;
! Max allowed to spend on facilities;
 BUDGET = 9999;
! Max allowed underage at each customer,
     0 makes a covering problem;
  BUDU = 0;
! Max allowed overage at each customer,
     0 makes it a packing problem;
```

```
  BUDV = 0;
! Both = 0 makes it a partitioning problem;
ENDDATA
!----------------------------------------------------------;
! Minimize cost of facilities opened, customers poorly served;
   MIN = @SUM( FACILITY( I): COST( I) * Y(I))
       + @SUM( CUST( J): CU( J) * U( J) + CV( J) * V( J));
! Can serve a customer only if a serving facility is open;
   @FOR( CUST( J):
      @SUM( FXC( I, J): Y( I)) + U( J) - V( J) = 1;    );
! Stay within budget on facilities cost;
   @SUM( FACILITY: COST * Y) <= BUDGET;
! and customer service costs;
   @SUM( CUST: CU * U) <= BUDU;
   @SUM( CUST: CV * V) <= BUDV;
! A facility is either open or it is not, no halfsies;
 @FOR( FACILITY( I): @BIN( Y( I));););
```

이 모델로부터 얻은 해는 다음과 같다.

```
        Variable           Value
          Y( 12)        1.000000
          Y( 24)        1.000000
          Y( 29)        1.000000
          Y( 32)        1.000000
```

이것이 우리의 이전 해와 다르다는 점에 유의하기 바란다. 그러나 이것은 또한 10(000)의 비용을 가지고 있다. 그래서 이것은 대체 최적이다.

연습문제

1. 어떤 시설들은 일주일에 7일 동안 가동되고 각 요일의 함수로써 요구 근무자 수가 변화됨에 따라 일주일 동안 할당할 인력을 결정해야 하는 문제에 직면한다. 이런 종류의 문제는 흔히 공공 서비스와 운송 조직에서 발생한다. 아마도 가장 기초적인 참모 문제는 전임(full-time) 근로자들에 대한 휴일을 할당하는 것과 관련되어 있을 것이다. 특히, 일주일 중에 2일을 연속해서 쉬는 것이 통상적이다. 만일 일주일에 7일 각각에 대해 필요한 근무자 수가 주어져있다면, 문제는 이 요구사항을 만족하는 최소 노동력의 크기를 찾아내고 근무자들의 비근무일을 결정하는 것이다.
   구체적인 사례로, Festus City Bus Company가 직면하고 있는 문제를 검토하자. 일주일의 각 요일에 필요한 운전자 수가 다음과 같다.

월	화	수	목	금	토	일
18	16	15	16	19	14	12

얼마나 많은 운전자가 일주일의 각 요일에 5일 근무를 시작하도록 스케줄 되어야 하는가? 이 문제를 LP로 모델링 하라. 최적해는 무엇인가?

2. 우연히, 여러 가지 중요한 상세 사항들이 Festus City 사의 참모 문제에서 누락되었다(위의 1번 문제).
   (a) 주중 일일 급여는 한 명당 $50, 토요일에는 $75, 그리고 일요일 $90이다.
   (b) 토, 일, 월요일로 구성되는 주당 3일을 일하는 시간제 근무자를 최대로 3명까지 고용할 수 있다. 그들의 3일 근무 급여는 $200이다.

   모델을 적절히 수정하라. 시간제 근무자들이 사용될 것이 확실한가?

3. 한 정치 단체, Uncommon Result(UR)는 후원금을 요청하기 위해 대량우편 발송을 고려하고 있다. UR이 접촉하고자 하는 수신자들은 6가지의 부류로 나누어진다. 각 수신자 부류의 주소를 얻기 위하여 구입할 수 있는 8개의 주소 목록이 있다. 각 주소 목록은 단지 일부의 수신자 부류만을 커버할 수 있다. 도달 범위(coverage)가 아래에 표로 제시되어 있다.

주소 목록	수신자 구분						
	M.D.	LL.D.	D.D.S.	Business Executive	Brick Layers	Plumbers	Cost
1	Y	N	N	Y	N	N	$5000
2	N	Y	Y	N	N	N	$4000
3	N	Y	N	N	N	Y	$6000
4	Y	N	N	N	N	Y	$4750
5	N	N	N	Y	N	Y	$5500
6	N	N	Y	N	N	N	$3000
7	N	Y	N	N	Y	N	$5750
8	Y	N	N	N	Y	N	$5250

"Y"는 해당 부류의 모든 주소를 포함하고 있다는 것을 나타낸다. "N"은 주소 목록에 해당 부류의 수신자 주소가 없음을 나타낸다. 특정 주소 목록을 구입하고 처리하는데 드는 비용이 우측 열에 나와 있다. 한 수신자 부류가 여러 주소 목록에 포함되어 있더라도 총 비용에는 변화가 없다. 모든 수신자 부류에 도달하는 것을 보장하면서 총 비용을 최소로 하는 모델을 개발하라. 어떤 주소 목록들을 구입하여야 하는가?

4. Pap-Iris Company는 다양한 범위의 고객을 위하여 여러 가지 형태의 광고 전단지를 인쇄하고 있다. 이들 전단지를 위한 원자재는 50인치 폭 롤(roll, 두루마리)에서 나오는 특수 제지이다. 50인치 폭의 비용은 $10/인치_롤(즉, $500/롤)이고, 한 롤의 길이는 1,000피트이다. 현재, Pap-Iris 는 3개의 주문을 가지고 있다. 주문 번호 1은 16인치 폭으로 400,000 피트의 길이를 요하는 전단지이다. 주문 번호 2는 30인치 폭으로 80,000피트 길이의 전단지이다. 주문 번호 3은 24인치 폭으로 길이가 120,000피트이다. 주요 질문은 큰 원자재 롤을 전단지들에 적절한 폭으로 어떻게 절단하느냐 하는 것이다. 제지와 에너지 부족으로, Pap-Iris는 제지를 최대한 능률적으로 사용하고 싶어한다. 적절한 LP 모델을 개발하라.

5. <u>우편 처리 최적화 분석(Postal Optimality Analysis)</u> (Gene Moore의 연구 결과로부터). 현대화 노력의 일환으로, U.S. Postal Service는 시카고 지역에서 대량 우편물(2등급, 3등급, 그리고 4등급의 보통 우편물)의 처리와 분배를 개선하기로 결정하였다. 이 목적의 일환으로, 시카고 지역을 위한 새로운 처리 시설이 제안되었다. 이 제안의 일부분은 이 시설의 근무자들에 대한 저비용 운영 계획의 개발이었다. 계획은 시간별로 변동이 심한 물량을 처리하기 위한 근무자 패턴을 제안하거나 또는 휴지 시간(idle time) 없이 모든 수신 우편물을 처리하는 쌍대 목적을 달성하는 패턴을 제안하는 것이었다.
대량 우편물 처리 시설은, 이름이 의미하는 바대로, 2등급(요금 별납 대량 우편), 3등급(소포), 그리고 4등급(서적)의 보통 우편물들에 대한 수신, 포장 해체, 중량 측정, 목적지별 분류, 수송 기능을 수행한다. 이것은 자주 단일 목적을 수행하는 구조로 설계되고 이런 형태의 우편이 대량으로 발생하는 대도시 지역이나 인근에 위치한다. 이런 시설들은 자동 설비(정교한 처리와 분류 장비를 포함하여)로 처리되는 것이 추세이지만, 인력에 지출되는 비용이 총 운영비용의 상당한 부분을 차지한다.
우편물은 우편 배달용 가방과 컨테이너로 시설에 도착한다. 둘 모두 트럭으로 운반된다. 또한 철도로 운반되는 우편물도 있다. 우편물 수령은 일일 24시 근무 시간 동안 예측 가능한 주기적 패턴으로 이루어진다. 바쁜 시간 동안은 우편물이 "재고"로 쌓이고, 이것들은 덜 바쁜 시간 동안 처리된다. "무휴지 시간"을 위한 정책 결정은 근무자의 최적 수준에 대한 제약식을 필요로 한다. 일단 시설이 가동될 준비가 되면, 근무자 요구 사항을 포함하는 운영 계획을 수행하여야 한다. 계획과 관련하여 초기에 몇 가지 가정이 필요하다. 그들 중에서 몇 가지는 Postal Service의 현재 정책에 기초를 두고 있으며, 나머지는 수행 기능에 대한 제약식과 관련되어 있다. 가정들은 다음과 같다.

  i. 모든 우편물의 처리에 필요한 노력의 정도는 동일하다.
  ii. 각 근무자는 시간당 1,800건을 처리할 수 있다.
  iii. 단지 전체 교대 시간 동안만 근무를 한다(즉, 추가 노동 투입은 불가능하고 기존 노동력을 교대변경 없이 축소할 수 없다).

iv. 교대 변경은 자정, 오전 8시, 그리고 오후 4시에 이루어진다(즉, 각 교대의 종료 시점에).
v. 모든 우편물은 정시에 도착한다.
vi. 모든 우편물은 도착한 당일에 처리되어야 한다(즉, 3교대에서 익일의 1교대로 넘어가는 "재고"는 없다).
vii. 교대별 노동 임율이 아래에 제시되어 있다.

근무조	$/시간	일일 노동비
1 교대 (자정~오전 8시)	7.80	62.40
2 교대 (오전 8시~오후 4시)	7.20	57.60
3 교대 (오후 4시~자정)	7.60	60.80

viii. 시간당 우편물 도착량은 예측될 수 있고, 아래의 표와 같다.

우편물 도착 누적량					
1 교대		2 교대		3 교대	
시간	건수	시간	건수	시간	건수
0100	56,350	0900	242,550	1700	578,100
0200	83,300	1000	245,000	1800	592,800
0300	147,000	1100	249,900	1900	597,700
0400	171,500	1200	259,700	2000	901,500
0500	188,650	1300	323,400	2100	908,850
0600	193,550	1400	369,950	2200	928,450
0700	210,700	1500	421,400	2300	950,500
0800	220,500	1600	485,100	2400	974,000

(a) 무휴지 시간 조건하에서 적절한 LP 모델을 개발하라. 당신은 미리 1교대에 대한 근무자 수를 예측할 수 있는가? 항상 임의의 도착 패턴들에 대한 문제의 실행가능한 해가 존재하는가?

(b) 휴지 시간 발생을 허용한다고 가정하자. 적절한 모델은 무엇인가? 이 해는 휴지 시간을 가지고 있기 때문에 더 높은 비용을 초래할 것으로 예상하는가?

6. 유명한 Northeast Tollway 참모 문제에서, 최소한 어떤 규정된 수 이상의 수금원이 하루의 각 기간에 필요하였다. 규정된 숫자보다 많은 수금원들로부터는 추가 이익이 발생하지 않는 것으로 가정하였다. 아마도 당신은 하루의 각 기간 동안 요구 사항에 변동이 있기 때문에, 최적해는 어떤 기간 동안 필요한 수보다 더 많은 수금원을 갖는다는 것을 기억하고 있을 것이다.
실제로 만일 규정된 수보다 더 많은 수금원들이 있다면, 여분의 수금원이 전적으로 아무 가치가 없는 것은 아니다. 여분의 수금원이 존재하면, 운전자들이 덜 기다리게 된다. 유사하게, 만일 규정된 숫자보다 작은 수의 수금원이 있으면, 상황이 용납될 수 없는 정도는 아니다. 운전자들이 여전히 처리되지만, 더 오래 기다려야 할 지도 모른다.

진지한 검색과 경제 분석을 실시한 결과, 당신은 전임 수금원의 1교대 근무당 $100의 비용이 든다는 결론을 내렸다. 여분의 수금원은 한 시간에 $10의 가치가 있다. 더욱이 수금원이 필요한 숫자보다 작으면, 운전자들에게 한 시간에 $50의 대기 비용이 발생한다.

당신이 총비용을 최소화(운전자와 수금원) 하기를 원한다고 할 때, LP 모델을 어떻게 변경해야 하는지 보여주기 바란다. 단지 한 개의 제약식에 대해서만 설명하면 된다.

7. 몇몇 도시들은 Sayre-Priors 항공사 문제에 적용했던 것과 다소 유사한 방법으로 그들의 거리 청소와 눈 제거 스케줄링 문제를 분석하였다. 눈이 내린 후에, 지정된 각 거리는 최소한 한 대의 트럭으로 청소되어야 한다.
   (a) 무엇이 Sayre-Priors의 항공 노선(flight leg)과 유사한가?
   (b) 무엇이 Sayre-Priors의 여행(tour)에 대응되는 의사결정 변수인가?
   (c) 이 문제에서 제약식은 등호인가 아니면 부등호인가? 그 이유는?

8. St. Libory Quarry CompanySt(SLQC)는 채석한 바위를 4등급, limestone, chat, Redi-Mix-Grade, 그리고 coarse로 구분하여 판매한다. 흔히 직면하는 상황 중의 하나는 필요하지 않은 등급의 과다 재고와 필요한 등급의 과소 재고이다. 지표에서 채굴한 큰 바위는 분쇄기를 통해 4등급으로 처리된다. 예를 들어, 이번 주에 limestone 50톤, chat 60톤, Redi-Mix 70톤, 그리고 coarse 30톤의 수요가 있다. 각각에 대한 현 재고는 5, 40, 30 그리고 40톤이다. 분쇄기는 세 가지 방식 close, medium 그리고 coarse을 가지고 있다. SLQC는 데이터를 수집하였고 채석한 바위 일 톤당 분쇄 방식에 따라 아래와 같이 등급별로 변환된다는 결론을 내렸다.

분쇄기 작업 방식	입력 톤당 산출 톤수				운영비/톤
	Limestone	Chat	RediMix	Coarse	
Close	0.50	0.30	0.20	0.00	$8
Medium	0.20	0.40	0.30	0.10	$5
Coarse	0.05	0.20	0.35	0.40	$3

SLQC는 최소한 2주의 수요를 충족하도록 재고를 증가시키는 작업방식을 알고 싶어한다. 당신이 추천 사항은 무엇인가?

9. 어떤 광학 기기는 스펙트럼 상에서 약 3500~6400 옹스트롬 사이의 복사선만을 선택적으로 제공하도록 설계되고 있다. 이 광학범위를 커버하기 위하여, 일련의 화학 약품들이 설계에 포함되어야 한다. 각 화학 약품은 일정 범위를 커버한다. 가용한 화학약품, 커버 범위, 그리고 상대비용에 대한 목록이 아래에 제시되어 있다.

화학 약품	커버 범위(단위: 옹스트롬)		상대 비용
	하한	상한	
PBD	3500	3655	4
PPO	3520	3905	3
PPF	3600	3658	1
PBO	3650	4075	4
PPD	3660	3915	1
POPOP	3900	4449	6
A-NPO	3910	4095	2
NASAL	3950	4160	3
AMINOB	3995	4065	1
BBO	4000	4195	2
D-STILB	4000	4200	2
D-POPOP	4210	4405	2
A-NOPON	4320	4451	2
D-ANTH	4350	4500	2
4-METHYL-V	4420	5400	9
7-D-4-M	4450	4800	3
ESCULIN	4450	4570	1
NA-FLUOR	5200	6000	9
RHODAMINE-6G	5600	6200	8
RHODAMINE-B	6010	6400	8
ACRIDINE-RED	6015	6250	2

단절되는 부분 없이 3500~6400 옹스트롬 사이를 커버하기 위하여 어떤 화학 약품들이 선택되어야 하는가?

10. 한 제조업자는 아래와 같은 주문들을 가지고 있다.

주문	X	Y	Z
수량	60,000	90,000	300,000
판매가/단위	.45	.24	.16

각 주문은 별개의 단일 제품을 위한 것이다. 제조업자는 이 주문들을 만족시키기 위하여 4개의 생산 프로세스를 가지고 있다. 각 프로세스는 3개의 제품을 구성되는 하나의 다른 조합을 생산한다. 각 프로세스는 단위당 $0.50의 비용이 든다. 제조업자는 위의 표에 있는 수량을 만족시켜야 한다. 제조업자는 다음 LP 모델을 개발하였다.

```
Min   .5 A + .5 B + .5 C  + .5 D
s.t.
         A                         >= 60000
               2 B +    C          >= 90000
         A         +    C  +  3 D  >= 300000
```

(a) 프로세스 C에서 어떤 제품들이 생산되는가?

(b) 만일 제조업자가 각 제품에 대하여 위 표에 있는 수량의 + 혹은 −10% 내에 드는 양을 배달한다면, 그 주문을 충족한 것으로 한다는 고객의 동의가 있다고 가정한다. 고객은 배달된 것에 대해 비용을 지불한다. 이 융통성 있는 합의를 수용할 수 있도록 모델을 수정하라.

11. 어떤 참모 스케줄 문제에 대한 모델과 해가 아래에 제시되어 있다.

```
MIN M + T + W + R + F + S + N
          T + W + R + F + S        >= 14
              W + R + F + S + N    >= 9
      M         + R + F + S + N    >= 8
      M + T         + F + S + N    >= 6
      M + T + W         + S + N    >= 17
      M + T + W + R         + N    >= 15
      M + T + W + R + F            >= 18
END
Optimal solution found at step:          4
Objective value:                 19.0000000
     Variable         Value         Reduced Cost
            M       5.000000           .0000000
            T       .0000000           .0000000
            W       11.00000           .0000000
            R       .0000000           .0000000
            F       2.000000           .0000000
            S       1.000000           .0000000
            N       .0000000           .3333333
          Row    Slack or Surplus     Dual Price
            2       .0000000          -.3333333
            3       5.000000           .0000000
            4       .0000000          -.3333333
```

```
5        2.000000        .0000000
6        .0000000       -.3333333
7        1.000000        .0000000
8        .0000000       -.3333333
```

여기서, M, T, W, R, F, S, N은 Monday, Tuesday, Wednesday, Thursday, Friday, Saturday, 그리고 Sunday, 각각에 그들의 5일 근무를 시작하는 사람들의 명 수이다.

(a) Thursday에 얼마나 많은 사람이 필요한가?

(b) 3일 패턴, Thursday, Friday, 그리고 Saturday에 일하는 시간제 보조원이 가용하다고 가정한다. 즉, 만일 당신이 그들을 고용하면, 그들은 3일 모두 일을 한다. 이 사람들에게는 5일을 일하는 보통 사람들보다 하루당 20% 더 많은 비용이 든다. *P*를 고용되는 시간제 근무자의 수라고 하자. 이 추가 사항을 수용하도록 모델을 수정하라.

(c) 해 보고서의 정보를 이용하여, 시간제 보조의 (경제적) 매력이 무엇인지 이야기 하라.

12. Acie Knielson은 북서부의 변두리의 작은 사무실에서 소규모 조사연구 회사를 경영하고 있다. 그는 최근 최소한 220세대에서의 세대주에 대한 전화 조사를 실시하는 계약을 하였다. 조사의 인구통계학적 특성은 다음 프로파일을 만족하여야 한다.

세대주 나이	18-25	26-35	36-60	≥61
조사 세대수	30	50	100	40

Acie는 전화를 할 때, 단지 일부의 통화에서만 세대주를 만나게 된다는 점을 알고 있다. Acie는 주간 또는 야간 통화가 가능하다. 야간 통화가 성공 확률이 더 높다. 그러나 야간 통화의 비용이 더 비싸다. Acie는 이 모든 것에 대한 좋은 통계치를 가지고 있다. 특히, 과거의 경험으로부터 아래의 정보를 가지고 있다.

[주어진 형태의 세대주를 발견하는 통화의 비율]

통화 형태	18-25	26-35	36-60	≥61	부재	비용/통화
주간	2%	2%	8%	15%	73%	$2.50
야간	4%	14%	28%	18%	36%	$5.50

의사결정 변수들은 무엇인가? 제약식들은 무엇인가? 당신의 추천은 무엇인가? 이 프로젝트가 Acie에게 얼마의 비용을 부과할 것인지 당신의 예측치를 제시하시오.

13. 한 정치 후보가 최근 상대편 후보의 불쾌한 언사에 대응하기 위해 대량 우편 발송을 원하고 있다. 우리 후보가 접촉하고 싶어 할 것 같은 유권자들의 이름과 주소를 포함하는 5개의 우편 발송 목록이 준비되었다. 각 목록은 특정 가격에 구매될 수 있다. 목록의 일부만은 구매될 수 없다.

4가지 전문직에 대해 각 목록이 포함하는 이름의 숫자가 아래에 제시되어 있다.

우편 목록	전문직별 숫자 (단위 1,000명)				목록 비용
	법률가	의료인	경영자	전문 기술자	
1	28	4	7	2	41,000
2	9	29	11	3	52,000
3	6	3	34	18	61,000
4	2	4	6	20	32,000
5	8	9	12	14	43,000
희망 도달 범위 (Desired Coverage)	20	18	22	20	

우리 후보는 각 전문직에 대해 그가 접촉하고 싶어하는 유권자들의 숫자가 얼마인지를 추정하였다. 이것은 "희망 도달 범위(Desired Coverage)"행에 제시되어 있다. 상대 후보보다 자금에 더 제약이 있기 때문에, 우리 후보는 그가 보유하고 있는 것보다 더 많이 지출하는 것을 원하지 않는다.

(a) 이 문제를 모델링하기 위해 얼마나 많은 의사결정 변수가 필요한가?

(b) 이 문제를 모델링하기 위해 얼마나 많은 제약식이 필요한가?

(c) 사용할 의사결정 변수를 정의하고 목적함수를 작성하라.

(d) 완전한 모델을 작성하라.

14. 당신의 대리점은 일반 대중을 상대로 일주일에 5일, 오전 7시에서 오후 8시까지 전화 컨설팅을 제공하고 있다. 전화 부하는 매년 4월 15일 전후의 몇 개월 동안 가장 높다. 당신은 피크 기간 동안의 부하를 다룰 참모 할당 절차를 설정하고자 한다. 당신이 고용하는 각 컨설턴트는 매일 오전 7, 8, 9, 10시 또는 11시에 일을 시작하여, 4시간 동안 근무하고, 1시간을 쉬고, 그리고 나서 나머지 4시간을 근무한다. 최근 몇 년 동안 더욱 주목할 만한 복잡함은 스페인어 고객의 비율이 증가하고 있다는 점이다. 그래서 스페인어를 구사하는 컨설턴트들을 고용해야 한다. 당신은 두 부류의 컨설턴트, 영어만 구사하는 컨설턴트와 2개 국어를 구사하는(즉, 영어와 스페인어 모두) 컨설턴트를 고용할 수 있다. 2개 국어 구사 컨설턴트는 영어와 스페인어 전화를 동등하게 잘 다룰 수 있다. 영어만을 구사하는 컨설턴트보다 2개 국어 구사 컨설턴트의 비용이 1.1배 비싸다는 점은 놀랄 일이 아니다. 당신은 당신의 중요한 대리점 중의 한 곳에서 필요한 컨설턴트의 숫자로 측정되는 시간과 언어 종류별 전화 부하에 대한 데이터를 수집하였다. 데이터가 다음에 정리되어 있다.

시간	7	8	9	10	11	12	1	2	3	4	5	6	7
영어 부하	4	4	5	6	6	8	5	4	4	5	5	5	3
스페인어 부하	5	5	4	3	2	3	4	3	2	1	3	4	4

예를 들어, 오전 10시에서 11시 사이의 한 시간 동안에, 최소한 3명의 스페인어 구사 컨설턴트와 최소한 6명의 영어 구사가 가능한 컨설턴트가 필요하다.
각 시간에 각 형태별로 얼마나 많은 컨설턴트가 근무를 시작하도록 하여야 하는가?

15. 유명한 우편 주문 회사, R. R. Bean은 일주일에 7일 운영되는 전화 주문 부서에서 근무하고 있는 직원을 두고 있다. 직원 한명 당 하루에 $100의 비용이 들고 일주일에 5일을 연속해서 일을 한다. 한 가지 중요한 질문은 "각 직원은 어떤 5일 기간을 근무해야 하는가?"이다. 직원들 중 한명이 시간제로 MBA 학위 과정에 있고, 그녀는 과목 수강의 일환으로 이 문제에 관련된 다음 모델을 개발하였다.

```
MIN=500 * M + 500 * T + 500 * W + 500 * R + 500 * F
    + 500 * S + 500 * N;
 [R1] M                  + R    + F    + S    + N >= 6 ;
 [R2] M   + T                   + F    + S    + N >= 7 ;
 [R3] M   + T    + W                   + S    + N >= 11;
 [R4] M   + T    + W     + R                  + N >= 9 ;
 [R5] M   + T    + W     + R    + F               >= 11;
 [R6]       T    + W     + R    + F    + S        >= 9;
 [R7]              W     + R    + F    + S    + N >= 10;
END
```

*M*은 월요일(Monday)에 근무를 시작하는 직원 수를 나타내고, *T*는 화요일(Tuesday)에 시작하는 직원 수를 나타낸다. 나머지 요일도 마찬가지이다. R1, R2 등은 단순히 행을 나타낸다.

(a) 수요일(Wednesday)에 필요한 직원 수는 얼마인가(수요일에 근무를 시작하는 수가 아니고, 이 수는 더 어려운 질문이다)?

(b) 당신은 일주일에 3일을 근무하는 시간제 근무자를 고용할 수 있다고 가정하자. 그들은 수, 목, 금의 연속되는 3일로 구성되는 패턴으로 일을 한다. 시간제 근무자의 훈련, 재편성, 생산성을 고려해야 하기 때문에, 이들 시간제 근무자들의 일일 비용을 $105로 산정하였다. 어떻게 이 추가 옵션 사항이 위의 모델에 추가될 것인지 보여라.

(c) 위의 시간제 옵션을 사용할 가치가 있다고 생각하는가?

(d) 위의 직원 요구 사항이 만족될 때에도, 잠재 고객이 전화할 때 모든 직원이 바쁘면, 몇몇 고객의 전화를 놓칠 수도 있다. 고객의 습성에 대해 전문가이면서 대기행렬 이론에 대해 약간의 지식이 있는 마케팅 부서의 한 직원이 위의 모델에 규정되어 있는 최소값보다 한명을

더 보유하면 $75의 가치가 있는 것으로 예측하였다. 한명보다 더 많은 수는 추가 가치가 없다. 예를 들어, 만일 어떤 요일에 필요한 최소 직원수가 8명이지만 실제로 10명이 배정된다면, 더 나은 서비스로 $75의 추가 이익을 얻게 된다. Freeport Community College에서 시간제로 경제학을 전공하고 있는 제3의 직원은 일일 $75의 이익은 직원 한명 당 $100의 비용보다 적기 때문에 $75를 고려하는 것은 해에 영향을 주지 않는다고 주장한다. 이 직원은 주장은 옳은가?

(e) (b)에 대한 해를 재검토하기 위해, 당신은 한명의 직원 추가에 따른 $75의 이익을 통합하는 모델로 일반화 하기로 결정했다. 필요한 추가변수를 정의하고 다음을 해결하라.

(i) 필요하면 목적함수와 기존 제약식을 변경하라.

(ii) 필요하면 추가 제약을 도입하라. 당신은 단지 일주일의 한 요일에 대해서만 설명하면 된다.

16. 전형적인 로또 복권에서, 구입자는 {1, 2, 3, …, 44} 숫자 집합에서 6개를 비복원으로(즉, 중복 없이) 선택하여 제출한다. 마감시간이 지나면, {1, 2, 3, …, 44} 숫자 집합에서 6개가 비복원으로 무작위 선택된다. 만일 당신의 6개 숫자가 모두 일치된다면, 당신은 큰 돈을 벌게 된다. 만일 단지 4개의 숫자만 일치된다면, 작은 돈을 번다. 만일 여러 명이 동일 번호로 당첨되면, 상금은 그들에게 동등하게 분할되어 분배된다. 당신은 다음 회차에 두 개의 복권을 제출하려고 생각 중이다. 한 수학자 친구가 {2, 7, 1, 8, 28, 18}과 {3, 1, 4, 15, 9, 2}를 추천하였다. 다른 친구는 단순히 {1, 2, 3, 4, 5, 6}와 {7, 8, 9, 10, 11, 12}를 추천하였다. 어떤 쌍이 당첨될 확률이 더 높은가?

08

정수계획 모형화 및 해법

8.1 서 론

최적화 기법을 적용할 수 있는 다수의 실제사례에서, 사용자는 결정변수가 정수값에 한정되었으면 하는 바람이 있을 것이다. 자동차 제조회사에 트럭 생산량을 1,524,328,87 대로 제안한다면 별 문제가 없다. 왜냐하면, 생산량을 올림하든 내림하든 크게 상관이 없기 때문이다. 하지만 비행기 제조회사에 수송기 생산량을 1.37대로 제안한다면 이 생산량을 어떤 방법으로 내리거나 올릴 것인지 많은 사람들이 궁금해 할 것이다. 이처럼 몇몇 결정변수의 값을 정수값으로 한정시킬 수 있다면, 많은 최적화 모형의 정당성과 가치를 두드러지게 향상시킬 수 있음을 알 수 있다.

모든 우수한 상용 최적화 모형 프로그램은 사용자가 특정 결정변수를 정수값으로 한정할 수 있는 기능을 갖고 있다. 사용자가 이러한 기능을 지정하는 방법은 프로그램마다 다르다. 예를 들면, LINGO에서는 모형에 다음과 같이 선언함으로써 변수 *X*가 정수값만 가질 수 있도록 한다: @GIN(*X*). 중요한 점은 이러한 제약을 지정하는 것은 간단하고 쉽지만, 때때로 이러한 제약으로 문제의 해결이 매우 어려워질 수 있다는 것이다. 이러한 정수 제약을 갖는 문제를 모형화하고 푸는 방법들을 정수 계획법(integer programming)이라고 한다.

(1) 변수 종류

정수계획은 일반적으로 변수의 종류에 따라 분류된다.

순수 **vs** 혼합: 순수정수계획(pure integer program)에서는 모든 변수가 정수값을 가져야하고, 혼합정수계획(mixed integer program)에서는 일부 변수만 정수값을 갖고 나머지 변수는 실수값을 가질 수 있다.

0/1 vs. 일반: 많은 실제 문제에서는 정수변수는 0 또는 1만 허용된다. 그러므로 정수계획법에서도 정수변수가 0 또는 1로 제한되는 경우가 종종 있다.

이러한 정수성(integrality)은 독자들이 처음에 생각한 것보다 더 강력한 기능을 제공한다. 모형에서 정수 변수 0/1을 이용하는 것은 실제 문제에서 할 것인가 말 것인가에 대한 결정을 나타내는 것이고, 실제 다수의 정수계획들이 이러한 0/1 정수변수를 이용하여 나타내어질 수 있을 것이다.

8.2 정수계획(IP) 활용 : 기본 응용 문제

선형계획 문제에서는 작은 조합 복잡도를 갖는 경우를 예외적으로 종종 발견할 수 있다. 이런 복잡도는 많은 경우 표준적이라고 할 수 있다. 다음의 몇 개 절에서는 복잡도를 정수계획 모형으로 넣을 수 있는 방법과 여러 가지 표준 복잡도에 대해서 다룰 것이다. 이런 복잡도를 갖는 대부분의 문제들은 일반 정수보다는 0/1 정수만을 필요로 한다. 이진변수는 할 것인가 말 것인가 또는 만들 것인가 살 것인가 등 여러 종류의 결정사항을 나타내는데 쓰일 수 있다. 이런 이유로 가끔 이진변수를 "햄릿"변수라고도 한다. "살 것인가 말 것인가, 그것이 문제로다". 또한 이진변수는 논리학자 조지 부울(George Boole)를 기념하기 위해 부울린(Boolean) 변수라고도 불린다. 그는 두 개의 값만 가질 수 있는 변수를 다루기 위해 부울린 대수학이라고 알려진 특별한 대수학을 고안하였다. 부울(Boole)의 경우에는 변수는 "참"과 "거짓"이었다. 여기서 "참"을 1값으로 그리고 "거짓"을 0값으로 쉽게 바꿔 생각할 수 있겠다. 부울이 개발한 방법의 우수성 때문에 다음과 같은 칭찬 문구도 생겨났다. "부울같이 강하다."

(1) 일반 정수 변수의 이진 표현법

0/1 정수변수를 갖는 문제에만 적용되는 몇 가지 알고리즘이 있다. 하지만 개념적으로 어떤 일반 정수변수라도 유한한 범위를 갖는다면, 0/1 변수의 집합으로 표현될 수 있다. 예를 들면, 변수 X는 집합 [0, 1, 2,⋯,15]에 해당하는 값만을 가질 수 있다고 하자. 네 개의 0/1 변수 y_1, y_2, y_3, 그리고 y_4를 이용하여, 변수 X의 발생할 수 있는 모든 경우를 $y_1+2\times y_2+4\times y_3+8\times y_4$와 같이 교체 하자. 그러면 0부터 15까지 각각의 정수값이 y_1, y_2,

y_3, 그리고 y_4, 이 네 가지 0/1변수들의 어떤 조합값으로 나타내어 질 수 있음을 알 수 있다. 좀더 확실히 하면, 변수 X가 최대값을 31을 가지려면 다섯 개의 0/1변수가 필요하고, 최대값 63을 가지려면 0/1변수 여섯 개가 필요한 식이다. 즉, k개의 0/1변수를 사용하면, 표현할 수 있는 최대정수값은 2^k-1이 되고, 다음과 같이 쓸 수 있다. $V_{MAX}=2^k-1$. 이러한 것을 이진확장이라고 하는데, 0/1변수의 개수는 최대값 X에 로그를 취한 것과 근접한 값을 갖게 된다.

이렇게 모형에서 0/1변수로 치환할 수는 있지만 이것은 피할 수 있으면 피해야한다. 대부분의 정수 계획법 알고리즘은 이렇게 치환된 0/1변수를 갖는 모형에 대해 그다지 효율적이지 않다.

(2) 최소 배취 크기 제약식(Minimum Batch Size Constraints)

작업이 수행되는 횟수가 작업의 수준에 관계없이 매우 많은 문제의 경우에, 많은 의사결정자들은 그 작업을 묶어서 할 수 있는 최소 단위, 즉 최소 "배취" 크기를 지정하게 된다. 예를 들면, 증권회사에서는 주식을 사려면 최소 100주 이상을 매입해야 하는 것을 요구할 수 있다. 0/1변수를 이용하여 이러한 제약을 표현하면 다음과 같다. 먼저 변수를 다음과 같이 정의한다.

x = 결정 작업수준(예 : 구입 주식의 수),
y = 0/1 변수 = 1, if and only if $x > 0$,
B = x의 최소 배취 크기(예 : 100), 그리고
U = x의 상한값.

다음 두 제약식을 이용해 최소 배취 크기 조건을 만족시킬 수 있다.

$$x \le Uy$$
$$By \le x.$$

y가 0이라면, 첫 번째 제약식은 $x=0$이 되고, y가 1이라면, 두번째 제약식은 x가 적어도 B값을 갖게 한다. 결국 스위치 역할을 하는 y에 의해 x는 0 또는 B 이상의 값을 갖게 된다. 그리고 상수 U는 계산효율을 위해서 유효한 범위내에서 가능한 작은 값을 갖도록 신중히 정해져야 한다.

몇몇 IP 패키지는 반연속 변수(semi-continuous variable)를 이용해서 사용자가 직접 최소 배취 크기를 지정할 수 있는 기능을 제공한다. 반연속 변수는 0 또는 B보다 큰 실수값을 갖는 변수를 말하며, 이 경우 이진변수를 사용하지 않을 수 있다.

(3) 고정 비용 문제(Fixed Charge Problems)

고정 비용 문제는 최소 배취 크기 문제와 매우 유사한 문제로, 그림 8.1과 같이 비용함수가 고정비를 포함한 선형 비용의 형태를 갖는 문제이다.

x, y, U를 전과 동일하게 정의하고, K를 x가 0보다 클 경우 발생하는 고정 비용이라고 하자. 그러면 다음과 같은 요소들이 모형식에 들어가야 한다.

$$
\begin{aligned}
&\text{Minimize} \quad Ky+cx+\cdots \\
&\text{subject to} \\
&\qquad\qquad x \le Uy \\
&\qquad\qquad \vdots
\end{aligned}
$$

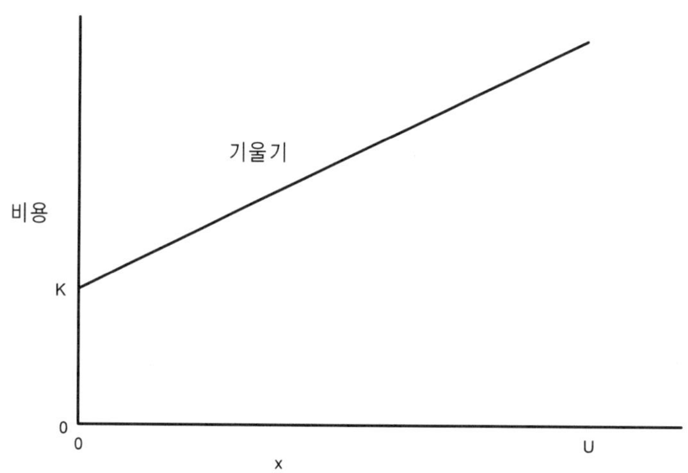

그림 8.1 고정비를 포함한 선형비용 곡선

제약식 $x \le Uy$와 목적함수에 있는 Ky항목은 비용 K가 발생하지 않는 한 x가 0보다 클 수 없다는 것을 의미한다. 그리고 반복하지만 U는 계산 효율을 위해서 유효한 범위내에서 가능한 작은 값을 가져야한다.

(4) 공장 입지선정 문제

공장 입지선정 문제(The Simple Plant Location Problem, SPL)는 일반적으로 고정 비용

문제의 형태로 나타난다. 먼저 몇 가지 용어를 소개하면

n = 후보 입지의 수,
m = 고객 또는 수요지점의 수, (각 고객 또는 수요지점은 하나의 공장에 할당된다.)
k = 설립될 공장의 수,
f_i = 입지 i에 공장을 가동할 때 발생하는 (연간) 고정비용, (i=1, 2, ⋯, n),
c_{ij} = 고객 j를 입지i의 공장에 할당할 때 발생하는 (연간) 비용, (i=1, 2, ⋯ n, j=1, 2 ⋯, m).

이 문제의 목표는 어느 입지에 공장을 설립하고, 어느 곳에서 각 고객을 담당할 것인가를 결정하는 것이다.

SPL 문제가 발생하는 한 예로 넓은 지역에 흩어져 있는 고객을 대상으로 영업을 하는 회사의 자물상자 우편함 위치 선정 문제가 있겠다. 이 경우 입지는 어떤 은행에 의해 관리가 되는 자물상자 우편함을 위치할 수 있는 장소가 된다. 고객 위치는 회사가 담당하는 대규모 도시 지역의, 예를 들어 100군데 정도의 장소가 된다. 고객은 가장 가까운 우편함을 이용할 것이다. 여러 우편물을 복수에 우편함으로 분류하기보다는 한 군데를 이용하는 것이 운송시간을 절약할 수 있을 것이다. 회사는 우편을 통해서 연간 6천만불을 받는다. 자본의 연간 비용은 10%이고, 운송시간을 2일로 감소시킬 수 있다. 이 감소는 연간 약 $30,000의 가치가 있다.

특정 위치에 대한 f_i는 장소 i에 자물상자 우편함을 물량에 상관없이 유지하는데 소요되는 연간 비용이 되고, 비용 항인 c_{ij}는 다음 곱과 근사할 것이다. (일일 자본비용)×(i에서 j까지 운송기간, 일)×(장소 j에서 운송되는 물량, 달러).

결정변수를 다음과 같이 정의한다.

y_i = 1 장소 i에 입지선정이 되면, 그렇지 않으면 0,
x_{ij} = 1 고객 j가 장소 i에 할당이 되면, 그렇지 않으면 0.

이 문제의 간단한 정수계획 모형은 다음과 같다.

$$\text{Minimize} \quad \sum_{i=1}^{n} f_i\, y_i + \sum_{i=1}^{n} \sum_{j=1}^{m} c_{ij}\, x_{ij} \qquad (1)$$
$$\text{subject to} \quad \sum_{i=1}^{n} x_{ij} = 1 \quad \text{for } j = 1 \text{ to } m, \qquad (2)$$
$$\sum_{j=1}^{m} x_{ij} \le m y_i \quad \text{for } i = 1 \text{ to } n, \qquad (3)$$
$$\sum_{i=1}^{n} y_i = k, \qquad (4)$$
$$y_i = 0 \text{ or } 1 \quad \text{for } i = 1 \text{ to } n, \qquad (5)$$
$$x_{ij} = 0 \text{ or } 1 \quad \text{for } i = 1 \text{ to } n,\ j = 1 \text{ to } m. \qquad (6)$$

제약식 (2)는 각 고객 j가 정확히 한 장소에만 할당되는 것을 의미한다. 제약식 (3)은 한 고객이라도 장소 i에 할당이 되면, 장소 i가 입지로 선정되어야 함을 의미한다.

이런 식으로 모형화된 문제를 그냥 풀려고 한다면, 작은 문제를 제외하고는 엄청난 계산 시간 때문에 해를 구하는 것이 쉽지 않을 것이다. 또한 제약식 (5)와 (6)을 제거하고 선형계획 문제를 푼다고 할 지라도, 해는 분수 형태로 나오고, 실제 최적해와는 비슷하지 않게 나올 가능성이 많다.

좀더 엄격한 모형식으로 다음과 같은 식으로 제약식 (3)을 교체한다면 선형계획을 풀어도 종종 정수해를 얻을 수가 있다.

$$x_{ij} \le y_i \text{ for } i = 1 \text{ to } n,\ j = 1 \text{ to } m. \qquad (3')$$

언뜻 보이기엔, (3)을 (3')으로 교체하는 것이 비생산적으로 보일지 모른다. 입지 대안이 20개, 고객이 60군데라면, (3) 제약식 집합은 20개의 제약식을 갖는 반면, (3') 제약식 집합은 20×60=1,200개의 제약식을 갖게 된다. 하지만 경험적으로 (3)보다는 (3') 형태의 제약식을 갖는 선형계획을 풀 때 정수해를 자동적으로 얻게 되는 것이 규칙으로 나타난다.

(5) 용량제약 공장 입지선정 문제

용량제약 공장 입지선정 문제(Capacitated Plan Location Problem, CPL)는 특정한 공장에서 담당하는 수요의 양을 특별히 고려하는 SPL 문제다. CPL 문제는 특정 입지에서 발생하는 수요 물량이 특별히 고려되는 SPL 문제에서 발생한다. CPL 문제에서는 각 고객의 수요양을 알고 있고, 각 공장의 입지가 담당할 수 있는 총 수요량을 알고 있다고 가정한다. 추가적으로 정의되는 모수는 다음과 같다.

D_j = 고객 j의 수요량,
K_i = 입지 i에 설립될 공장의 용량.

이 문제의 정수계획 모형은

$$
\begin{array}{llll}
\text{Minimize} & \sum_{i=1}^{n} f_i\, y_i + \sum_{i=1}^{n} \sum_{j=1}^{m} c_{ij}\, x_{ij} & & (7) \\
\text{subject to} & \sum_{i=1}^{n} x_{ij} = 1 & \text{for } j = 1 \text{ to } m & (8) \\
 & \sum_{j=1}^{m} D_j x_{ij} \le K_i y_i & \text{for } i = 1 \text{ to } n & (9) \\
 & x_{ij} \le y_i & \text{for } i = 1 \text{ to } n,\ j = 1 \text{ to } m. & (10) \\
 & y_i = 0 \text{ or } 1 & \text{for } i = 1 \text{ to } n & (11) \\
 & x_{ij} = 0 \text{ or } 1 & \text{for } i = 1 \text{ to } n,\ j = 1 \text{ to } m. & (12)
\end{array}
$$

위 모형은 각 고객의 모든 수요가 하나의 공장으로부터만 공급될 경우에만 적용될 수 있는 모형이다("single-sourcing" version). 즉, 변수 x_{ij}는 0 또는 1 값만을 가질 수 있다. 복수의 공장으로부터 나누어 받기가 가능하다면, 변수 x_{ij}는 0과 1 사이의 분수값을 가질 수 있다. 그 의미는 고객 j의 전체 수요 중 해당 비율 만큼 공장 입지 i로부터 받았다는 뜻이다(split-sourcing). 위 모형에서 식 (12)가 제외된 경우가 된다. 나누어 받기만 고려하는 것은 보통 바람직하지 않다. 한 예로 초등학교에서 중학교로 진학하는 경우, 같은 초등학교를 다닌 학생들은 같은 중학교에 배정되길 선호한다.

| 예제: 용량제약 공장 입지선정 |

앞에서 언급한 내용들을 예제를 통해서 알아보자.

캘리포니아 지직스에 위치한 지직스사는 다음 도시들에 한 개씩 창고를 보유하고 있다. (A) 발티모어, (B) 샤이네, (C) 솔트레익시티, (D) 멤피스, (E) 위키타. 이들 창고에서 미국 전역에 있는 고객들에게 제품을 공급한다. 편의를 위해 고객들이 다음 도시들에 위치해 있다고 하자. (1) 아틀란타, (2) 보스톤, (3) 시카고, (4) 덴버, (5) 오마하, (6) 포틀랜드. 위의 정보로 봐서 지직스사는 창고를 과도하게 보유하고 있는 듯하다. 몇 개의 창고를 닫음으로써 운송 및 서비스 비용이 증가하겠지만, 이런 비용의 큰 증가 없이 고정비용을 크게 줄일 수 있는 방법을 생각해 보자. 관련 데이터를 수집하여 월 단위로 아래에 정리하였다.

[톤당 월당 운송비용 매트릭스]

창고	수요 도시						월 공급량	월
	1	2	3	4	5	6	(톤 단위)	고정비용
A	$1675	$400	$685	$1630	$1160	$2800	18	$7,650
B	1460	1940	970	100	495	1200	24	3,500
C	1925	2400	1425	500	950	800	27	3,500
D	380	1355	543	1045	665	2321	22	4,100
E	922	1646	700	508	311	1797	31	2,200
월간 수요(톤 단위)	10	8	12	6	7	11		

예를 들어, A(발티모어)의 창고를 폐쇄한다면, $7,650의 월 고정비용을 절약할 수 있다. 만약 오마하(5)의 모든 월간 수요를 위키타(E)에서 공급받는다면, 해당 운송비용은 7×311=$2,177가 된다. 그리고 하나의 고객이 하나의 창고로부터 모든 수요를 공급받을 필요는 없다. 즉, 각 창고의 용량이 한정되어 있기 때문에 복수의 공급원을 가질 수 있다. (예, 샤이네 창고는 월 24톤 의물량만 취급할 수 있다.) 자, 지직스사는 창고를 폐쇄해야 할까? 한다면 어느 창고를 폐쇄해야 할까?

위의 물음에 해답을 구하기 위해 네 가지 방법을 이용하고 그 결과를 비교한다.

1) 약한 정수계획 모형을 이용한 방법.
2) 강한 정수계획 모형을 이용한 방법.
3) 열린 그리디 휴리스틱을 이용한 방법 : 가동중인 창고가 없다고 가정하고, 가장 적은 비용으로 가동이 될 수 있는 곳을 선택한다. 모든 수요를 만족할 때까지 선택 절차를 반복한다.
4) 닫힌 그리디 휴리스틱을 이용한 방법 : 모든 창고가 가동 중이라고 가정하고, 폐쇄함으로써 가장 크게 비용이 절감되는 곳을 제거한다. 공급 미달이 발생하기 전까지 제거 절차를 반복한다.

세 번째와 네 번째 방법의 장점은 쉽게 적용될 수 있다는 것이다. 네 방법으로 얻은 결과는 다음과 같다.

방법	목적값	계산시간(초)	선정된 도시	선형계획 목적값
약 정수모형	46,031	3.38	A,B,D	35,662
강 정수모형	46,031	1.67	A,B,D	46,031
열린 그리디	46,943	nil	A,B,D,E	–
닫힌 그리디	46,443	nil	A,C,D,E	–

약한 정수계획 모형을 이용한 방법은 강한 모형을 이용한 방법과 같이 동일한 최적값을 찾았지만, 계산시간은 두 배 이상 발생하였다. 큰 문제에 대해서 이러한 차이는 더 심하게 발생한다. 그리고 강한 모형을 이용하면 LP로부터 구한 목적값과 같은 값을 얻게 된다. 강한 모형을 LP로 풀었더니, 정수해가 자동으로 얻어졌다.

단일 제품 동적 랏사이징 문제를 설명하기 위해 다음 모수를 먼저 소개한다.

n = 생산 계획 기간의 수
D_j = 기간 j에 예측된 수요, for $j = 1, 2, \cdots, n$;
f_i = 기간 i에 생산시 발생하는 고정비용
h_i = 제품 한 개를 기간 i에서 $i+1$ 사이에 보관할 때 발생하는 재고 비용

여기서 다음과 같이 c_{ij}를 정의하면, 위 문제는 공장 입지선정 문제로 만들 수가 있다.

$$c_{ij} = D_j \sum_{t=i}^{j-1} h_t.$$

즉 c_{ij}는 기간 i의 생산으로 기간 j의 수요를 만족시킬 때 발생하는 비용이다. 기간 i와 기간 j는 각각 공장 입지와 고객으로 볼 수 있다.

만약 각 기간의 유한한 생산 용량을 K_i가 정해져 있다면, 용량제약 동적 랏사이징 문제는 용량제약 공장 입지선정 문제의 특별한 경우가 된다.

정수계획에서 쌍대가격(Dual Prices)와 할인비용(Reduced Costs)

정수계획에서 쌍대가격과 할인비용을 해석 하는데는 어려움이 있다. 정수계획을 처음 사용하는 사람이라면, 결과 보고서에서 쌍대가격과 할인비용에 대한 내용은 그냥 넘어가는 편이 좋다. 결과보고서에서 쌍대가격과 할인비용은 LP를 풀어서 나온 결과인데, 이때 모든 정수변수들의 값은 최적값으로 고정시킨 후에 모형에서 제외시킨 후 LP를 푼 것이다. 결국, 순수 정수계획에서는 다음과 같은 결과를 얻게 된다.

- 모든 쌍대가격은 0이고,
- 한 변수의 할인비용은 단순히 목적식에서 그 변수에 해당하는 계수가 된다. (MAX문제에서는 부호만 반대).

혼합 정수계획에서는 쌍대가격이 의미가 있을 수 있다. 예를 들면, 공장 입지선정 문제에서 입지선정을 나타내는 정수변수와 할당된 양을 나타내는 연속변수가 있는데, 여기서 쌍대가격은, 입지선정 변수들은 최적값으로 결정되어 있을 때, 연속변수만 남은 문제로부터 얻어진 값이다.

(6) 일반적인 비용 곡선의 표현

공장 입지선정 모형에서 소개된 고정비를 포함한 선형비용 곡선은 그림 8.2의 더 일반적인 비용 곡선의 특별한 경우가 된다.

세 구간의 각 기울기는 왼쪽부터 c_1, c_2, c_3.이고, 절편값 K_2와 K_3은 다음과 같은 공식에 의해 구해진다. $K_{i+1}=K_i+c_iU_i-c_{i+1}\ U_i$. 구간의 기울기가 점점 작아진다면($c_{i+1} \le c_i$), 비용 곡선은 규모의 경제를 표현하는 셈이다. 만약에 대량구매를 하여 할인을 받는다면, 위와 유사한 비용 곡선을 갖게 된다.

이러한 비용 곡선을 표현할 수 있는 방법은 여러 가지가 있다. 첫 번째 방법은 고정비 포함 선형 곡선을 표현하는 방법의 확장한 것이다. 이 방법은 전체 모형에 그러한 곡선이 적게 있을 경우이거나 그러한 곡선이 하나 또는 두개의 분기점이 있을 경우에 만족스럽다.

결정변수를 정의한다.

y_i =1 if $U_{i-1} < x \quad U_i$, 0 otherwise.
x_i = x if $U_{i-1} < x \quad U_i$, 0 otherwise.

모형은 다음과 같은 항을 포함해야 한다.

```
MIN= K1*y1 + K2*y2 + K3*y3 + c1*x1 + c2*x2 + c3*x3 + ...;
```

나머지 모형식에서 x가 나타나는 어느 곳이든 by $x_1+x_2+x_3$로 치환되어야 한다. y_i가 0 또는 1이어야 한다면, 비용 함수가 올바르게 표현될 것이다.

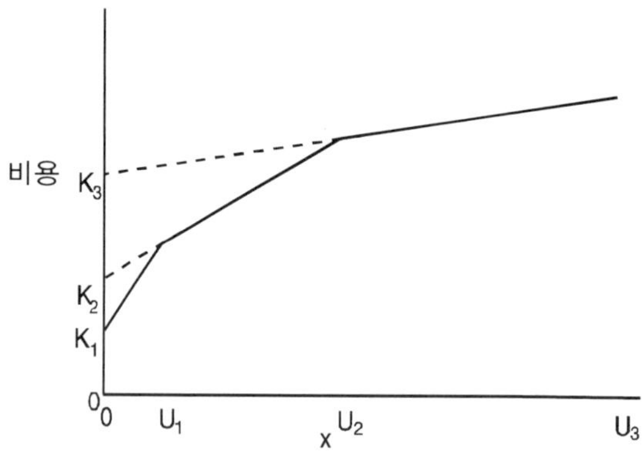

그림 8.2 오목 조각별 선형비용 곡선

비용 곡선이 오목이고, x의 상한이 속박되지 않았다면, 제약식 집합 (b)는 필요하지 않다.

| 예제 |

어떤 대형 문제의 일부분으로, 물량 할인을 해주는 공급자로부터 주문량을 결정하는 것이 있다. 관련된 정보로 주문을 발주하는데 \$150의 고정비가 들고, 처음 1,000갤론의 제품은 갤론당 \$2에 구입을 할 수 있다. 그리고 \$1,000갤론이 넘어가는 것부터는 \$1.9로 가격이 떨어진다. 최대로 5,000갤론을 구매할 수 있다. 사용되는 모수는 다음과 같이 계산될 수 있다.

$$K_1 = 150;$$
$$U_1 = 1{,}000;$$
$$K_2 = 150+1{,}000\times 2-1{,}000\times 1.90 = 250;$$
$$U_2 = 5{,}000;$$

결정변수를 다음과 같이 정의한다.

y_1 = 1 제품을 0에서 1000갤론을 구입할 경우, 그렇지 않으면 0;
y_2 = 1 제품을 1000갤론 초과로 구입할 경우, 그렇지 않으면 0;
x_1 = 1000갤론 이하로 구입할 경우의 제품량 (갤론).
x_2 = 1000갤론 초과로 구입할 경우의 제품량 (갤론).

이 문제의 모형은 다음과 같다.

```
MIN = 150*y1 + 250*y2 + 2*x1 + 1.9*x2 + ...;
!s.t.;
x1 <= 1000 *y1;
x2 <= 5000 *y2;
y1 + y2 <= 1;
@BIN(y1); @BIN(y1);…
!The y variables are required to be integer;
```

(7) 비선형 비용곡선을 표현하는 다른 방법

비선형 비용 곡선을 표현하는 또 다른 방법이 그림 8.3에 나타나 있다.

분기점($x=U_1$, $x=U_2$, …) 사이에서는 함수는 선형이라고 가정된다. i번째 분기점에 함수값은 v_i로 표시된다(즉, $v_i=f(U_i)$).

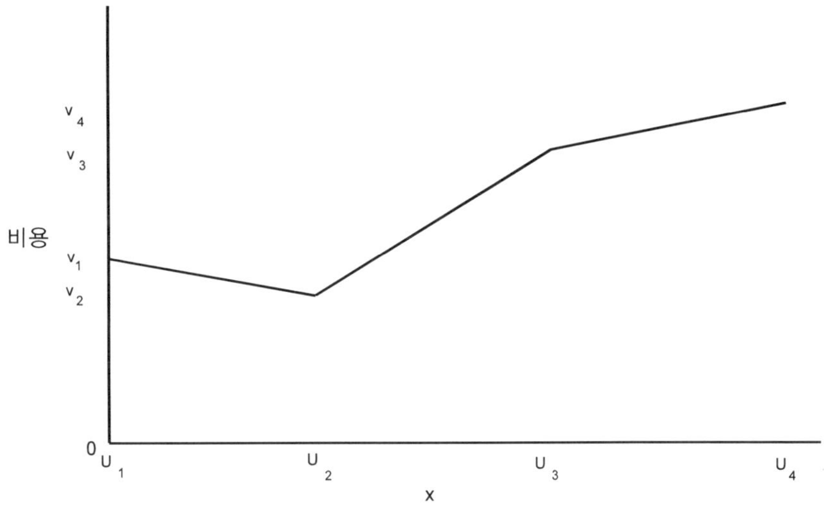

그림 8.3 임의 조각별 선형비용 곡선

n개의 분기점을 갖는 이러한 함수는 다음과 같은 방법으로 선형 정수 계획으로 표현될 수 있다.

1) 제약식 $w_1+w_2+ \cdots +w_n = 1$ 추가
2) 모든 x를 식 $w_1U_1+w_2U_2+ \cdots +w_nU_n$으로 치환
3) 모든 $f(x)$를 $w_1v_1+w_2v_2+ \cdots +w_nv_n$으로 치환
4) 접해 있을 경우 0이 아닌 w_i값을 두 개까지 허용

변수 w_i는 분기점 U_i의 가중치이다. 함수 $f(x)$가 서로 접한 두 분기점 U_i와 U_{i+1} 사이에서 선형이고, $x=w_iU_i+w_{i+1}U_{i+1}$이라면 (단 $w_i+w_{i+1}=1$), $f(x)$는 다음과 같다.

$$f(x) = w_i f(U_i)+w_{i+1} f(U_{i+1}) = w_i v_i+w_{i+1} v_{i+1}.$$

제한 (4)를 강제하는 방법은 여러 가지가 있을 수 있다. 많은 IP코드가 (1)과 같은 제약식을 소위 말하는 "유형 2 특별 집합(Special Ordered Sets of Type 2, SOS2)"으로 식별한다. IP코드가 각 제약식을 SOS2로 식별하여 제한 (4)를 만족시키는 것을 보장한다.

만약 SOS2 기능이 없는 일반적인 IP 코드를 갖고 있다면, 다음 제약식들을 추가함으로써 제한 (4)를 지킬 수 있다.

$$\begin{aligned}
w_1 &\le z_1 \\
w_2 &\le z_1+z_2 \\
w_3 &\le z_2+z_3 \\
&\;\;\vdots \\
w_{n-1} &\le z_{n-2}+z_{n-1} \\
w_n &\le z_{n-1} \\
z_1+z_2+. . .+z_{n-1} &= 1 \\
z_i &= 0 \text{ or } 1.
\end{aligned}$$

정리하면, 각 비선형 항은 적어도 한 개의 제약식과 n개의 변수의 추가로 나타나게 된다. SOS2기능이 없다면, 추가로 n개의 제약식과 $n-1$개의 변수를 더해야한다.

방금 설명한 일반적인 방법을 람다 방법이라고도 한다.

(8) 변수 분리하기

지금까지 방법들은 비선형 함수가 하나의 변수만을 가질 때 이용할 수 있다. 두 개 이상의 변수들을 포함하는 항을 새로운 항, 즉 변수들이 덧셈 형태로 분리되어 표현되는 항으로 변형시키는 방법을 알아보자. 가장 일반적인 변형은 두 변수의 곱의 형태를 분리된 변수들로 변환시키는 것이다. 예를 들면, 아래와 같은 교차곱 항이 있을 때

$$x_1 * x_2$$

다음과 같은 선형 제약식을 추가한다.

$$y_1 = (x_1+x_2)/2$$
$$y_2 = (x_1-x_2)/2.$$

그러면, x_1*x_2는 $y_1^2-y_2^2$로 표현될 수 있다. 즉,

$$x_1 * x_2 = y_1^2 - y_2^2.$$

위의 결과를 전개를 통해 보이면

$$y_1^2 - y_2^2 = (x_1^2 + 2 * x_1 * x_2 + x_2^2)/4 - (x_1^2 - 2 * x_1 * x_2 + x_2^2)/4$$
$$= 4 * x_1 * x_2 /4 = x_1 * x_2$$

이제 두 변수의 곱하기 항이 있을 때 위와 같이 새로운 두 변수를 추가하여 두 변수의 제곱의 더하기 형태로 변환시킬 수 있다. n개의 변수가 있다면, 최대 $n(n-1)/2$개의 교차곱 항을 가질 수 있고, 이 모든 교차곱 항을 제거하려면 $n(n-1)$개의 새 변수를 추가해야 할지 모른다. 어떤 조건에서는 위의 방법을 콜레스키 인수분해를 이용해 일반화 할 수 있고, 그러면 n개의 새 변수만 필요하게 된다.

8.3 선형 계획법 해법의 개요

정수계획 문제를 풀기 위한 컴퓨터 시간은 문제를 어떻게 모형화 했느냐에 달려있다. 그러므로 어떻게 IP가 풀리는지에 대해 조금 알아보는 것도 가치가 있다고 하겠다. 일반적인 방법이 두 개가 있는데, 하나는 "절단 평면" 방법이고 다른 하나가 "분지 한계(Barnch and bound, B&B)" 방법이다. 정수 계획법 해결 방법에 관한 자세한 내용은 Nemhauser and Wolsey(1988)과 Wolsey(1998)를 참조하기 바란다. 대부분의 상용 IP 프로그램은 B&B 방법을 사용하지만, 절단평면의 성질로부터 도움을 받는다. 다행히 독자들에겐 B&B 방법이 설명하기 쉬울 것이다. 일반적으로 말하면, B&B는 지능적인 열거 방법에 하나라고 볼 수 있다.

구체적으로, B&B는 먼저 문제를 LP로 푼다. LP 해가 정수라면, 더 이상 진행이 필요없다. 그렇지 않다면, B&B는 분수값들을 정수로 만드는 모든 가능한 경우를 지능적으로 탐색하게 된다.

다음 문제를 이용하여 분지 한계 방법의 예를 설명하고자 한다.

```
MAX= 75 * X1  + 6 * X2   + 3 * X3 + 33 * X4;
    774 * X1 + 76 * X2  + 22 * X3 + 42 * X4 <= 875;
     67 * X1 + 27 * X2 + 794 * X3 + 53 * X4 <= 875;
    @BIN( X1); @BIN( X2); @BIN( X3); @BIN( X4);
```

컴퓨터가 정수 최적해를 찾기 위한 탐색과정이 그림 8.4에 나타나있다. 먼저, 제약식

$X1$, $X2$, $X3$, $X4$ 1만 갖는 LP로 문제를 푼다. 결과로 얻어진 해가 1번 상자에 있다. $X2$와 $X3$이 분수값이므로 최종해가 될 수 없다. 다음 $X2$를 임의로 선택한 후 $X2$가 최적해일 때 0 또는 1값을 가져야 한다는 추측을 적용한다.

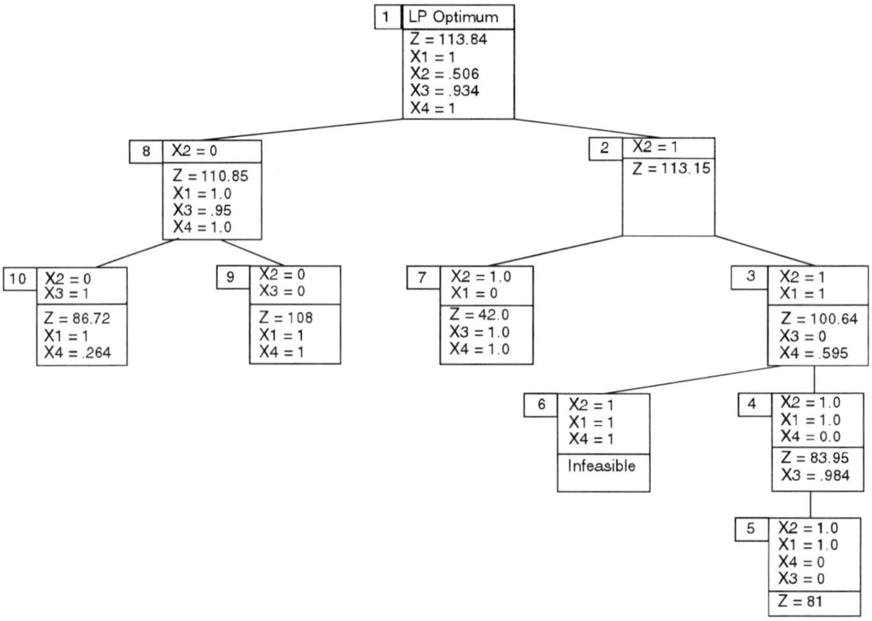

그림 8.4 분지 한계 탐색 나무

그래서 원 문제를 두 개의 부 문제로 바꾸게 된다. 하나는 $X2$를 1로 놓고 (마디 2), 다른 하나는 $X2$를 0으로 제약한다(마디 8). 이 두 개의 새 IP를 풀면, 둘 중에 좋은 해가 원 문제의 최적해가 된다. 이러한 생각이 "branch(가지 또는 분지)"라는 용어를 쓰게 된 동기이다. 만들어진 각 부문제는 탐색 나무의 하나의 가지에 해당한다.

각 마디 마다 왼쪽 위에 있는 번호가 해당 마디, 즉 부문제를 조사하는 순서이다. 변수 Z는 목적함수 값이다. $X2$가 1로 제한되어 있는 부문제(마디 2)를 LP로 풀면, $X1$과 $X3$이 분수해를 갖게 된다. 앞에서 말했듯이, 이제 $X1$에 대해서 두개의 새 부문제가 만들어진다.

마디 7) $X1$이 0으로 제한된 문제
마디 3) $X1$이 1으로 제한된 문제

이러한 과정이 $X4$과 $X3$에 대해서 마디 5까지 반복된다. 그러면 정수해 Z=81가 얻어진다. 아직 부문제 6에서 10까지 남아있기 때문에 이 해가 최적 정수해인지 아직 알 수 없다. 부문제 6은 $X2$, $X1$, $X4$가 1일 때 가능한 해가 없기 때문에 더 이상 진행할 필요가 없다. 부문제 7은 이미 얻어진 정수해보다 나쁜, Z는 42를 얻었기 때문에 더 이상 진행할 필요 없다.

마이 9에서 $X3$이 0으로 정해지면서, 새로운 개선해 $Z=108$이 얻어졌다. 마디 10은 "분지한계" 용어에서 "한계"에 대해 설명을 한다. 해가 분수해이지만 Z값이 86.72로 이미 얻어진 정수해 108보다 작기 때문에 더 이상 조사하지 않는다. 어느 마디의 Z값이건 자녀 마디의 Z값의 한계가 된다. 자녀 마디 또는 부문제는 모 문제에 제약식이 더해지기 때문에 이것은 사실이다. 제약식이 추가되면, 해가 개선될 수는 없다. 다른 식으로 해석하면, Z값이 나무를 내려가면서 향상될 수는 없다는 뜻이다. 앞에 소개된 나무 그림은 나무가 탐색되는 하나의 예일 뿐이다. 같은 문제에서 다음 두 가지 선택에 따라서 다른 나무 모양이 나올 수 있다.

(a) 다음으로 조사할 마디의 선택, 그리고
(b) 선택된 마디를 다음에 어떻게 나눌 것인지에 대한 선택.

예를 들어, 만약 마디 8과 9가 마디 1 후에 바로 조사된다면, $Z=108$이라는 해는 좀더 빨리 찾아졌을 것이다. 또, 마디 4, 5, 6은 마디 3에서의 Z값(100.64)이 알려진 정수해 (108)보다 작기 때문에 지나칠 수 있었을 것이다. 결국 마디 3의 자녀 마디에 대한 조사는 필요없어진다.

예제 나무에서는 $X2$에 대해서 첫 번째 마디가 나누어졌다. 어떤 사람은 $X1$이나 $X3$을 선택해서 분지를 할 수도 있었을 것이다.

탐색의 효율성은 얼마나 지능적으로 위의 (a)와 (b)에 대한 결정이 내려지냐에 달려있다. 특히 (b)에서는 단일 변수에 대한 분지가 이루어진다. 예를 들어, 연속 해를 갖는 문제에서 $x=1.6$이라면, 다음과 같은 두 부문제로 나누어진다. 하나는 제약식 $x \le 1$을 갖고, 다른 하나는 제약식 $x \ge 2$를 갖는다. 분지가 단일 변수에 대해서만 발생할 필요는 없다. 예를 들어, 부문제 하나는 제약식 $x_1+x_2+x_3 \le 0$에 기반하고, 다른 부문제 하나는 제약식 $x_1+x_2+x_3 \ge 1$을 추가함으로써 얻어진다. 또한 반드시 두 개로 나뉠 필요는 없다. 예를 들어, 만약 모형이 제약식 $y_1+y_2+y_3=1$을 갖고 있다면, $y_1=y_2=y_3=1$ 이렇게 세 경우로 나뉘는 세 개의 부문제를 만들 수도 있다.

만약 단일 변수에 대해서 분지를 한다면, 확정적인 변수를 선택하고자 할 것이다. 일반적으로 컴퓨터가 지능적인 선택을 하기 때문에 사용자는 탐색과정의 자세한 내용을 알 필요는 없다. 하지만 사용자는 모형을 만들때 일반적인 B&B 과정을 유념해야 할 것이다. 만약 사용자가 어떤 정수변수 x가 확정적이라는 사전 지식이 있다면, x를 모형식의 앞부분에 놓아 중요하다고 알리는 것이 유리할 것이다. 이러한 일반적인 이해는 엄격한 LP 모형식의 중요성을 일깨운다. 엄격한 LP 모형식은 문제를 풀었을 때 IP 최적해와 목적함수가 가까운 것을 말한다. 부문제에서 LP해는 탐색을 줄이기 위한 한계값으로 쓰일 수 있다. 한계값이 나쁘면, 초기의 많은 마디들이 좋은 자녀마디를 갖고 있지 않다고 해도 초기 한계값보다 좋아 보이기 때문에 전부 조사될 것이다.

8.4 정수계획의 계산 난이도

정수계획은 매우 풀기 힘들 수 있다. 이 점이 LP와 가장 대조를 보이는 점이다. LP는 해를 구하는 시간을 어느 정도 예측할 수 있다. LP에서는 대체로 변수의 개수와 제약식의 개수의 제곱에 비례해서 수행시간이 증가한다. 하지만 어떤 IP 문제에서는 제약식의 수가 증가하면 수행시간은 감소할 수도 있다. 그리고 정수 변수의 개수의 증가는 수행시간을 급격하게 증가시킬 수도 있다. 제약식 6개와 변수 60개 정도의 작은 IP 문제도 해를 구하기 매우 어려울 수 있다.

LP와 같이 IP에서도 주어진 문제에 다른 형태에 IP 모형식이 있을 수 있다. 하지만 IP에서는 일반적으로 수행시간이 어떤 모형식이냐에 따라 크게 좌지우지 된다. 좋은 IP 모형식을 만드는 것은 기술이 필요하다. 이 장의 남은 부분에 있는 많은 문제들의 경우, 좋은 모형식과 나쁜 모형식의 차이는 문제를 풀 수 있고 없고의 차이로 나타나게 될 것이다.

(1) NP-Complete 문제

정수계획 문제는 NP-hard라고 알려진 문제의 종류에 속한다. 여기서 NP는 아주 정확한 의미는 아니지만 "다항식이 아니다(not polynomial)" 정도로 생각할 수 있겠다. 이 뜻은 이러한 문제를 풀 수 있는 알려진 알고리즘이 없다는 것으로, 문제의 크기가 커질수록 계산 시간도 증가하게 된다. NP-hard 본문에서 다항식 시간으로 알고리즘이 수행된다는 것은 크기가 n인 문제를 풀 때 걸리는 시간이 n^k에 비례하다는 뜻이다(k는 양의 상수). 예를 들면, n개의 숫자를 정렬하는 것은 n^2에 비례하는 (다항식) 시간 안에 쉽게 할 수 있다. (좋은 알고리즘이라면, $n\ log(n)$까지 가능) 반면에 n개의 0−1 변수를 갖는 정수계획 문제를 푸는 것은 최악의 경우에, 2^n에 비례하는 (지수) 시간이 걸리게 된다. 더 빠른 방법이 있을 지도 모르나, 현재까지 정수계획 문제를 다항식 시간 안에 해결한 경우는 발표된 적이 없다. NP-complete와 P-complete 라는 용어는 예/아니오 또는 가능성(feasibility) 문제에 쓰일 수 있는 용어이다. 예/아니오 문제는 다음과 같은 형식의 질문이 될 것이다. 이 문제에 대해서 비용이 1250보다 작거나 같은 가능해가 있는가? 1250. 최적화 문제에서는 최소비용의 가능해를 구하고자 할 것이다. Khachian(1979)은 LP의 가능성에 대한 문제가 다항식 시간 안에 풀릴 수 있다고 증명하였다. 그러므로 LP는 *P*에 속한다. 정수계획법의 가능성에 대한 문제와 그와 유사한 많은 문제들은 NP-complete 종류에 속한다. 여기에 속하는 문제들은 다른 NP-complete 문제로 다항식 시간 안에 변환이 가능한 특징이 있다. 그러므로 문제 A를 B로 다항식 시간 안에 변환할 수 있으면, B를 다항식 시간 안에 푼 후 해를 A에 맞게 다시 다항식 시간 안에 변환하면, 결국 A를 다항식 시간 안에 풀 수 있는 방법을 갖게 되는 것이다.

NP-complete 문제에 대해 주목할 만한 사항은, 만약 어떤 사람이 한 NP-complete 문제에 대해서 다항식 시간 안에 풀 수 있는 방법을 개발하였다면, 다른 사람들도 모든 다른 NP-complete 문제에 대해 다항식 시간 알고리즘을 갖게 되는 것이다. NP-completeness 분류시 중요한 점은 문제가 풀리는 평균의 경우를 고려하는 것이 아니라 최악의 경우를 고려한다는 것이다. 실제 문제에서는 평균의 경우만을 주로 고려할 것이다. 현재, 여러 중요한 실제 정수계획법 문제들을 푸는데 걸리는 평균 시간은 매우 짧다. 누군가 매우 어려운 정수계획법 문제를 제시할 지도 모르지만, 많은 수의 실제정수계획 문제들이 빠르게 풀린다는 사실을 부인할 수는 없다. 아마도 현대 수학에서 알려진 가장 큰 문제는 NP-complete 문제들이 본질적으로 어려운지에 대한 물음일 것이다. 이 질문을 기호로 표시하면 : P=NP? NP-complete 문제들이 정말로 풀기 어려운가?, 아니면 인류가 빠른 알고리즘을 아직 발견하지 못하고 있는가? 실제로 이 질문의 정답에는 클레이 수학 연구소(www.claymath.org)에서 백만불의 상금을 걸어 놓고 있다. NP-complete 분류에 대한 더 많은 내용은 Martin(1999)의 논문을 참조하라.

8.5 자동 정수해 문제와 기도 알고리즘

IP에 대한 해법은 일반적으로 정수제약을 제거한 LP로 먼저 문제를 풀고, 해가 자동적으로 정수이길 바라는 것이다. 예를 들어, x가 0 또는 1이어야 한다면, 이 제약을 단순히 $0 \le x \le 1$이라는 제약으로 교체한 후 문제를 먼저 푸는 것이다. 정수 해답이 중요한 문제에 대한 분석을 시작할 때는 IP가 쉽게 풀릴지에 대해 미리 아는 것이 유용하다. 일반적으로 IP 최적해와 LP 최적해가 근사하다면, IP가 쉽게 풀리는 것을 알 수 있다. LP와

IP의 목적함수 값이 근사한지 미리 알 수 있는 유일한 방법은 LP 해가 정수에 가까운지를 미리 아는 것과 유사할 것이다. 그러므로 어떤 종류의 LP가 자동으로 정수값을 갖는지 궁금하게 된다.

자동으로 정수 최적해를 갖는지 미리 알 수 있는 LP 문제의 종류로는 우항이 정수인 문제와 다음과 같은 종류가 있다.

(a) 네트웍 LP,
(b) MRP 또는 정수 레온티에프 LP,
(c) 행 연산 또는 쌍대를 취하여 (a)나 (b)로 변환될 수 있는 문제들.

먼저 네트웍 LP와 MRP LP의 특징에 대해 알아본다.

(1) 네트웍 LP

다음과 같은 LP를 네트웍 LP라고 한다. 1) 간단한 상한 하한 제약식은 없고, 각 변수가 많아야 두 제약식에 나타난다. 2) 변수가 두 제약식에 나타날 그 계수 값은 +1과 −1이다. 한 제약식에만 나온다면, +1 또는 −1이다.

결과 : 우항이 정수라면, 정수 최적해가 존재한다. 목적식의 계수값이 모두 정수라면, 정수 쌍대가 최적해가 존재한다.

(2) 정수 레온티에프 제약식

다음과 같은 조건을 만족하는 제약식 집합을 정수 레온티에프 또는 MRP(Material Requirements Planning)라고 한다. (Jeroslow, R., Martin, et al. (1992) 참조)

- 각 제약식은 등식이다.
- 각 열은 정확히 하나의 양의 계수, +1을 갖는다.
- 각 열은 0이상의 음의 계수를 갖고 모두 정수이다.
- 각 우항은 음이 아닌 정수이다.

결과 : MRP 제약식 집합을 갖는 LP는 최적해로 정수를 갖는다. 나아가 목적식의 계수값이 모두 정수라면, 정수 쌍대가 최적해가 존재한다.

(3) 예제 : 단일 기간 MPR 문제

스윈들 자전거 회사는 다음과 같은 세 가지 제품을 생산한다. 외발자전거 (U), 일반자전거 (R), 2인용자전거 (T). 각 제품은 다음과 같은 여러 가지 부품들을 조립해서 만든다. 안장 (S), 바퀴 (W), 바퀴통 (H), 바퀴살 (P), 체인 (C), 그리고 연결봉 (L). 각 제품의 부품

표(BOM)은 아래 그림과 같다. 괄호 안의 숫자는 상위제품을 만들기 위해 필요한 하위제품 수를 나타낸다.

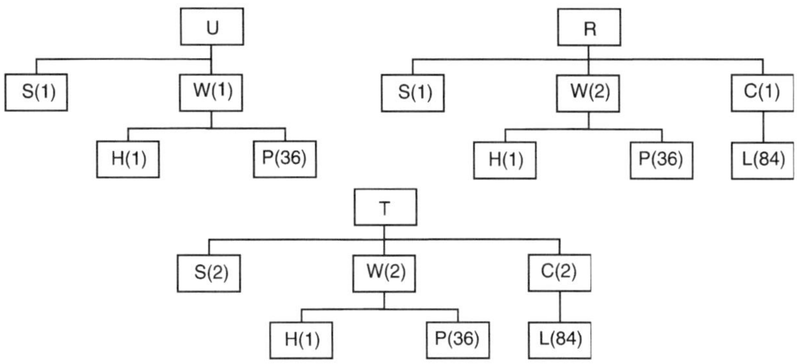

그림 8.5 자전거의 MRP 구조

스윈들사는 현재재고는 없고, 외발자전거, 일반자전거, 2인용자전거를 각 100, 500, 200대를 공급해야한다. 최종 제품 및 부품들은 다음 표의 가격대로 구입되거나 조립될 수 있다.

부품:	U	R	T	S	W	C	H	P	L
구입비용:	2.60	5.2	3.10	0.25	1.40	0.96	0.19	0.07	0.05
조립비용:	1.04	1.16	1.90	0.20	0.22	0.26	0.16	0.04	0.03

여기서 조립비용은 하위 수준 부품의 비용이 포함되지 않은 해당 수준의 조립에만 필요한 조립비용이다. 최소의 비용으로 수요를 모두 만족시키려면, 각 부품마다 몇 개를 구입하고 몇 개를 만들어야 할까?

LP 모형은 다음과 같다.

```
MODEL:
SETS:
TYPES/U, R, T/:M, B, MP, BP, NEED;
MATERIALS/S, W, C/:MM, MB, MMP, MBP;
SUBMATS/H, P, L/:SMM, SMB, SMP, SBP;
REQ(TYPES, MATERIALS): MATREQ;
MREQ(MATERIALS, SUBMATS): SMATREQ;
ENDSETS
DATA:
NEED    =  100  500  200;
```

```
MP       = 1.04 1.16  1.9;
BP       =  2.6  5.2  3.1;
MMP      =   .2  .22  .26;
MBP      =  .25  1.4  .96;
SMP      =  .16  .04  .03;
SBP      =  .19  .07  .05;
MATREQ   =    1    1    0
              1    2    1
              2    2    2;
SMATREQ  =    0    0    0
              1   36    0
              0    0   84;
ENDDATA
MIN = @SUM(TYPES : M * MP + B * BP)
     + @SUM(MATERIALS : MM * MMP + MB * MBP)
     + @SUM(SUBMATS: SMM * SMP + SMB * SBP);
@FOR(TYPES: M + B = NEED);
@FOR(MATERIALS(I): MM(I) + MB(I) =
    @SUM(TYPES(J): M(J) * MATREQ(J, I)));
@FOR(SUBMATS(I): SMM(I) + SMB(I) =
    @SUM(MATERIALS(J): MM(J) * SMATREQ(J, I)));
END
```

아래의 모형이 MRP 구조를 갖고 있음을 주목하자.

```
          U U R R T T S S W W C C H H P P L L
          M B M B M B M B M B M B M B M B M B
       1: A A A A A A T T T A T T T T U U U U MIN
UNICYCLE: 1 1   '     '     '     '     '     = B
 REGULAR: '  '1 1  '  '  '  '  '  '  '  '  '  = C
TWINBIKE:       ' 1 1 '     '                 = C
   SEATS:-1  -1 '-2   1 1   '     '     '     =
  WHEELS:-1  -2 '-2'  '  '1 1  '  '  '  '  '  =
  CHAINS:    -1 '-2   '     ' 1 1 '     '     =
    HUBS:       '     '  -1 '     1 1   '     =
  SPOKES: '  '  '  '  '  -B '  '  '  '1 1  '  =
   LINKS:       '     '     '-B   '     ' 1 1 =
```

이 문제의 결과는 다음과 같다.

```
Optimal solution found at step:          0
Objective value:                  3440.000
Variable              Value        Reduced Cost
```

```
   M( R)        500.0000          0.0000000
   B( U)        100.0000          0.0000000
   B( T)        200.0000          0.0000000
  MM( S)        500.0000          0.0000000
  MB( W)        1000.000          0.0000000
  MB( C)        500.0000          0.0000000
```

결과는 모두 자동으로 정수값으로 나온다. 해를 설명하면, 외발자전거와 2인용 자전거는 모두 외주를 주어야 하고, 일반자전거는 모두 조립해야 하지만, 조립에 필요한 부품 중 안장을 제외한 바퀴와 체인은 외주품을 사용한다.

만약 연결봉 생산 용량을 300으로 제한을 둔다면(제약식 $LM \leq 300$ 추가), 이 제약식은 MRP 구조를 위반하기 때문에 정수해를 얻지 못할 것이다.

(4) 자동 정수해 모형으로 변환하기

행 연산에는 다음과 같은 두 가지가 있다.

- 0이 아닌 상수로 하나의 제약식을 곱하기
- 하나의 제약식에 곱을 한 후 다른 제약식과 더하기

행 연산이 어떤 문제에 대한 가능해 영역이나 최적해를 변화시키는 것은 아니다. 그러므로 어떤 모형을 네트웍 LP나 MRP LP 모형으로 변환시킬 수 있다는 것을 보인다면, 해당 문제에 정수 최적해가 있다는 것을 보이는 것과 마찬가지다. 하지만 해를 얻기 위해 반드시 변환이 필요한 것은 아니다.

또 다른 경우로, 어떤 모형의 우항 정수값을 갖는다면, 이 모형의 쌍대가 네트웍 LP나 MRP LP 모형 중에 하나이며 고려하는 모형이 정수 최적해를 갖는다는 것을 알 수 있다.

| 예제 |

다음 LP 모형은 네 기간동안 각 기간마다의 생산량을 결정하는 모형이다.

```
     P P P P P P P P P P
     1 1 1 1 2 2 2 3 3 4
     4 3 2 1 4 3 2 4 3 4
 1:  9 6 4 3 6 4 3 4 3 3 MIN
 2:  1 1 1 1             = 1
 3:  1 1 1   1 1 1       = 1
 4:  1 1     1 1   1 1   = 1
 5:  1       1     1   1 = 1
```

LP를 풀면 다음과 같은 자동 정수해를 얻는다.

$P12 = P34 = 1$; 나머지는 0.

이렇게 해를 얻기 전에 자동 정수해를 예측할 수 있었을까? 다음과 같은 행연산을 하면 : (5')=(5) (4); (4')=(4) (3); (3')=(3) (2), 아래와 같은 동일한 LP를 얻게 된다.

```
    P P P P P P P P P P
    1 1 1 1 2 2 2 3 3 4
    4 3 2 1 4 3 2 4 3 4
 1: 9 6 4 3 6 4 3 4 3 3 MIN
 2: 1 1 1 1             = 1
3':      -1 1 1 1       = 0
4':    -1      -1 1 1   = 0
5':  -1      -1    -1 1 = 0
```

이 모형은 네트웍 LP이므로, 문제를 풀기 전에 이 모형이 자동 정수해를 갖는 것임을 알 수 있다.

| 예제 |

일곱 개의 활동으로 이루어진 어떤 프로젝트의 최소 경과 시간을 구하기 위해서 다음과 같은 (PICTURE 형) LP모형이 만들어졌다.

```
    A B C D E F
 1:-1     '   1 MIN
AB:-1 1   '     >= 3
AC:-1  '1 '  '  >= 2
BD:  -1   1     >= 5
BE:  -1   ' 1   >= 6
CF: '  -1 '  '1 >= 4
DF:      -1   1 >= 7
EF:       '-1 1 >= 6
```

이 모형은 네트웍 LP 모형도 아니며(열 A, B, 또는 F를 보라), MRP LP(열 A 또는 F를 보라)모형도 아니다. 그럼에도 이 문제를 풀면 자동 정수해를 얻게 된다.

```
Optimal solution found at step:        0
Objective value:                15.00000
Variable           Value       Reduced Cost
       A       0.0000000          0.0000000
```

B	3.000000	0.0000000
C	2.000000	0.0000000
D	8.000000	0.0000000
E	9.000000	0.0000000
F	15.00000	0.0000000
Row	Slack or Surplus	Dual Price
1	15.00000	1.000000
AB	0.0000000	-1.000000
AC	0.0000000	0.0000000
BD	0.0000000	-1.000000
BE	0.0000000	0.0000000
CF	9.000000	0.0000000
DF	0.0000000	-1.000000
EF	0.0000000	0.0000000

이렇게 해를 얻기 전에 자동 정수해를 예측할 수 있었을까? 위의 모형을 보면 각 제약식이 정확히 하나의 +1과 하나의 −1을 갖고 있다는 것을 알 수 있다. 즉, 이 모형의 쌍대는 네트윅 LP 모형이고 정수해를 갖는다고 미리 알 수 있겠다.

8.6 할당 문제와 관련 순서배열, 운행경로 문제

할당 문제(assignment problem)는 실제 문제에서 많이 접할 수 있는 간단한 LP 문제이다.

다음과 같이 표현될 수 있다.

비용 매트릭스가 다음과 같이 주어지고 :

c_{ij} = 물건 i를 사람 j에게 할당할 때의 비용,

결정 변수는 다음과 같다.

x_{ij} = 1 , 만약 물건 i를 사람 j에게 할당하면.

그러면 다음과 같은 문제를 풀고자 한다.

Minimize $\sum_i \sum_j c_{ij} x_{ij}$

subject to

$\sum_i x_{ij} = 1$ for each object iI

$\sum_j x_{ij} = 1$ for each person j,

$x_{ij} > 0.$

이 문제는 LP로 쉽게 풀리고, x_{ij}는 자동적으로 정수값을 갖는다.

이러한 할당 문제와 밀접하게 관련이 있는 문제들로 순서배열(sequencing) 및 운송경로(routing)에 해당하는 문제들이 많이 있다.

(1) 예제 : 할당 문제

많은 항공사들이 항공 경로를 허브를 중심으로 구축하고 있다. 즉, 많은 수의 항공기를 어떤 시간 간격 안에(예 9 A.M. ~ 10 A.M.) 허브공항에 도착시킨 후 다시 많은 수의 항공기를 그 시간 이후에(예, 10 A.M. ~ 11 A.M.) 출발시키고자 한다. 이렇게 함으로써, 승객들이 한번의 경유만으로도 많은 조합의 출발지와 도착지 옵션을 가질 수 있게 된다. 예를 들면, 유나티드 항공사는 시카고를, 델타 항공사는 아틀란타를, 그리고 아메리칸 항공사는 달라스를 각각 허브 공항으로 사용하고 있다.

이러한 허브구조에서 생각해 볼 수 있을 만한 목적식으로 (수하물의 이동을 발생시키는) 비행기 환승을 최소화하는 것을 들 수 있다. 다음 작은 예제는 할당 문제가 어떻게 이 문제에 적용이 되는지 보여준다.

어떤 항공사는 오전 9시와 9시 30분 사이에 여섯 대의 항공기들이 시카고 오하레 공항에 도착한다. 그리고 같은 항공기들이 9시 40분과 10시 20분 사이에 공항을 출발한다. 도착과 출발 비행기 사이의 평균 환승 승객 수는 다음과 같다.

	L01	L02	L03	L04	L05	L06
I01	20	15	16	5	4	7
I02	17	15	33	12	8	6
I03	9	12	18	16	30	13
I04	12	8	11	27	19	14
I05	0	7	10	21	10	32
I06	0	0	0	6	11	13

I05편은 L01편으로 환승하기에. 너무 늦게 도착함. I06편도 L01, L02, L03편으로 환승불가

모든 항공기는 동일하다. 결정 사항으로는, 어느 도착 항공편을 어느 출발 항공편에 할당할 것인지 결정해야 한다. 예를 들면, 도착편 I02를 출발편 L03에 할당한다면, 33명의 승객(과 수화물)은 타고 온 비행기를 떠날 필요가 없게 된다. 어떤 식으로 출발편을 도착편에 할당하여 오하레 공항에서 최소의 승객들만 비행기를 환승하게 할까?

이 문제는 결정변수를 다음과 같이 정의하면 할당 문제로 모형화 될 수 있다.

x_{ij} = 1 만약 출발 항공편 i가 도착 항공편 j에 할당되면,
0 그 외에.

목적함수는 비행기를 환승하지 않는 승객의 수를 최대화하는 것이다. 모형은 다음과 같다.

```
MODEL:    !  Assignment model(ASSIGNMX);
SETS:
 FLIGHT;
 ASSIGN( FLIGHT, FLIGHT): X, CHANGE;
ENDSETS
DATA:
 FLIGHT = 1..6;
! The value of assigning i to j;
 CHANGE = 20   15   16   5   4   7
          17   15   33  12   8   6
           9   12   18  16  30  13
          12    8   11  27  19  14
        -999    7   10  21  10  32
        -999 -999 -999   6  11  13;
ENDDATA
!―――――――――――――;
! Maximize value of assignments;
MAX = @SUM(ASSIGN: X * CHANGE);
@FOR( FLIGHT( I):
!  Each I must be assigned to some J;
    @SUM( FLIGHT( J): X( I, J)) = 1;
!  Each I must receive an assignment;
    @SUM( FLIGHT( J): X( J, I)) = 1;
     );
END
```

도출한 해는 다음과 같다.

```
Optimal solution found at step:          9
Objective value:                  135.0000
Variable            Value        Reduced Cost
X( 1, 1)         1.000000          0.0000000
X( 2, 3)         1.000000          0.0000000
X( 3, 2)         1.000000          0.0000000
X( 4, 4)         1.000000          0.0000000
X( 5, 6)         1.000000          0.0000000
X( 6, 5)         1.000000          0.0000000
```

I03편을 제외한 모든 출발편은 각각 승객의 이동을 최소화하는 도착편과 연결이 되었

LINGO/ 최적화 모형

기 때문에 그다지 재밌는 결과는 아니다. 그리고 다시 말하지만, 결정변수를 정수라고 따로 선언하지 않아도, 자동적으로 해는 정수값을 갖는다.

(2) 외판원 문제

최적화 문제 중에 가장 유명한 것이 외판원 문제(traveling salesperson problem, TSP)이다. 할당 문제이긴하나 할당사항들이 원을 이루어야한다. 목적함수는 총 이동 거리를 최소화하는 것이다. Lawler(1985) 등이 흥미로운 문제에 대해 매우 훌륭한 연구를 발표하였다. TSP 문제의 한 가지 사례로 전자 회로 기판을 제조하는 것을 들 수 있다. Danusaputro, Lee, 그리고 Martin-Vega(1990)는 회로 기판에서 드릴 작업을 하는 최적 순서를 결정하는 문제를 연구하여, 드릴이 구멍들을 이동하는데 소요하는 시간을 최소화 할 수 있었다. 유사한 TSP 문제로 회로 기판 제조에서 부품들을 기판에 꽂는 순서를 결정하는 문제를 들 수 있다. 이때, 부품을 기판에 삽입하는 작업은 자동 기계에 의해 수행된다. 또 다른 예로 자동차 도색 라인에서 도색 순서를 정하는 문제가 있다. 색깔이 변할 때마다 셋업 비용과 시간이 발생하는 것을 고려해야한다.

외판원 문제를 구성하는 제약식들은 다음과 같다.

(1) 각 도시 j에 정확히 한번만 들어가야 한다.

$\sum_{i \neq j}^{n} x_{ij} = 1 \qquad \text{for } j = 1 \text{ to } n,$

(2) 각 도시 i에서 정확히 한번만 나와야 한다.

$\sum_{j \neq i}^{n} x_{ij} = 1 \qquad \text{for } i = 1 \text{ to } n,$

(3) 2개 이상의 도시들로 이루어진 어떤 부분집합 S에 대해도 부분순환이 있어서는 안된다.

$$\sum_{i,j \in S} x_{ij} < |S| - 1 \qquad \text{for every subset } S,$$

이때 $|S|$ 집합 S의 크기,

(4) (3)번 제약식 집합은 다음 제약식으로 교체될 수도 있다.

$u_j > u_i + 1 - (1 - x_{ij})n$ for $j = 2, 3, 4, \cdots;\ j \neq i.$

여기서 u_j는 도시 j를 방문한 순서이다. 제약식 (3)이 (4)보다 훨씬 엄격한 제약식이다. (3)번 제약식이 쓰이지 않는다면, 큰 문제들은 계산상으로 풀기 쉽지 않을 지 모른다. 반면에 (3)번 종류의 제약식은 2^n개가 필요하지만, (4)번 종류는 $n-1$개의 제약식만을 필요로 한다. 비록 (3)으로부터 수많은 제약식이 만들어지지만, 그 중 적은 수만 실제로 최적해와 접하게 된다 (예, $|S|=n$인 경우의 제약식들). 그래서 필요한 (3) 종류의 제약식을 순차적으로 추가하면서 문제를 푸는 방법이 꽤 좋은 결과를 준다. Padberg과 Rinaldi (1987)

는 기본적으로 이러한 순차접근법을 사용하여 200개의 도시를 갖는 문제까지 최적해를 구했다. 이 해들은 대형 컴퓨터에서 수 시간에 걸쳐서 얻어졌다.

실제 문제에서는 최적이 아니더라도 좋은 해를 빠른 시간 안에, 즉 수시간이 아니라 몇 초나 몇 분안에 구하는 것이 중요할 것이다. 이런 이유로 휴리스틱 방법이 이용되는데, 가장 일반적으로 사용되는 것이 Lin과 Kernighan(1973)이 제안한 것이다. 이 휴리스틱에서는 주어진 해에서 방문순서를 바꿔가면서 개선된 해를 찾는다. 컴퓨터 제어 기계를 이용한 작업 순서 결정과 같은 실제 문제에서, 이러한 휴리스틱은 대부분 최적해에서 2%를 벗어나지 않는 결과를 보인다. Bland과 Shallcross(1989)에서 14,464개의 "도시"를 갖는 작업 순서 결정 문제를 소개하였고, 이 문제들에 대해 Lin-Kernighan방법을 이용했을 때 최적해에서 1.7%를 넘는 것이 한 경우도 없었다.

| 예제: 외판원 문제 |

현재 실업자인 로즈씨는 돈을 벌기 위해 다음과 같은 계획을 만들었다. 그는 열여덟 사람을 안내해서 내셔널 리그 모든 구장을 방문하는 것이다. 그는 이 안내일을 통해 돈을 벌고자 하기 때문에 되도록 순회 비용을 최소화하려고 한다. 신시내티에서 출발해서 신시내티로 돌아온다. 다음과 같은 거리 매트릭스가 만들어졌다.

	Atl	Chi	Cin	Hou	LA	Mon	NY	Phi	Pit	StL	SD	SF
아틀랜타(Atl)	0	702	454	842	2396	1196	864	772	714	554	2363	2679
시카고(Chi)	702	0	324	1093	2136	764	845	764	459	294	2184	2187
신시내티(Cin)	454	324	0	1137	2180	798	664	572	284	338	2228	2463
휴스턴(Hou)	842	1093	1137	0	1616	1857	1706	1614	1421	799	1521	2021
L.A.	2396	2136	2180	1616	0	2900	2844	2752	2464	1842	95	405
몬트리올(Mon)	1196	764	798	1857	2900	0	396	424	514	1058	2948	2951
뉴욕(NY)	864	845	664	1706	2844	396	0	92	386	1002	2892	3032
필라델피아(Phi)	772	764	572	1614	2752	424	92	0	305	910	2800	2951
피츠버그(Pit)	714	459	284	1421	2464	514	386	305	0	622	2512	2646
세인트루이스(StL)	554	294	338	799	1842	1058	1002	910	622	0	1890	2125
샌디에고(SD)	2363	2184	2228	1521	95	2948	2892	2800	2512	1890	0	500
샌프란시스코(SF)	2679	2187	2463	2021	405	2951	3032	2951	2646	2125	500	0

| 풀이 |

위의 거리 매트릭스 정보가 대칭임을 알 수 있다. 다음과 같은 결정 변수를 정의하자.

Y_{ij} = 1 만약, 도시 i와 j가 연결(link)이 선택되었다면 (방향에 상관없이); 0 그렇지 않으면.

즉, $Y_{ATL\ CHI}$=1이란, 아틀랜타와 시카고가 연결되었다는 것이고, 아틀란타를 방문하고 곧바로 시카고를 방문했거나 그 반대 방향의 경우를 포함한다. 설명으로 모형화를 하자면 다음과 같다.

Minimize　　선택된 연결로 발생하는 비용
subject to :
　　　　　　각 도시마다 선택된 연결의 수 = 2
　　　　　　각 연결은 많아야 한 번 선택될 수 있다.

LINGO 모형은 아래와 같다.

```
MODEL:
SETS:
CITY/ATL, CHI, CIN, HOU, LA, MON, NY, PHI, PIT,
    STL, SD, SF/:;
ROUTE(CITY, CITY)|&1 #GT# &2:COST, Y;
ENDSETS
DATA:
COST = 702
   454   324
   842  1093 1137
  2396 2136 2180 1616
  1196  764  798 1857 2900
   864  845  664 1706 2844  396
   772  764  572 1614 2752  424   92
   714  459  284 1421 2464  514  386  305
   554  294  338  799 1842 1058 1002  910  622
  2363 2184 2228 1521   95 2948 2892 2800 2512 1890
 2679 2187 2463 2021  405 2951 3032 2951 2646 2125 500;
ENDDATA
MIN = @SUM( ROUTE: Y * COST);
@SUM( CITY( I)|I #GE# 2: Y(I, 1)) = 2;
@FOR( CITY( J)|J #GE# 2: @SUM(CITY(I)| I #GT# J:
  Y(I, J)) + @SUM(CITY(K)|K #LT# J: Y(J, K))=2);
@FOR( ROUTE: Y <= 1);
END
```

LP로 이 모형을 풀면, 다음과 같은 해를 얻는다.

```
Optimal solution found at step:        105
Objective value:                  5020.000
    Variable           Value        Reduced Cost
```

```
Y( CIN, ATL)          1.000000          0.0000000
Y( CIN, CHI)          1.000000          0.0000000
Y( HOU, ATL)          1.000000          0.0000000
 Y( NY, MON)          1.000000          0.0000000
 Y( PHI, NY)          1.000000          0.0000000
Y( PIT, MON)          1.000000          0.0000000
Y( PIT, PHI)          1.000000          0.0000000
Y( STL, CHI)          1.000000          0.0000000
Y( STL, HOU)          1.000000          0.0000000
  Y( SD, LA)          1.000000          0.0000000
  Y( SF, LA)          1.000000          0.0000000
  Y( SF, SD)          1.000000          0.0000000
```

총 거리는 5020마일이고, 해는 그림 8.6과 같다.

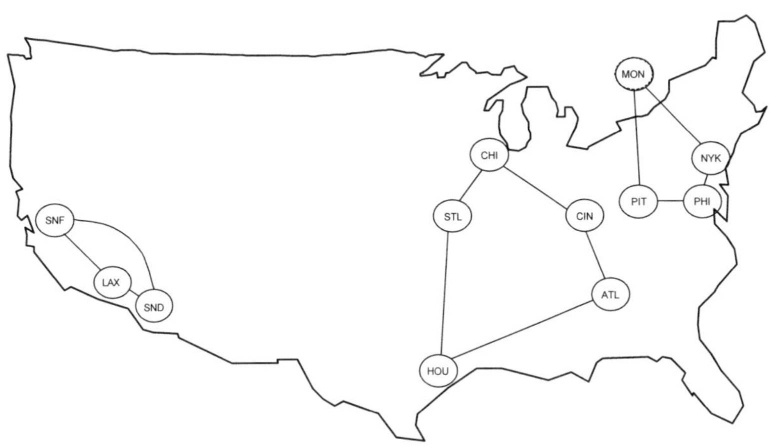

그림 8.6

불행히도 해는 세 개의 부분순환을 갖는다. 제일 작은 사이클을 다음 제약식을 추가하여 잘라낼 수 있다.

```
!SUBTOUR ELIMINATION;
Y( SF, LA) + Y( SD, LA) + Y( SF, SD) <= 2;
```

이제 LP로 풀면, 6975짜리 해를 얻는다. 결과는 그림 8.7과 같다.

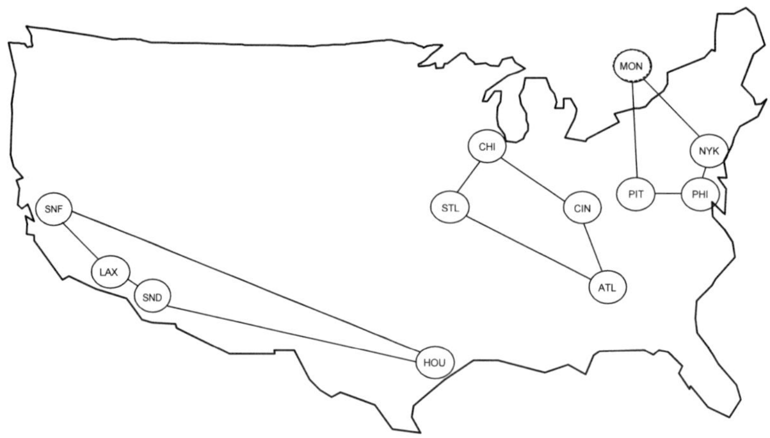

그림 8.7

남서부 부분순환을 다음 제약식을 추가해서 잘라낸다.

```
Y(LA, HOU) + Y(SD, HOU) + Y(SF, LA) + Y(SF, SD)<= 3;
```

이런 식의 절차를 다음과 같이 반복 수행하여 모든 부분순환을 제거한다.

```
Y(CIN,ATL) + Y(CIN,ATL) + Y(CIN,CHI) + Y(HOU,ATL) + Y(STL,CHI) + Y(STL,HOU) <=
  4;
Y(NY,MON) + Y(PHI,NY) + Y(PIT,MON) + Y(PIT,PHI) <= 3;
Y(SD,LA) + Y(SF,LA) + Y(SF,SD) <= 2;
Y(NY,MON) + Y(PHI,MON) + Y(PHI,NY) <= 2;
Y(CIN,ATL) + Y(PIT,CHI) + Y(PIT,CIN) + Y(STL,ATL) + Y(STL,CHI) <= 4;
Y(SD,HOU) + Y(SD,LA) +  Y(SF,HOU) + Y(SF,LA) <= 3;
Y(CIN,ATL) + Y(CIN,CHI) + Y(STL,ATL) + Y(STL,CHI) <= 3;
Y(PHI,MON) + Y(PHI,NY) + Y(PIT,MON) + Y(PIT,NY) <= 3;
Y(CIN,ATL)  + Y(MON,CHI)  + Y(NY,MON)  + Y(PHI,NY)  + Y(PIT,CIN)  + PIT,PHI)  +
  Y(STL,ATL) + Y(STL,CHI) <= 7;
Y(SD,LA) + Y(SF,HOU) + Y(SF,SD) + Y(LA,HOU) <= 3;
```

위에서 만들어진 모든 제약식을 추가한 후 그림 8.8과 같은 하나의 사이클로 이루어진 해를 얻었다. 이 해의 총 거리는 7,577이다.

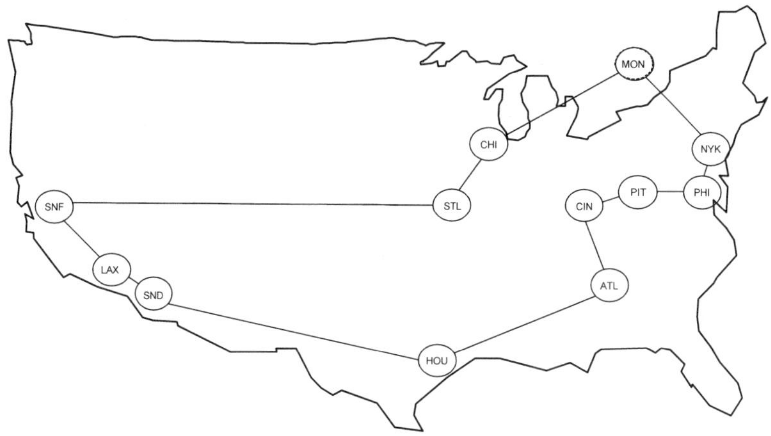

그림 8.8

LP 만을 사용했고, 분지한계법도 이용하지 않은 점을 주목하자.

로즈씨도 이와 같은 해를 주먹구구식으로 얻을 수 있었을까? 가장 명확한 휴리스틱은 방문하지 않은 가장 가까운 도시를 찾아가는 방법이다. 신시내티에서 출발해서 이런식으로 해를 구하면, 총 거리는 8015마일이 나오고, 이 해는 최적해보다 6%정도 나쁘다.

최적 방문 TSP

TSP에서 모든 도시를 한번씩 방문해야한다는 제약식을 없애면, 최적 방문 TSP가 된다. 이 문제는 작업 j를 수행하면 v_j의 이익이 있고 작업 i에서 작업 j로 바뀌는 비용이 c_{ij}일 때 다음과 같은 작업 순서결정 문제에 해당한다. 결정변수는 다음과 같다.

y_j = 1 만약 도시 j를 방문하면, 0 그렇지 않으면.

v_j가 도시 j를 방문하는 가치라면, 목적식은 다음과 같다.

$$\text{Minimize} \quad \sum_i \sum_j c_{ij}\, x_{ij} - \sum v_j\, y_j \,.$$

그리고 제약식들은 아래와 같다.

(1) 각 도시 j는 많아야 한번 방문할 수 있다.

$$\sum_{i \neq j} x_{ij} = y_j$$

(2) 도시 j를 들어가면, 반드시 나와야한다.

$$\sum_{k \neq j} x_{jk} = y_j$$

(3) 출발 도시를 제외한 각 부분집합 S에 대해 부분순환은 허용되지 않는다.

$\sum_{i,j \in S} x_{ij} < |S|-1$, $|S|$는 S의 크기.

예를 들면, 출발 도시를 포함해서 n개의 도시가 있다면, 크기가 3인 부분집합은 $(n-1)(n-2)/(3 \times 2)$개가 있다.

(4) (3)번 제약식 집합은 다음 제약식으로 교체될 수 도 있다

$u_j \geq u_i + 1 - (1 - x_{ij})n \quad (\text{for } j = 2, 3, \cdots, n.)$

여기서 u_j는 도시 j를 방문한 순서이다. 제약식 집합 (3)이 (4)보다 훨씬 엄격한 제약식이다.

(3) 용량제약 복수TSP / 차량 경로 문제

중요한 실제 문제의 중에 하나로 중앙창고를 기점으로 차량의 경로계획을 세우는 문제가 있다. 예를 들면, 신문배달 트럭의 경로계획을 세우는 일 등이다. 이러한 문제는 복수의 외판원이 있고, 각 외판원이 유한한 용량을 갖는 TSP로 볼 수 있겠다. 이 문제에서는 트럭용량보다 적은 양을 공급받을 수 밖에 없기 때문에, LTL(Less than TruckLoad) 경로 문제라고도 불린다. 이 문제에 모형을 만들어보자.

다음 값들은 주어져있다.

V = 차량의 용량

d_j = 도시 또는 방문지 j의 수요

각 도시 j를 한번은 방문해야 한다.

$$\sum_j x_{ij} = 1$$

각 도시 i에서 한번은 나와야한다.

$$\sum_i x_{ij} = 1$$

부분순환은 허용되지 않는다.

$$\sum_{i,j \in S} x_{ij} < |S|-1,$$

중앙창고를 포함한 도시들의 집합 T(트럭용량보다 많은 수요를 갖고 있다)에 대해, 과적이 허용되지 않는다.

$$\sum_{i,j \in T} x_{ij} < |T| - k,$$

이때, k=집합 T에 속한 도시들 중 용량을 맞추기 위해 제거되어야 할 도시의 최소 개수이다.

이 모형은 중간 크기, 한 25개 도시의 문제까지 최적해를 구할 수 있다. 더 크거나 복잡한 실제 문제에 대해서는, Clarke과 Wright(1964)의 휴리스틱 방법이 최적해가 보장되는 것은 아니지만 빠르고 좋은 해를 구한다.

다음은 차량 경로 문제를 위한 일반적인 LINGO 모형이다.

```
MODEL:   ! (VROUTE);
! The Vehicle Routing Problem (VRP) occurs in many service
systems such as delivery, customer pickup, repair and
maintenance. A fleet of vehicles, each with fixed
capacity, starts at a common depot and returns to the
depot after visiting locations where service is demanded.
Problems with more than a dozen cities can take lots of
time.
This instance involves delivering the required amount of
goods to 9 cities from a depot at city 1;
SETS:
CITY/ Chi Den Frsn Hous KC LA Oakl Anah Peor Phnx/: Q, U;
! Q(I) = amount required at city I(given),
must be delivered by just 1 vehicle.
U(I) = accumulated deliveries at city I ;
CXC( CITY, CITY): DIST, X;
! DIST(I,J) = distance from city I to city J
X(I,J) is 0-1 variable,
= 1 if some vehicle travels from city I to J,
else 0 ;
ENDSETS
DATA:
! city 1 represents the common depot, i.e. Q( 1) = 0;
Q= 0    6    3    7    7   18    4    5    2    6;
! distance from city I to city J is same from J to I,
distance from city I to the depot is 0,
because vehicle need not return to the depot ;
DIST=  ! To City;
!Chi  Den Frsn Hous   KC  LA Oakl Anah  Peor Phnx  From;
0  996 2162 1067  499 2054 2134 2050  151 1713!  Chicago;
0    0 1167 1019  596 1059 1227 1055  904  792!  Denver;
0 1167    0 1747 1723  214  168  250 2070  598!  Fresno;
0 1019 1747    0  710 1538 1904 1528  948 1149!  Houston;
0  596 1723  710    0 1589 1827 1579  354 1214!  K. City;
0 1059  214 1538 1589    0  371   36 1943  389!  L. A.;
```

LINGO/최적화 모형

```
0 1227  168 1904 1827  371    0  407 2043  755!  Oakland;
0 1055  250 1528 1579   36  407    0 1933  379!  Anaheim;
0  904 2070  948  354 1943 2043 1933    0 1568!  Peoria;
0  792  598 1149 1214  389  755  379 1568    0;!  Phoenix;
! VCAP is the capacity of a vehicle ;
VCAP = 18;
ENDDATA
!────────────────────────;
! The objective is to minimize total travel distance;
MIN = @SUM( CXC: DIST * X);
! for each city, except depot....;
@FOR( CITY( K)| K #GT# 1:
! a vehicle does not travel inside itself,...;
X( K, K) = 0;
! a vehicle must enter it,... ;
@SUM( CITY( I)| I #NE# K #AND# ( I #EQ# 1 #OR#
Q( I) + Q( K) #LE# VCAP): X( I, K)) = 1;
! a vehicle must leave it after service ;
@SUM( CITY( J)| J #NE# K #AND# ( J #EQ# 1 #OR#
Q( J) + Q( K) #LE# VCAP): X( K, J)) = 1;
! U( K) = amount delivered on trip up to city K
>= amount needed at K but <= vehicle capacity;
@BND( Q( K), U( K), VCAP);
! If K follows I, then can bound U( K) - U( I);
@FOR( CITY( I)| I #NE# K #AND# I #NE# 1: U( K) >=
U( I) + Q( K) - VCAP + VCAP* ( X( K, I) + X( I, K))
- ( Q( K) + Q( I)) * X( K, I);
);
! If K is 1st stop, then U( K) = Q( K);
U( K) <= VCAP - ( VCAP - Q( K)) * X( 1, K);
! If K is not 1st stop...;
U( K) >=
Q( K)+ @SUM( CITY( I)| I #GT# 1: Q( I) * X( I, K));
);
! Make the X's binary;
@FOR( CXC( I, J): @BIN( X( I, J)) ;);
! Must send enough vehicles out of depot;
@SUM( CITY( J)| J #GT# 1: X( 1, J)) >=
@FLOOR((@SUM( CITY( I)| I #GT# 1: Q( I))/ VCAP) + .999);
END
 Optimal solution found at step:        973
 Objective value:                  6732.000
                Variable           Value
            X( CHI, HOUS)        1.000000
```

```
    X( CHI, LA)          1.000000
  X( CHI, PEOR)          1.000000
  X( CHI, PHNX)          1.000000
   X( DEN, CHI)          1.000000
 X( FRSN, OAKL)          1.000000
  X( HOUS, CHI)          1.000000
    X( KC, DEN)          1.000000
    X( LA, CHI)          1.000000
  X( OAKL, CHI)          1.000000
 X( ANAH, FRSN)          1.000000
   X( PEOR, KC)          1.000000
 X( PHNX, ANAH)          1.000000
```

구해진 해에 따른 일정을 나열하면 다음과 같다.

시카고 - 휴스턴;
시카고 - LA;
시카고 - 피오리아 - 캔사스시티 - 덴버;
시카고 - 피닉스 - 애너하임 - 프레즈노 - 오클랜드.

분배센터 입지선정 및 차량 경로 계획

차량 경로 문제는 새로 공장이나 분배센터를 설립하는 문제와 같이 해결할 필요가 빈번히 발생한다. 고객들은 분배센터로부터 물건을 공급받게 되는데, 이때 최소의 비용이 발생하도록 분배센터의 입지와 차량경로를 동시에 결정할 필요가 있다. 다음과 같은 IP 모형을 통해 해를 구할 수 있겠다.

모수

F_i = 입지 i에 분배센터를 설립할 때 발생하는 고정비용,
C_j = 경로 j의 사용할 때 발생하는 비용,
a_{ijk} = 1 만약 경로 j가 분배센터 i와 고객 k를 연결한다면. 각 경로는 하나의 분배센터만 연결한다.

결정 변수

y_i = 1 만약 입지 i로 결정하면, 아니면 0,
x_j = 1 만약 경로 j를 사용하면, 아니면 0

모형

$$\text{Minimize } \sum_i F_i\ y_i + \sum_j c_j\ x_j$$

subject to

(수요 제약식)

고객 k에 대해 :

$$\sum_i \sum_j a_{ijk}\ x_j = 1$$

(공급 제약식)

분배센터 i와 고객 k에 대해 :

$$\sum_j a_{ijk}\ x_j \le y_i$$

(4) 극대 나무

n개의 마디(node)를 갖는 연결 나무(spanning tree)는 $n-1$개의 호(arc)를 갖는다. 즉 마디 쌍마다 정확히 하나의 경로(path)를 갖는다. 극대 나무(minimum spanning tree) 문제는 통신망을 설계하는데 이용될 수 있다.

마디 1은 나무의 뿌리라고 가정하자. 만약 마디 1부터 j까지의 연결된 경로에서 마디 j 바로 전 마디가 i이면 $x_{ij}=1$, 그렇지 않으면 $x_{ij}=0$이라고 하자.

모형은 다음과 같다.

$$\text{Minimize} \sum_i \sum_j c_{ij} x_{ij}$$

subject to

$$(1) \sum_i \sum_j x_{ij} = n-1,$$

$$(2) \sum_{i,j \in S} x_{ij} \le |S|-1 \text{ for every strict subset S of } \{1, 2, \cdots, n\},$$

$$x_{ij} = 0 \text{ or } 1.$$

(1)과 (2)의 대체 제약식으로 각 마디에 유일 순서 번호 u_j를 할당하는 다음과 같은 제약식들을 이용할 수 있다.

$$\sum_{i \ni j} x_{ij} = 1 \text{ for } j = 2, 3, 4, \cdots, n,$$

$$u_j \ge u_i + x_{ij} - (n-2)(1-x_{ij}) + (n-3)x_{ji}, \text{ for } j = 2, 3, 4, \cdots, n.$$

$$u_j \ge 0.$$

이 경우, u_j는 마디 1과 마디 j사이에 있는 호의 개수가 된다. 순서에 번호를 매기는 모형에 관한 예제는 8.9장에 있다.

순수 극대 나무 문제에 대해서는 Kruskal(1956)이 제안한 그리디 휴리스틱이 최적해를 찾는 가장 빠른 방법이 되겠다.

(5) 선형 순위결정 문제

TSP와 외관상 유사한 문제 한 가지가 선형 순위결정 문제(linear ordering problem)이다. 이 문제에서는 n개의 개체의 순서를 결정하고자 한다. 응용사례는 토너먼트 운동경기 순위, 마케팅에서 제품 선호 순위, 단일 기계에서 작업 순서, 출입 매트릭스를 이용한 산업간 순위, 고고학에서 연대별 물건 나열 등의 문제에 적용될 수 있다. 자세한 내용은 Grötschel et al.(1985) 논문을 참조하기 바란다. 선형 순위결정 문제는 마케팅에서 사용되는 공동분석 방법과 유사할 수 있다. 중요한 입력 데이터는 비용값 c_{ij}로, 개체 i가 개체 j보다 순서가 선행되기만 하다면, c_{ij}의 비용이 발생한다. 결정 변수는 다음과 같다.

$x_{ij} = 1$ 만약 개체 i가 개체 j보다 (직접이든 간접이든 상관없이) 선행하면, for all $i \neq j$.

문제는

$$\text{Minimize } \sum_i \sum_j c_{ij}\ x_{ij}$$

subject to

(1) $x_{ij}+x_{ji} = 1$ for all $i \neq j$

i가 j보다 앞서고, j가 k보다 앞선다면, i도 k보다 앞서야한다. 다음 제약식으로 이 경우를 강제할 수 있다.

(2) $x_{ij}+x_{jk}+x_{ki} \leq 2$ for all i, j, k with $i\neq j$, $i\neq k$, $j\neq k$.

$x_{ij}=1-x_{ji}$인 점을 상기하면, 모형의 크기를 반으로 줄일 수 있다. 즉, $j>i$에 대해서 x_{ji}를 교체해 준다. 제약식 집합 (1)은 간단히 $0\leq x_{ij}\leq 1$로 되고, 제약식 집합 (2)는 다음과 같이 된다.

(2') $x_{ij}+x_{jk}-x_{ik}+s_{ijk} = 1$ for all $i < j < k$

$0 \leq s_{ijk} \leq 1$

n개의 개체 중 3개를 선택하는 가지 수는 $n!/((n-3)!3!)=n\times(n-1)\times(n-2)/6$이기 때문에, 제약식의 개수는 대략 $n^3/6$가 된다.

| 예 제 |

열 가지의 체코, 독일, 미국 음료에 대해서 공정한 독일 심사위원들이 시음회를 갖는다. 여섯 명의 심사위원들은 두 개의 음료에 대해 총 45(=10×9/2)가지 조합의 쌍비교를 한다. 아래 모형의 C 행렬에서 요소 $C(I, J)$는 여섯 번 중에 음료 I가 J보다 선호된 횟수이다. 열 가지 음료의 전체 순위를 구할 때, 적합한 목적함수는 결정된 음류 순위로부터 나온 쌍비교 결과가 실제 여섯 명의 심사위원의 쌍비교 결과가 일치하는 수를 최대화하는 것이다.

```
MODEL:
! Linear ordering of objects or products,
   based on pairwise comparisons(LINERORD);
SETS:
 PROD: RANK; ! Each product will get a rank;
 PXP( PROD, PROD): C;
ENDSETS
DATA:
 PROD = KONIG, FURST, PILSURQ, GUNZB, RIEGELE,
        PAULA, JEVER, BECKS,   WARST, BUD;
! Some data on German beverages;
 C= ! Times that object I was preferred over J;
0    2    2    3    3    5    5    5    4    4
4    0    3    3    4    3    2    3    2    2
4    3    0    3    5    4    3    2    4    4
3    3    3    0    5    6    3    4    4    3
3    2    1    1    0    1    4    4    5    3
1    3    2    0    5    0    5    4    1    4
1    4    3    3    2    1    0    2    1    3
1    3    4    2    2    2    4    0    4    2
2    4    2    2    1    5    5    2    0    4
2    4    2    3    3    2    3    4    2    0;
ENDDATA
!────────────────────;
SETS:
PIP( PROD, PROD)| &1 #LT# &2:
   X; ! X(I,J) = 1 if I precedes J in our ranking;
PIPIP( PROD, PROD, PROD)
            | &1 #LT# &2 #AND# &2 #LT# &3: S;
ENDSETS
! Maximize the number of times our pairwise
  ordering matches that of our testers;
MAX =
@SUM( PIP( I, J): C( I, J) * X( I, J)
      + C( J, I) *(1 - X( I, J)));
! The rankings must be transitive, that is,
  If I->J and J->K, then I->K;
@FOR( PIPIP( I, J, K):
!   Note N*(N-1)*(N-2)/6 of these!;
```

```
X( I, J) + X ( J, K) - X( I, K)
                      + S( I, J, K) = 1;
    @BND( 0, S( I, J, K), 1);
   );
@FOR( PIP: @BIN( X););  ! Make X's 0 or 1;

! Count number products before product I( + 1);
@FOR( PROD( I):
 RANK( I) = 1 + @SUM( PIP( K, I): X( K, I))
              + @SUM( PIP( I, K): 1 - X( I, K));
   );
END
```

문제를 풀면, 목적식 값 168의 최적해를 구할 수 있다. 이 의미는 270개의 총 쌍비교 가능 조합 중에서 LINGO의 순위 해로부터 얻어진 쌍비교 결과와 168개가 일치한다는 뜻이다.

```
Optimal solution found at step:         50
Objective value:                  168.0000
Branch count:                            0
      Variable           Value        Reduced Cost
  RANK( KONIG)        3.000000           0.0000000
  RANK( FURST)        10.00000           0.0000000
RANK( PILSURQ)        2.000000           0.0000000
  RANK( GUNZB)        1.000000           0.0000000
RANK( RIEGELE)        7.000000           0.0000000
  RANK( PAULA)        5.000000           0.0000000
  RANK( JEVER)        9.000000           0.0000000
  RANK( BECKS)        8.000000           0.0000000
  RANK( WARST)        4.000000           0.0000000
    RANK( BUD)        6.000000           0.0000000
```

위 순위에 의하면 GUNZB가 1등이고 FURST가 마지막 등수가 된다. 여기서 또 다른 최적해가 있을 수도 있다는 점을 주지하자. 즉, 다른 음료 순위는 다르지만, 일치되는 쌍비교 수는 168개인 해가 있을 수 있다. 실제로 PILSURQ가 1등을 하는 순위에서 목적 값 168인 해를 찾을 수 있었다.

(6) 2차 할당 문제

2차 할당 문제(quadratic assignment problem)는 선형 할당문제와 동일한 제약식을 갖지만, 목적식에서 두 변수의 곱의 항을 포함한다. 다음과 같이 표시된다.

$$\text{Min} \quad \sum_i \sum_j \sum_k \sum_l c_{ijkl}\ x_{ij}\ x_{kl}$$

subject to :

For each j :

$$\sum_i x_{ij} = 1$$

For each i :

$$\sum_j x_{ij} = 1$$

몇가지 실례로 다음과 문제들이 있다.

(a) 설비 배치 문제. d_{jl}는 공간 j와 l 사이의 물리적 거리; s_{ik}는 부서 i와 k 사이에 발생하는 통신량; 그리고 만약 부서 i가 공간 j에 할당이 된다면, 결정변수 x_{ij}=1로 표시된다. 이 때, 설비배치 문제는 위의 조건에서 다음 식을 최소화하는 문제이다.

$$\sum_i \sum_j \sum_k \sum_l x_{ij}\ x_{kl}\ d_{jl}\ s_{ik}$$

(b) 차량 출입문 할당 문제. If d_{jl}는 공항 터미널, 기차역, 또는 화물 터미널에서 출입문 j와 l 사이의 거리; s_{ik}는 차량 i와 k 사이에 운송되어야하는 승객의 수 또는 화물의 양; 그리고 만약 차량 i가 출입문 j에 할당이 되면, 결정변수 x_{ij}=1로 나타난다. 이 때, 차량 출입문 할당 문제는 다음 식을 최소화는 문제이다.

$$\sum_i \sum_j \sum_k \sum_l x_{ij}\ x_{kl}\ d_{jl}\ s_{ik}$$

(c) 라디오 주파수 할당 문제. d_{ij}는 송신기 i와 j사의 물리적 거리; s_{kl}는 주파수 k와 l사이의 거리; 그리고 pi는 송신기 I의 출력양이다. 이 문제에서는 송신기 i가 주파수 k에 송신기 j가 주파수 l에 할당될 때, 식 $\max\{p_i, p_j\}\ (1/d_{ij})(1/s_{kl})$을 최소화하고자 한다.

(d) **VLSI** 칩 배치 문제. VLSI (초대 규모 직접 회로) 칩을 설계하는 초기 단계는 필요한 부품들을 칩의 여러 위치에 할당을 하는 작업이다. 더 자세한 내용은 Sarrafzadeh and Wong(1996) 논문을 참조하기 바란다. Steinberg(1961) 논문에서는 총 회로의 길이를 최소화하기 위한 전자부품을 기판에 할당하는 문제를 설명한다. 칩 설계시, 먼저 칩이 두 개에서 여섯 개의 구역으로 먼저 나뉜다. d_{jl}는 구역 j와 l 사이의 물리적 거리; s_{ik}는 부품 i와 k사이에 필요한 회로의 수; 그리고 만약 부품 i가 구역 j에 할당 된다면, 결정 변수 x_{ij}=1로 표시된다. 이때 이 문제에서는 다음 식을 최소화 하고자 한다.

$$\sum_i \sum_j \sum_k \sum_l x_{ij}\ x_{kl}\ d_{jl}\ s_{ik}$$

(e) **디스크 화일 할당 문제.** w_{ij}가 화일 i와 j가 같은 디스크에 할당되었을 때 발생하는 간섭양일 때, 화일들을 디스크에 알맞게 할당하여 총 간섭양을 최소화 하고자 하는 문제이다.

(f) **활자 구동바퀴 설계.** 문자와 숫자를 활자 구동바퀴에 배열할 때 자주 쓰이는 문자들을 같이 배치하고 같이 쓰이는 경우가 많은 문자(예, q u)를 가깝게 배치한다.

2차 할당 문제는 매우 어려운 문제로 알려져 있다. 누군가 그런 문제를 풀어달라고 요청한다면, 그 문제가 실제로 2차 할당 문제가 아니라는 것을 보이는 데 노력을 기울이는 편이 나을 수 있다. 이 문제가 어렵다는 것으로 보이는 하나의 이유는 자동 정수해를 갖지 않는 점이다.

2차 할당 문제를 표현한 초기 연구 중에 하나는 Koopmans과 Beckmann(1957)의 논문이다(1957). 이런 이유로 이 문제는 가끔 Koopmans-Beckmann 문제로 불리기도 한다. 이 논문에서 넓은 지역에서 관련된 설비들의 입지를 선정하기 위해 위 모형을 이용했다. Elshafei(1977) 논문에서는 병원에서의 설비배치를 위해 위 모형을 사용한다. 이 논문에서는 19개의 부서를 병원 안에 19개의 구역에 할당하는 연구가 소개되었다. Elshafei 논문의 목적함수는 환자들이 걸어야 하는 부서간 총 거리를 최소화하는 것이다. 기존의 할당 방법으로는 연간 13,973,298미터의 거리가 발생하였지만, 모형으로부터 얻어진 최적해는 8,606,274미터이고, 환자의 이동거리를 38%를 감소시키는 결과이다.

작은 2차 할당 문제는 다음과 같은 변환를 통해 선형 정수 문제로 변형시킬 수 있다. 곱의 항 $x_{ij}\ x_{kl}$을 단일 변수 z_{ijkl}로 치환하면, 목적식은 다음과 같다.

$$\text{Min} \sum_i \sum_j \sum_k \sum_l c_{ijkl}\ z_{ijkl}$$

할당해야하는 N개의 부서와 N개의 구역이 있다면, x_{ij} 종류의 변수는 $N \times N$개가 있고, z_{ijkl}변수 종류의 변수는 $N \times N \times N \times N$개가 있게 된다. 이 모형은 매우 빠르게 커질 수 있다. 다음과 같은 작업으로 이 모형의 크기를 줄일 수 있다.

1) 항$c_{ijkl}\ x_{ij}\ x_{kl}$과 $c_{klij}\ x_{kl}\ x_{ij}$는 다음 항으로 합쳐질 수 있다.

   $(c_{ijkl} + c_{klij})\ x_{kl}\ x_{ij}$

   이런식으로 z 변수와 2의 인수 만큼 필요한 관련 제약식의 수를 감소시킬 수 있다.

2) 몇명 할당은 미리 제거될 수 있다(예, 큰 부서가 작은 구역에 할당되는 경우). 많은 크로스 항 c_{ijkl}은 0이다(예, 부서 i와 k 사이에 교류가 없을 때). 이런 방법들로 z변수

의 도입 필요를 줄일 수 있다.

여기서 쉽지 않은 작업은 x_{ij}와 x_{kl}가 모두 1일 때 z_{ijkl}도 1이 되도록 하는 것이다. Sherali와 Adams(1999)는 다음 제약식을 통해 이러한 요건을 만족시킬 수 있다고 한다.

주어진 i, k, l에 대해서

$$x_{kl} = \sum_{j, j \neq l} z_{ijkl}$$

개체 k가 위치 l에 할당된다면, (k가 아닌) 개체 i가 할당되는 (l이 아닌) 위치 j가 반드시 존재한다는 말이다.

다음은 승객들이 비행기를 환승할 때 발생하는 거리 가중치 비용을 최소화하기 위해 공항에서 각 비행기마다 게이트를 할당하는 문제를 LINGO로 표현한 것이다.

```
MODEL:
! Quadratic assignment problem(QAP006);
!  Given number of transfers between flights,
   distance between gates,
   assign flights to gates to minimize total transfer cost;
 SETS:
  FLIGHT/1..6/;
  GATE/ E3 E4 E5 F3 F4 F5/;! Gates at terminal 2 of O'Hare;
  GXG( GATE, GATE)| &1 #LT# &2: T; ! Inter gate times(symmetric);
  FXF( FLIGHT, FLIGHT)| &1 #LT# &2: N; ! Transfers between flights;
  FXG( FLIGHT, GATE):   X; ! Flight to gate assignment variable;
 ENDSETS
 DATA:
  T =  70  40  60  90  90  ! Time between gates;
           50 100  80 110
              100  90 130
                   60  40
                       30;
  N =  12   0  12   0   5
           30  35  20  13  ! No. units between flights;
               40  20  10
                    0   6
                       14;
 ENDDATA
!————————————————————————————;
! Warning: may be very slow for no. objects > 7;
  SETS:  ! Warning: this set gets big fast!;
   TGTG( FLIGHT, GATE, FLIGHT, GATE)| &1 #LT# &3: Z;
```

```
 ENDSETS
! Min the cost of transfers * distance;
  MIN = @SUM( TGTG( B, J, C, K)| J #LT# K:
          Z( B, J, C, K) * N( B, C) * T( J, K))
      + @SUM( TGTG( B, J, C, K)| J #GT# K:
          Z( B, J, C, K) * N( B, C) * T( K, J));
! Each flight, B, must be assigned to a gate;
   @FOR( FLIGHT( B):
     @SUM( GATE( J): X( B, J)) = 1;
        );
! Each gate, J, must receive one flight;
   @FOR( GATE( J):
     @SUM( FLIGHT( B): X( B, J)) = 1;
        );
! Make the X's binary;
   @FOR( FXG: @BIN( X);
       );
! Force the Z() to take the correct value relative to the X();
  @FOR( FXG( C, K):
    @FOR( GATE( J)| J #NE# K:
! If C is assigned to K,  some B must be assigned to J...;
     X( C, K) = @SUM( TGTG( B, J, C, K)| B #NE# C : Z( B, J, C, K))
              + @SUM( TGTG( C, K, B, J)| B #NE# C : Z( C, K, B, J));
       );
    @FOR( FLIGHT( B)| B #NE# C:
!  and B must be assigned to some J;
     X( C, K) = @SUM( TGTG( B, J, C, K)| J #NE# K : Z( B, J, C, K))
              + @SUM( TGTG( C, K, B, J)| J #NE# K : Z( C, K, B, J));
       );
     );
 END
```

풀이는

```
Global optimal solution found at step:          1258
Objective value:                            13490.00
Branch count:                                      0

                 Variable           Value
                 X( 1, E4)       1.000000
                 X( 2, F4)       1.000000
                 X( 3, F3)       1.000000
                 X( 4, F5)       1.000000
                 X( 5, E3)       1.000000
                 X( 6, E5)       1.000000
```

비행기 1은 게이트 E4에, 비행기 2는 게이트 F4에, 이런식으로 할당된다. 환승을 하기 위한 승객 총 이동 거리는 13,490이 된다. 이 모형은 꽤 엄격해서 LP로부터 정수해를 얻기 위한 분지가 필요 없었다.

8.7 그룹핑, 매칭, 커버링, 파티셔닝, 패킹 문제

다음과 같은 기본 구조를 갖는 문제들이 있다.

1) m개의 개체를 갖는 하나의 집합이 존재하고,
2) 개체들은 주어진 기준이 최적화 되도록 부분집합들도 그룹핑 되어야 한다.

다음은 몇 가지 실제 사례들이다.

	개체	그룹	그룹핑 기준
(i)	기숙사 거주자	룸메이트	방마다 최대인원 2명. 흡연자와 비흡연자는 구별
(ii)	배달	배달 한번	배달차량 용량을 초과 못함. 같은 배달 내에 고객들은 가깝게 거주.
(iii)	학회 세션	동 시간대 세션	동 시간대 공통된 주제의 세션 배제. 충분한 공간.
(iv)	시험	동 시간대 시험	해당 시간대 한 학생에게 두 개 이상 시험 배제.
(v)	운동선수	복식 조	한 팀내 적절한 실력 안배
(vi)	주	동일 색깔의 주	동일 색깔의 주는 근접 금지
(vii)	회로기판의 연결지점 쌍	기판아래에 연결층	한 층의 연결로는 서로 교차 금지. 총 회로 길이 최소화.

각 개체가 많아야 한 그룹에 속할 수 있다면, 이런 문제는 패킹 문제라고 한다. 예를 들면, 위 (ii)의 배달문제에서, 어떤 고객은 내일 배달해도 괜찮다면, 해당 고객은 오늘 배달에 포함되지 않을 수도 있다. 각 개체가 정확히 한 그룹만 속할 수 있다면, 이런 문제는 파티셔닝 문제라고 한다. 예를 들면, 위 (vii)의 회로기판 경로문제에서, 어떤 두 지점의 쌍이 반드시 연결되어야 한다면, 해당 쌍은 기판 아래의 한 연결층에 반드시 할당되어야 한다. 각 개체가 적어도 한 그룹에 속해야 한다면, 이런 문제는 커버링 문제라고 한다. 패킹 또는 파티셔닝 문제에서 그룹 크기가 둘 또는 그보다 작은 경우를 매칭 문제라고 한다. 매칭 문제에 대해서는 특별히 고안된 빠른 알고리즘이 존재한다. 커버링 문

제와 매우 유사한 문제 중 자재 절단 문제(cutting stock problem)가 있다. 이 문제는 제지, 인쇄, 섬유, 철강 산업에서 나타난다. 이 문제에서는 원자재를 잘라서 알맞은 크기의 최종 제품을 만드는 데 사용되는 절단 패턴을 결정한다.

그룹핑 문제들은 설명하긴 쉽지만, 최적해를 구하는 것은 매우 어려울 수 있다.

그룹핑 문제를 모형화하는 일반적인 방법에는 두 가지가 있다. (1) 할당 문제 형식, 또는 (2) 분할 문제 형식. 전자는 작은 문제에는 편리하게 사용될 수 있지만, 개체의 수가 늘어날수록 급격히 효용가치가 없어진다.

(1) 할당 문제 형식 모형

일반적인 그룹핑 문제의 가장 확실한 모형은 다음과 같은 0/1 결정변수의 정의에 기반한다.

X_{ij} = 1 만약 개체 j가 그룹 i에 할당되면, 0 그렇지 않으면.

이런 모형의 단점은 대칭이 많다는 것이다. 그래서 본질적으로는 동일한 해이지만 복수의 최적해가 존재한다. 예를 들어 운동선수 A, B, C, D를 그룹 1에, 운동선수 E, F, G, H를 그룹 2에 할당하는 것은 선수 E, F, G, H를 그룹 1에, A, B, C, D를 그룹 2에 할당하는 것과 본질적으로 같다. 이런 식으로 여러 개의 최적해가 존재하면, 전형적인 정수계획법 알고리즘을 이용시 필요이상의 계산 수행 시간이 든다.

다음과 같은 제약조건에 대해 지킨다면, 최적 성질의 손실 없이 위와 같은 대칭성, 그에 연관된 대안 최적해들을 제거할 수 있다. (a) 개체 1은 그룹 1에만 할당될 수 있다; (b) 개체 2는 그룹 1 또는 2에 할당될 수 있지만, 개체 1이 그룹 1에 할당된 경우에는 그룹 1에만 할당될 수 있다; (c) 일반적으로, 개체 j가 그룹 $i(<j)$에 할당될 수 있으려면, 개체 i도 그룹 i에 할당되어야 한다. 결정변수는 다음과 같이 쓰인다.

$X_{ii}=1$, 개체 i는 해당 그룹에서 최저 인덱스를 갖는 개체일 경우에만, 그리고
X_{ij}는 $i \leq j$인 경우에만 정의된다.

다음 예제를 보자.

| 예제: 금융상품 패키지 만들기 1 |

한 금융 서비스 회사는 여러 금융상품 중, 몇 개의 상품을 묶어 패키지로 판매하고자 한다. 이 패키지의 특징은 묶여진 상품들의 총 가치가 백만불이 넘어야 한다는 것이다. 이 조건이 패키지를 만드는 유일한 조건이라고 가정했을 때, 만들 수 있는 패키지의 수를 최대화하는 방법을 알아보자.

```
MODEL:
! Object bundling model. (OBJBUNDL);
!A broker has a number of loans of size ranging
  from $55,000 to $910,000.
 The broker would like to group the loans into packages
 so that each package has at least $1M in it,
 and the number of packages is maximized;
! Keywords: bundling, financial, set packing;
 SETS:   OBJECT: VALUE, OVER;
   OXO( OBJECT, OBJECT)| &1 #LE# &2: X;
 ENDSETS
 DATA:
  OBJECT= A   B   C   D   E   F   G  H   I   J   K  L   M   N   P   Q   R;
   VALUE= 910 870 810 640 550 250 120 95 55 200 321 492 567 837 193 364 946;
! The value in each bundle must be >= PKSIZE;
    PKSIZE = 1000;
 ENDDATA
!————————————————————;
!  This method may be time consuming for more
    than 30 objects;
! Definition of variables;
!  X( I, I) = 1 if object I is lowest numbered
              object in its package;
!  X( I, J) = 1 if object j is assigned to package I;
! Maximize number of packages assembled;
  MAX = @SUM( OBJECT( I): X( I, I));
  @FOR( OBJECT( K):
! Each object can be assigned to at most one package;
    @SUM( OXO( I, K): X( I, K)) <= 1;
! A package must be at least PSIZE in size;
    @SUM( OXO( K, J): VALUE( J) * X( K, J))
         - OVER( K) = PKSIZE * X( K, K);
      );
! The X( I, J) must = 0 or 1;
  @FOR( OXO( I, J): @BIN( X( I, J)););
END
A solution is:
Variable            Value
X( A, A)        1.000000
X( A, H)        1.000000
X( B, B)        1.000000
X( B, F)        1.000000
X( C, C)        1.000000
X( C, J)        1.000000
```

```
X( D, D)        1.000000
X( D, Q)        1.000000
X( E, E)        1.000000
X( E, L)        1.000000
X( G, G)        1.000000
X( G, K)        1.000000
X( G, M)        1.000000
X( I, I)        1.000000
X( I, R)        1.000000
X( N, N)        1.000000
X( N, P)        1.000000
```

총 여덟 개의 패키지(AH, BF, CJ, DQ, EL, IR, JN, GKM, NP)가 만들어졌다. 상품은 각각 모두 어느 한 패키지에는 속한다. 패키지를 여덟 개를 만드는 또 다른 패키지 조합이 있기 때문에, 사용자는 2차의 기준(예, 패키지 조합 중 가장 비싼 패키지가 백만불에 가장 근접한 조합)을 통해서 더 좋은 패키지 조합을 선택할 수 있다.

(2) 패킹 문제 형식 모형

그룹핑 문제를 모형화 하는 또 다른 방법은 우선 모두 가능한 그룹으로, 또는 가능해가 있는 관심 그룹으로 나열한 다음, 아래 형식의 최적화 문제를 푸는 것이다.

Maximize 선택되는 그룹들의 가치
subject to :
각 개체는 많아야 하나의 선택되는 그룹에 속한다.

이 모형의 장점은, 사용이 가능하다면 일반적으로 할당문제 형식 모형보다 쉽게 풀릴 수 있다는 점이다. 단점으로는 그룹 크기가 셋 이상일 경우에 결정 변수의 개수가 매우 많을 수 있다는 점이다. 예를 들면, 21개의 개체가 있을 때, 크기가 3인 그룹은 1330(=21!/(3! 18!))개가 된다.

이 모형은 복합 변수를 이용한 방법을 쓴다. 이 방법은 원 모형이 풀기 어려운 문제일 경우 유용한 방법으로 종종 쓰인다. 특정 복합변수를 1로 정하는 것은 몇 개의 원 변수들의 조합을 1로 정하는 것과 같다. 원 변수들의 조합이 가능해를 갖는 경우에 해당하는 복합 변수만 발생시킨다. 이 방법은 원 모형의 LP 릴렉세이션을 풀었을 때 얻게 될 수 있는 많은 분수값 해를 효과적으로 제거한다. 이 복합변수를 이용하는 아이디어는 열제조(column generation)라고 불리는 방법의 한 형식이다. 네트웍 모형의 경로 만들기(path formulation)도 복합변수 사용의 한 예이다.

| 예제: 금융상품 패키지 만들기 2 |

이 문제를 패킹문제 형식으로 모형화 하려면, 먼저 모든 가능한 패키지 그룹들을 만들거나 백만불 조건을 만족시키는 모든 패키지 그룹들을 만든다. 이 경우의 일반적인 LP/IP 형식은 아래와 같다.

Maximize 선택되는 패키지의 수

subject to :

각 개체는 선택되는 패키지에 많아야 한번 나타난다.

아래의 모형에서는, 패키지를 표현하기 위해 스파스 집합을 이용할 것이다. 다섯개 이상의 개체를 갖는 패키지는 고려하지 않는다고 가정한다. 다음은 LINGO 모형이다.

```
MODEL:
! Object bundling model.  (OBJBUNDG);
!A broker has a number of loans of size ranging from $55,000 to $910,000.
 The broker would like to group the loans into packages
 so that each package has at least $1M in it,
 and the number of packages is maximized;
! Keywords: bundling, financial, set packing;
 SETS:
 OBJECT: VALUE;
 ENDSETS
 DATA:
  OBJECT =  A   B   C   D   E   F   G   H   I   J   K  L   M   N   P   Q   R;
    VALUE = 910 870 810 640 550 250 120  95 55 200 321 492 567 837 193 364 946;
! The value in each bundle must be >= PKSIZE;
    PKSIZE = 1000;
 ENDDATA
 SETS:
  !Enumerate all 2,3, and 4 object sets achieving package size;
  BNDL2( OBJECT, OBJECT) | &1 #LT# &2 #AND# (VALUE(&1) + VALUE(&2)) #GE# PKSIZE:
    X2, OVER2;
  BNDL3( OBJECT, OBJECT, OBJECT) | &1 #LT# &2 #AND#  &2 #LT# &3 #AND#
    ( VALUE(&1) + VALUE(&2) + VALUE(&3)) #GE# PKSIZE:
    X3, OVER3;
  BNDL4( OBJECT, OBJECT, OBJECT, OBJECT) |
     &1 #LT# &2 #AND#  &2 #LT# &3 #AND# &3 #LT# &4 #AND#
    ( VALUE(&1) + VALUE(&2) + VALUE(3) + VALUE( &4)) #GE# PKSIZE:
    X4, OVER4;

 ENDSETS
!────────────────────;
```

```
! Maximize number of packages assembled;
  MAX = @SUM( BNDL2( I,J): X2( I, J))
      + @SUM( BNDL3( I,J,K): X3( I, J,K))
      + @SUM( BNDL4( I,J,K,L): X4( I, J,K,L));
  @FOR( OBJECT( M):
! Each object M can be in at most one of the selected bundles;
    @SUM( BNDL2( I, J)| I #EQ# M #OR# J #EQ# M: X2( I, J))
  + @SUM( BNDL3( I, J, K)| I #EQ# M #OR# J #EQ# M #OR# K #EQ# M: X3( I, J, K))
  + @SUM( BNDL4( I, J, K, L)|
       I #EQ# M #OR# J #EQ# M #OR# K #EQ# M #OR# L #EQ# M: X4( I, J, K, L))
         <= 1;
       );
! The X's must = 0 or 1;
  @FOR( BNDL2( I, J): @BIN( X2( I, J)););
  @FOR( BNDL3( I, J, K): @BIN( X3( I, J, K)););
  @FOR( BNDL4( I, J, K, L): @BIN( X4( I, J, K, L)););
END
             Variable           Value
            X2( A, H)        1.000000
            X2( B, P)        1.000000
            X2( C, F)        1.000000
            X2( D, Q)        1.000000
            X2( E, L)        1.000000
            X2( I, R)        1.000000
            X2( J, N)        1.000000
         X3( G, K, M)        1.000000
```

총 여덟 개의 패키지(AH, BP, CF, DQ, EL, IR, JN, GKM)가 만들어졌다. 상품은 각각 모두 어느 한 패키지에는 속한다. 패키지를 여덟 개를 만드는 또 다른 패키지 조합이 있기 때문에, 사용자는 2차의 기준(예, 패키지 조합 중 가장 비싼 패키지가 백만불에 가장 근접한 조합)을 통해서 더 좋은 패키지 조합을 선택할 수 있다.

8.8 변수의 곱 선형화

이전에, $y_1 \times y_2$ 그리고 y_1^2와 같은 곱의 0/1변수들이 간단한 변환을 통하여 선형으로 표현될 수 있다는 것을 보았다. 본 장에서는 이 변환을 0/1변수와 연속변수의 곱의 경우로 일반화 한다.

먼저, 0/1 변수 y와 양의 연속 변수 x의 곱의 항 $x \times y$가 어떤 모형에 존재한다고 하자.

이런 비선형 항을 여러 선형 항으로 교체하고 싶다. x값의 상한(M_x)과 곱의 항 $x \times y$의 상한(M_y)이 있고 $P=x \times y$라고 정의하면, 다음 선형 제약식들을 이용해 P값을 구할 수 있다.

$$P \le x$$
$$P \le M_y \times y$$
$$P \ge x - M_x \times (1-y)$$

Hanson과 Martin(1990) 논문에서는 묶음 상품의 가격을 정할 때 이러한 방법이 유용하다는 것을 설명하고 있다. 묶음 상품의 가격결정은 대량 할인의 한 형식을 볼 수 있고, 예를 들면, 묶음 상품은 다음과 같은 개별 상품들로 이루어진다. (a) 항공권, 숙박, 렌탈카, 여행, 식사; 또는 (b) 컴퓨터, 모니터, 프린터, 하드디스크. Stigler(1963)는 영화 배급회사가 영화를 하나씩 파는 것보다 묶음으로 파는 경우에 이익을 증가시킨다는 사실을 보였다. 묶음 상품을 만들 때 판매자는 묶음을 만들기 쉽지만, 구매자는 묶음을 풀기 어렵다는 것을 가정한다. 그렇지 않으면, 묶음 상품을 저렴하게 구입한 후 개별 상품을 따로 인상된 가격으로 되팔 수 있게 된다.

(1) 예제 : 묶음 상품

마이크로랜드 소프트웨어 회사는 기존에 스프래드시트 제품을 보완할 수 있는 우수한 워드 프로세싱 제품을 개발하였다. 마이크로랜드사는 두 제품의 조합으로 할인된 상품을 출시하고자 한다. 몇 차례 제품 설명회를 갖은 후, 마이크로랜드사는 다음과 같은 시장의 특성을 알아냈다.

대상고객	고객수	상품별로 고객이 지불할 수 있는 최대 금액		
		스프래드쉬트	워드프로세서	두 제품 묶음
회사/연구소	7	450	110	530
법/행정기관	5	75	430	480
교육기관	6	290	250	410
가정	4.5	220	380	390

경제이론에 따르면, 고객은 고객 잉여금이 가장 큰 제품을 산다고 한다. 이때 고객 잉여금은 고객이 지불할 수 있는 최대 금액(예약 가격)에서 실제 가격을 뺀 만큼으로 정의된다. 예를 들어, 세 가지 상품, 즉 스프래드시트, 워드프로세서, 두 제품 묶음의 가격을 각각 400, 150, 500으로 정하면, 고객 잉여금은 각각 50, −40, 30이 되기 때문에 회사/연구소에서는 스프래드시트 제품만을 살 것이다.

이 문제의 일반 모형을 만들기 위해 다음 사항들을 정의한다.

R_{ij} = 고객 i의 (묶음)상품 j에 대한 예약 가격,

N_i = 고객 i의 크기 (즉, 대상고객 i의 개별 고객수),
s_i = 고객 i의 고객 잉여금,
y_{ij} = 1 만약 고객 i가 각 상품 j를 구입한다면, 0 그렇지 않으면,
x_j = 판매자가 정하는 상품 j의 가격.

제품이 없는 비어있는 묶음 상품도 있다고 가정하고, 모든 고객들이 정확히 하나씩 묶음 상품을 구입한다고 본다.

판매자 마이크로랜드는 다음 목적식을 만족하는 x_j를 선택하고자 한다.

$$\text{Maximize} \sum_i \sum_j N_i\ y_{ij}\ x_j$$

각 고객이 정확히 하나의 묶음 상품을 산다는 제약은 다음 식으로 표현된다.

각 고객 i에 대해

$$\sum_i y_{ij} = 1$$

각 고객 i의 고객 잉여금은

$$\mathrm{s_i} = \sum_j (R_{ij} - x_j) y_{ij}$$

고객 i는 고객 잉여금 s_i가 가장 큰 묶음 상품을 구매할 것이다. 이 사실은 다음 제약식으로 표현된다.

각 고객 i와 상품 j에 대해

$$s_i \geq R_{ij} - x_j$$

목적식과 고객 잉여금 제약식에서의 어려운 점은 곱의 항 $y_{ij}x_j$를 포함하고 있다는 것이다. 위의 예제를 따라서 $y_{ij}x_j$를 P_{ij}로 치환한다. M_j를 x_j의 상한이라고 하면, 정의 $P_{ij} = y_{ij}\, x_j$를 만족시키기 위해선 다음과 같은 제약식들이 필요하다.

$$P_{ij} \leq x_j$$
$$P_{ij} \leq R_{ij}\ y_{ij}$$
$$P_{ij} \geq x_j - (1 - y_{ij}) M_j.$$

위의 수정사항을 모형에 반영하면, 다음과 같다.

$$\text{Maximize} \quad \sum_i \sum_j N_i\ P_{ij}$$

subject to :

각 고객 i에 대해

$$\sum_j y_{ij} = 1;$$

각 고객 i, 상품 j에 대해 :

$$s_i \geq R_{ij} - x_j;$$

각 고객 i에 대해 :

$$s_i = \sum_j (R_{ij}\ y_{ij} - P_{ij});$$

비선형 조건 $P_{ij}=y_{ij}\ x_j$를 지키기 위해서는 i와 j 각각에 대해 다음 제약식들이 필요하다.

$$P_{ij} \leq x_j$$
$$P_{ij} \leq R_{ij}\ y_{ij}$$
$$P_{ij} \geq x_j - (1 - y_{ij})M_j.$$

모든 i와 j에 대해

$$y_{ij} = 0 \text{ or } 1$$

LINGO 모형은 다음과 같다.

```
MODEL:
SETS:
MARKET/B, L, E, H/:S, N;
ITEM/NONE, SO, WO, BOTH/:X;
CROSS(MARKET, ITEM):R, Y, P;
ENDSETS
DATA:
N = 7, 5, 6, 4.5;
R =    0 450 110 530
       0  75 430 480
       0 290 250 410
       0 220 380 390;
ENDDATA
MAX = @SUM(CROSS(I, J): P(I, J) * N(I));
!Make the PICK variables 0/1;
@FOR(CROSS:@BIN(PICK));
!Each customer buys exactly one bundle;
@FOR(MARKET(I): @SUM(ITEM(J): Y(I, J)) = 1);
!Each customer's achieved surplus, SURP, must be at
 least as good from every possible bundle;
@FOR(ITEM(I): @FOR(MARKET(J): X(I) + S(J)
      >= R(J, I)));
!Compute the achieved surplus;
@FOR(MARKET(I): @SUM(ITEM(J): P(I, J)
```

```
      - R(I, J) * Y(I, J)) + S(I) = 0);
! Each product variable Pij must be.. ;
!   <= Xj ;
!   <= Rij * Yij ;
!   >= Xj   M + M * Yij ;
M = 600; !Max price of any bundle;
@FOR(CROSS(I, J): P(I, J) <= X(J);
              P(I, J) <= Y(I, J) * R(I, J);
              R(I, J) >= X(J) - M + M * Y(I, J););
! Price of bundle should be < sum of component
 prices;
X(BOTH) <= X(SO) + X(WO);
! Price of bundle should be > any one component;
X(BOTH) >= X(SO); X(BOTH) >= X(WO);
END
```

마이크로랜드 문제에 대해서, 해는 다음 가격으로 각 상품의 가격을 결정하는 것이다.

	스프레드시트	워드프로세서	두 제품 묶음
상품 가격:	410	380	410

기업체, 행정기관, 교육기관은 두 제품을 모두 포함한 묶음 상품을 구매할 것이고, 가정에서는 워드프로세서 제품만 구매할 것이다. 이렇게 하면, 마이크로랜드사의 총 수입은 90,900,000이 된다. 만약 제품 묶어 팔기가 불가능하다면, 마이크로랜드사가 올릴 수 있는 최대 수익은 67,150,000에 그친다.

8.9 논리 조건 표현하기

어떤 실제 문제에서는 요건이나 필요 조건을 설명할 때 논리 표현을 이용하면 편리하게 설명할 수 있다. 논리 변수는 TRUE 또는 FALSE 값만을 취할 수 있다. 마찬가지로 논리 변수를 포함하는 논리 표현도 TRUE 또는 FALSE 값만 취할 수 있다. 논리 표현에서 유용하게 쓰이는 두 가지 주요한 논리 연산자는 .AND.와 .OR.이다.

다음 논리 표현

A .AND. B

는, A와 B가 모두 참일 경우에만 TRUE이다.

다음 논리 표현

A .OR. B

는 A와 B중 적어도 하나가 참이면 TRUE이다.

때때로 다음과 같은 함의 논리 연산자(⇒)가 유용할 때가 있다.

$$A \Rightarrow B$$

위의 논리 표현은 A가 참이면, B도 참이어야한다는 의미이다.

논리 변수는 다음과 같이 이진 변수로 간단히 표현될 수 있다.

TRUE는 1로 표현되고,
FALSE는 0으로 표현된다.

A, B, C가 0/1 변수일 때, 기본적인 논리 표현들은 다음 제약식의 조합으로 표시될 수 있다.

논리 표현	수학 표현
$C = A$ .AND. B	$C \le A$ $C \le B$ $C \ge A + B - 1$
$C = A$ .OR. B	$C \ge A$ $C \ge B$ $C \le A + B$
$A \Rightarrow C$	$A \le C$

(1) 난해한 정수 계획 문제를 단순화하기

정수 계획 문제가 중간 크기를 갖고 있더라도 해를 구하기는 매우 어려울 수 있다. 어려운 문제를 접했을 때 숙지해 두어야할 몇 가지 규칙들이 알려져 있다. 난해한 정수 계획 문제를 대하는 가장 유용한 규칙 중 두 가지를 아래에 소개하면

1) 구별할 수 없는 것들을 구별하지 말 것;
2) 하위 문제들을 미리 풀 것.

다음과 같은 예제가 있다.

전력회사와 비독점으로 석탄을 공급하는 회사가 있다. 석탄회사는 전력회사에게 석탄을 바지선을 이용해 공급한다. 전력회사와의 공급계약에는 석탄 1톤당 적어도 13,000BTU를 포함하고 있어야 하고, 유황, 재, 수분은 각각 0.63%, 6.5%, 7%를 넘으면 안된다는 조항이 있다. 역사적으로, 전력회사는 이러한 조건이 만족되지 않는다면, 바지선을 받아들이

지 않는다. 석탄회사는 전력회사와의 공급 계약 조건에 대해서 신중히 검토한 후, 위의 조건을 어떻게 해석할 것인가에 대해서 전력회사와 협상에 들어갔다. 심도 있는 협상이 진행된 후에 전력회사는 위의 조건을 바지선 세대까지의 평균값으로 재해석한다는 것에 합의하였다. 즉 *N*대(여기서, *N*은 3이하)의 바지선의 평균 품질이 위의 품질 요건을 만족한다면, *N*대 모두 수용할 수 있게 된다. 석탄회사는 바지선의 묶음을 지정할 수 있다. 각 바지선은 한 묶음 종류에만 포함될 수 있다. 한 묶음에 속해있는 바지선들은 같이 선적되어야한다.

현재 석탄회사는 다음과 같은 바지선 정보를 이용해 선적계획을 작성하여야 한다. 석탄회사가 전력회사에 전달할 수 있는 바지선의 최대 대수는 얼마인가? 그리고 어떻게 전력회사를 납득시켜 선적계획을 수용하게 할 것인가?

바지선	BTU/톤	유황 %	재 %	수분 %
1	13029	0.57	5.56	6.2
2	14201	0.88	6.76	5.1
3	10630	0.11	4.36	4.6
4	13200	0.71	6.66	7.6
5	13029	0.57	5.56	6.2
6	14201	0.88	6.76	5.1
7	13200	0.71	6.66	7.6
8	10630	0.11	4.36	4.6
9	14201	0.88	6.76	5.1
10	13029	0.57	5.56	6.2
11	13200	0.71	6.66	7.6
12	14201	0.88	6.76	5.1

이 자료를 보면, 12대의 바지선이 있지만, 실제로는 처음 네 대의 바지선을 표현될 수 있는 네 가지의 바지선 종류만 있음을 알 수 있다. 실제 문제에서는 각 바지선 종류는 특정 석탄 종류를 생산하는 특정 탄광과 연관되어 있다고 생각할 수 있겠다.

바지선 그룹핑 문제를 할당 문제로 모형화하는 것은 비교적 평이하다. 중요한 결정변수 $X(I, J)$는 I형 바지선이 그룹 J에 할당된 대수로 정의된다. 같은 종류의 바지선들은 따로따로 구별하지 않고 있는 점을 주목하자. 비록 12대의 바지선이 있지만 자료를 더 보지 않더라도 많아야 여섯 그룹으로 한정시킬 수 있다. 비어 있지 않은 일곱 개의 그룹이 있다고 추론하는 것이다. 그러면 적어도 두개의 그룹은 반드시 싱글톤이어야 한다(바지선이 한 대만 속해있는 경우를 말함). 두 싱글톤이 가능한 해가 존재한다면, 두 개를 결합해서 얻어진 그룹도 마찬가지로 가능한 해가 존재한다. 그래서 다음과 같은 LINGO 모형을 작성할 수 있다.

```
MODEL:
SETS:
  MINE/1..4/: BAVAIL;
  GROUP/1..6/:;
  QUALITY/BTU, SULF, ASH, MOIST/: QTARG;
!  Composition of each type of MINE load;
  MXQ( MINE, QUALITY): QACT;
!assignment of which MINE to which mine;
!no distinction between types;
  MXG( MINE, GROUP):X;
ENDSETS
DATA:
  BAVAIL = 3 4 2 3;
       ! Barges available of each type(or mine);
  QTARG = - 13000  0.63  6.5   7;
       ! Quality targets as upper limits;
  QACT =   -13029  0.57  5.56 6.2
       ! Actual qualities;
           -14201  0.88  6.76 5.1
           -10630  0.11  4.36 4.6
           -13200  0.71  6.66 7.6;
  GRPSIZ = 3;
ENDDATA
! Maximize no. of barges assigned;
MAX = @SUM( MXG: X);
! Upper limit on group size;
 @FOR( GROUP(J): @SUM( MINE( I): X(I, J))
      <= GRPSIZ;);
! Assign no more of a type than are available;
 @FOR( MINE(I): @SUM( GROUP( J): X( I, J))
      <= BAVAIL( I));
! The blending constraints for each group;
 @FOR( GROUP(J):
  @FOR( QUALITY ( H):
   @SUM( MINE( I): X( I, J) * QACT( I, H)) <=
   @SUM( MINE( I): X( I, J) * QTARG( H));
      ));
! barges must be integers;
@FOR( MXG: @GIN( X));
END
```

이 문제는 모형화는 쉽지만 해를 구하는 것은 쉽지가 않다. LINGO는 4454번의 반복과 467번의 분지를 통해 문제의 해를 구했다. 해는 다음과 같다.

```
Optimal solution found at step:       1269
Objective value:                  10.00000
Branch count:                          160
Variable             Value        Reduced Cost
X( 1, 1)          1.000000           -1.000000
X( 1, 4)          2.000000           -1.000000
X( 2, 2)          2.000000           -1.000000
X( 2, 5)          2.000000           -1.000000
X( 3, 2)          1.000000           -1.000000
X( 3, 5)          1.000000           -1.000000
X( 4, 4)          1.000000           -1.000000
```

이 문제는 (할당과는 반대로) 매칭 또는 그룹핑을 통해서 수작업으로 거의 풀릴 수도 있다. "하위 문제를 미리 푼다"는 규칙을 적용하여, 네 바지선 종류로부터 가능한 모든 세개 이하 묶음 조합의 경우를 나열한다. "구별하지 않는다"는 규칙을 여기서 다시 이용하면, (1,1)과 (2,2,2)와 같은 조합은 고려하지 않아도 된다. 왜냐하면, 그런 묶음은 단 묶음(즉, (1)과 (2))이 가능한 해를 가질 때만 가능하다. 결국, 품질은 차치했을 때, 하나의 바지선을 갖는 묶음 네 개, 두 개를 갖는 묶음 여섯 개, 별개의 세 개를 갖는 묶음 네 개(예, (1,2,3)), 그리고 같은 쌍이 있는 세 개의 바지선을 갖는 묶음(예, (1,1,2)) 12개 해서, 총 26개의 조합이 나온다. 여기서 조합 (1), (1,1,4), (2,2,3)만이 가능한 해를 가질 수 있다는 것은 쉽게 보일 수 있다. 이 정보를 이용해서 다음과 같은 매칭 형식 IP로 판매할 수 있는 바지선의 수를 최대화하고자 한다.

```
Max = S001 + 3 * S114 + 3 * S223;
 S001 + 2 * S114        <= 3 ;
      !(No. of type 1 barges);
               2 * S223  <= 4 ;
      !(No. of type 2 barges);
                   S223  <= 2 ;
      !(No. of type 3 barges);
             S114        <= 3 ;
      !(No. of type 4 barges);
```

이 문제는 쉽게 다음과 같은 해를 구한다. *S*001=1, *S*114=1, *S*223=2 그리고 이에 해당하는 목적식 값은 10이 된다.

주어진 결과로부터, 많아야 10대의 바지선을 선적할 수 있다는 해를 얻었다. 위와 같은 매칭으로부터 얻어진 각 묶음은 다음과 같이 품질 조건을 만족시킨다.

묶음 (바지선)	BTU%	평균 품질 유황%	재%	수분%
1	13029	0.57	5.56	6.2
4, 5, 10	13086	0.6167	5.927	6.667
2, 3, 6	13010	0.6233	5.96	4.933
8, 9, 12	13010	0.6233	5.96	4.933

위의 해는 LINGO로부터 얻은 해와 일치한다.

연습문제

1. 다음 문제는 구별 저장 문제로 알려져 있다. 네 가지 종류의 상품이 있고, 상품들의 양은 다양하다. 이 상품들을 일곱군데 저장소에 보관하고자 한다. 각 저장소는 많아야 하나의 상품을 저장할 수 있다. 각 상품과 저장소간에는 저장 비용이 정해져 있다. 각 저장소는 용량이 유한하므로 몇몇 제품은 여러 저장소에 분산 저장되어야 할지 모른다. 유사한 문제로 정유회사에서 여러 유조차에 종류가 다른 석유를 싣는 문제가 있다. Brown, Ellis, Graves, and Ronen(1987) 논문을 참조하기 바란다. 다음 표는 문제와 관련된 데이터를 보인다.

상품	톤당 저장 비용 저장소 1	2	3	4	5	6	7	저장될 상품의 양
A	$1	$2	$2	$3	$4	$5	$5	75 tons
B	2	3	3	3	1	5	5	50 tons
C	4	4	3	2	1	5	5	25 tons
D	1	1	2	2	3	5	5	80 tons
저장소 용량 (톤)	25	25	40	60	80	100	100	

(a) 이러한 종류의 문제를 풀 수 있는 모형을 제시하시오.

(b) 위 문제의 최소비용 해를 구하시오.

(c) 각 저장소마다 상품 보관에 따른 고정비용이 발생할 경우, 위에서 제시한 모형을 어떻게 수정할 것인지 설명하시오.

2. 소규모 항공사의 일정계획 담당자가 있다. 담당자는 시카고에서 출발해서 아틀란타, LA, 뉴욕, 피오리아에 도착하는 항공기 한편씩의 항공일정을 수립해야한다. 가능한 출발 시간은 오전 8시, 10시, 정오이다. 항공사는 출발 장소가 두군데밖에 없어서 많아야 두 대의 비행기만 동일한 시간

대에 출발할 수 있다. 수요 정보로 부터 시간별 도착지별 예상 수익 금액을 다음과 같이 얻었다.

예상 수익 ($1000)			
		시간	
도착지	8	10	12
아틀란타	10	9	8.5
LA	11	10.5	9.5
뉴욕	17	16	15
피오리아	6.4	2.5	−1

이 문제를 풀기 위한 모형을 제시하라.

3. 전력회사에서 시간별 전력 수요 예측 정보로부터 어느 발전기를 어느 시간대에 가동할 것인가를 매일 결정해야한다. 이 문제는 단위 위임 문제로 알려져 있다. 전력회사는 다음과 같은 정보를 갖는 세대의 발전기가 있다.

발전기	기동시 고정비용	운행 기간 당 고정비용	메가와트 사용 당 기간 당 비용	각 기간 당 최대 용량 (메가와트)
A	3000	700	5	2100
B	2000	800	4	1800
C	1000	900	7	3000

하루에 두 기간이 있고 첫 번째 기간에 2900메가와트가 필요하고 두 번째 기간에는 3900메가와트가 필요하다. 첫 기간에 기동된 발전기는 고정비용의 발생 없이 두 번째 기간에 사용될 수 있다. 모든 발전기는 각 날의 마지막에 운행을 중지시킨다.

(a) 고정비용이 없다고 가정하면, 결정변수에는 어떤 것들이 있는가?

(b) 고정비용이 0일 경우에 LP 모형을 제시하시오.

(c) 고정비용을 고려하면, 추가적인 (0/1) 결정변수는 어떤 것들인가?

(d) 고정비용을 고려하면, 제시한 모형의 목적식에 추가되어야 할 항과 추가되어야 할 제약식에는 어떠한 것들이 있는가?

4. 비정제 오일 IP. 최근에 미국 정부는 비정제 오일을 해양 석유 비축소를 통해 비공개 경매로 판매하기 시작했다. 여섯 군데의 주요한 생산 선적 지역에 따라 경매되는 비정제 오일 제품은 여섯 가지로 나뉜다. 구매자는 다음과 같은 정보를 입찰 내용에 적는다.

(a) 경매를 통해 구매하고자 하는 상한 배럴양

(b) 제품별 입찰내용, 즉, 각 제품별 배럴당 입찰가, 입찰가로 가능한 최소 구매량, 입찰가로 가능한 최대 구매량. 한 구매자의 모든 제품별 입찰이 성공을 거두어야 하는 것은 아니다. 일반적으로 정부는 전체 판매량의 임의 비율(예, 20%)을 한 회사에서 구매할 수 있는 최대량으로 지정한다.

예제에서는 판매 제품의 종류를 두 가지(A와 B)로 간단히 해서 이해를 돕는다. 경매 가능한 양으로 A와 B는 각각 17,000과 13,000배럴이 남았다. 입찰에 참여한 회사도 모본과 엑실, 두 회사만 있다고 하자. 정부는 임의로 한 회사가 최대 65%의 양을 구매할 수 있다고 결정했다. 두 회사의 입찰 내용은 다음과 같다.

모본사:

구매하고자하는 최대량 = 16,000 배럴

제품	배럴 당 입찰가	구매 가능 최소 배럴 양	구매 가능 최대 배럴양
A	43	9000	16,000
B	51	6000	12,000

엑실사:

구매하고자하는 최대량 = 한도 없음.

제품	배럴 당 입찰가	구매 가능 최소 배럴 양	구매 가능 최대 배럴양
A	47	5000	10,000
B	50	5000	10,000

판매자에게 적합한 IP를 모형화하고 해를 구하시오.

5. 어떤 주는 제한된 형태로 은행지점을 허용한다. 구체적으로, 한 은행이 카운티 i에서 영업을 하려면, 해당 카운티 또는 카운티 i에 인접한 카운티에 주요 영업장소가 있어야 한다. 그림 8.9는 고려하는 주의 지도이다.

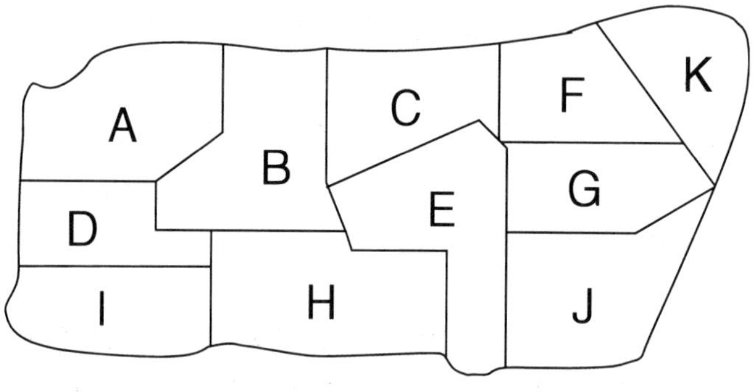

그림 8.9 어떤 주의 행정 구역 (A부터 K 카운티가 있다)

한 은행이 모든 카운티에서 영업을 할 수 있도록 하는 최소의 주요 영업 장소의 입지를 결정하는 문제를 모형화 하시오. 만약에 이 문제를 커버링 문제로 모형화 한다면, 몇 개의 행과 열이 필요할까? 최적해는 무엇인가? 셋 커버링 모형과 입지 선정 모형 중 어느 것이 더 엄격한가?

6. 데이터 셋 할당 문제. 10개의 데이터 셋 또는 화일이 있다. 각각은 동일한 3개의 디스크 저장 장치 중 하나에 할당된다. 디스크 저장 장치의 용량은 885실린더이다. 한 저장 장치 안에 한 데이터 셋은 연속된 실린더에 할당이 된다. 데이터 셋 크기와 데이터 셋 간의 관계는 아래 표에 표시되어 있다. 가장 상호작용이 많은 두 데이터 셋은 같은 저장 장치에 할당되어선 안된다. 예를 들어, 데이터 셋 C와 E가 같은 디스크에 할당이 되면, 상호 작용 비용 46이 발생한다. 만약 다른 디스크에 할당이 되면, C와 E간에는 상호작용 비용이 발생하지 않는다.

데이터 셋 간의 상호작용 비용

	A	B	C	D	E	F	G	H	I	J	데이타셋 크기 (실린더)
A											110
B	43										238
C	120	10									425
D	57	111	188								338
E	96	78	46	88							55
F	83	58	421	60	63						391
G	77	198	207	109	73	74					267
H	31	50	43	47	51	21	88				105
I	38	69	55	21	36	391	47	96			256
J	212	91	84	53	71	40	37	35	221		64
											2249

총 상호작용 비용을 최소화하고 디스크 용량을 초과하지 않는 데이터 셋의 디스크 할당 방법을 찾으시오.

7. 게임의 두 달인인 “코더”와 “디코더”가 있다. 두 사람이 겨룰 게임 종류는 페그보드에 여러 가지 색깔의 페그를 꽂으며 진행되는 게임이다. 페그보드는 4×12 배열의 구멍이 있다. 이 문제에서는 빨강, 파랑, 클리어, 보라, 금색, 녹색의 여섯 가지 페그 색깔이 있다고 가정한다. 각 페그는 하나의 색깔만 갖는다. 코더가 먼저 네 개의 페그를 고정된 순서로 선택한다 (물론 디코더는 모르게 선택한다). ‘코드’라고 불리는 이 순서는 게임이 진행되는 동안 고정되어 있다. 한번 플레이를 할 때마다 디코더는 코더의 순서를 추축해서 네 개의 페그를 보드에 꽂는다. 그러면 코드는 디코더의 추측이 얼마나 정답에 근접한지 다음 두 가지 정보를 통해 알려준다.

(1) 올바른 위치에 있는 페그의 수 (즉, 코더가 정한 페그의 위치와 색깔이 일치하는 경우),

(2) 디코더의 추측에서 페그의 순서를 바꿀 수 있을 때, 올바른 위치에 있을 수 있는 최대 페그의 수.

두 정보를 m과 n이라고 하자. 디코더의 목적은 최소의 플레이로 이 코드를 푸는 것이다. 디코더는 다음과 같은 IP에 관심을 가질지 모른다.

```
MAX  = XRED1;
  XRED1 + XBLUE1 + XCLEAR1 + XPURP1 + XGOLD1 + XGREEN1 = 1;
  XRED2 + XBLUE2 + XCLEAR2 + XPURP2 + XGOLD2 + XGREEN2 = 1;
  XRED3 + XBLUE3 + XCLEAR3 + XPURP3 + XGOLD3 + XGREEN3 = 1;
  XRED4 + XBLUE4 + XCLEAR4 + XPURP4 + XGOLD4 + XGREEN4 = 1;
 XRED1 + XRED2  + XRED3 + XRED4 - RED = 0;
 XBLUE1 + XBLUE2  + XBLUE3 + XBLUE4 - BLUE = 0;
 XCLEAR1 + XCLEAR2 + XCLEAR3 + XCLEAR4 - CLEAR = 0;
 XPURP1 + XPURP2 + XPURP3 + XPURP4 - PURP = 0;
 XGOLD1 + XGOLD2 + XGOLD3 + XGOLD4 - GOLD = 0;
 XGREEN1 + XGREEN2 + XGREEN3 + XGREEN4 - GREEN = 0;
END
```

모든 변수는 정수여야 한다. 변수들은 다음과 같이 해석된다. XRED1 = 1, 만약 빨강 페그가 위치 1에 있다면, 그렇지 않다면 0; XGREEN4 = 1 만약 녹색 페그가 위치 4에 있다면, 그렇지 않다면 0. 2번부터 5번 행까지는 한 페그는 각 위치에 있어야 한다는 조건을 만족시킨다. 6번부터 11번 행은 각 색깔의 페그의 개수를 세는 제약식이다. 예를 들면, RED = 위치 1에서 4 사이에 있는 빨강 페그의 개수. 목적식은 중요하지 않다. 모든 변수는 (사실상) 양수여야 한다.

게임에서 한번 플레이를 할 때마다 디코더는 얻어진 정보를 위의 IP모형에 새로운 제약식으로 추가할 수 있다. 현재 모형으로부터 얻어진 어떤 가능해라도 다음 플레이의 이치에 맞는 추측이 될 수 있다. 재미있는 질문은 각 플레이마다 어떤 제약식이 추가되느냐 하는 점이다.

예를 들면, 디코더가 XBLUE1 = XBLUE2 = XBLUE3 = XRED4 = 1이라고 답을 추측했을 때, 코더는 m=1 그리고 $m-n$=1이라는 정보로 답을 해줄 수 있다. 이 값은, 페그 하나는 올바른 위치에 있고, 순서를 고려하지 않는다면, 많으면 두개의 페그가 올바른 위치에 있다는 것이다. 이러한 새 정보를 이용하면, 위 IP 모형에 어떤 제약식들은 추가할 수 있을까?

8. 어떤 축구 리그는 M개의 팀으로 이루어져 있다(M은 짝수). 2(M−1)주 연속으로 매주 일요일마다 시즌이 진행되는 동안, 각 팀은 (2M−1)회의 경기를 치룬다. 각 팀은 다른 팀들과 각각 두 번씩 경기를 치룬다(홈 경기 한번, 어웨이 경기 한번). 일요일 경기 중 k개의 축구 리그 경기가 TV 중계된다. 팀 i와 j간의 경기가 j의 홈구장에서 중계될 경우의 시청자 수 정보가 행열 $\{v_{ij}\}$로 주어져 있다.
   (a) 전체 시즌의 시청자 수를 최대화시키는 축구 리그 일정을 수립하기 위한 모형을 제시하라. (시청자 수는 누적된다고 가정한다.)
   (b) 다른 값보다 쉽게 적용될 수 있는 k 값이 있는가? 어떻게 쉬운가?

9. 일반적인 자동차는 24개 정도의 전기모터를 갖고 있다. 하지만 이 모터들을 자세히 보면, 6개 정도의 종류만 사용된다는 것을 알 수 있다. 자동차 회사에서는 재고관리 및 유지보수의 이유로 되도록 같은 종류의 부품을 쓰고 싶어한다. 비용, 품질, 무게 측면에서 각 모터의 쓰임새에 맞는 모터를 이용해서 하려는 사람은 되도록 많은 종류의 모터를 쓰고 싶어 한다. 다음 표는 어떤 자동차에서 모터 종류의 고장확률을 보여준다.

부품	필요 개수	24개월내 고장 확율 모터 종류				
		A	B	C	D	E
해드 램프	2	0.002	0.01		0.01	0.007
라디에이터 팬	2		0.01	0.002		0.004
와이퍼	2				0.007	
좌석	4	0.003			0.006	0.008
사이드미러	2			0.004	0.001	
히터 팬	1		0.006	0.001		
썬 루프	1	0.002			0.003	0.009
유리창	4	0.004	0.008	0.005		
안테나	1	0.003		0.003	0.002	
	무게	2	3	1.5	1	4
	모터 당 비용	24	20	36	28	39

예를 들어, 해드램프를 작동하기 위해서 두 개의 모터가 필요하고, 모터 종류 D가 해드램프에 쓰인다면, 2년 안에 고장날 확률이 0.01이다. 값이 없는 칸은 크기 등의 이유로 해당 모터가 해당 부품에 쓰일 수 없다는 뜻이다.

각 부품마다 어느 모터 종류가 적당한지 결정하는 선형 계획을 모형화하시오. 제약으로는 3개 이하의 모터 종류가 쓰이고, 전체 모터의 무게는 36이하이고, 전체 모터 비용은 585이하 이어야 한다. 목적함수는 2년 동안의 고장확률을 최소화하는 것이다.

10. 크기가 30×50×50인 컨테이너 하나가 있다. 서로 다른 크기를 갖는 세 종류의 상자들을 이 컨테이너에 패킹하려고 한다. 세 종류 상자의 크기 : (a) 5×5×10, (b) 5×10×10, (c) 5×15×25. 어떤 패킹에 대해서, 세 상자 종류별로 해당 패킹이 갖고 있는 개수 만큼은 상자를 갖고 있고, 한 종류에 대해서는 더 많은 상자를 갖고 있는 다른 패킹이 존재하지 않는다면, 이러한 패킹을 언도미네이티드 패킹이라고 한다.

언도미네이티드 패킹이 3101개보다 많을 수 없다는 것을 보이시오.

11. 체커보드와 도미노가 다음과 같이 있다.

체커보드 도미노

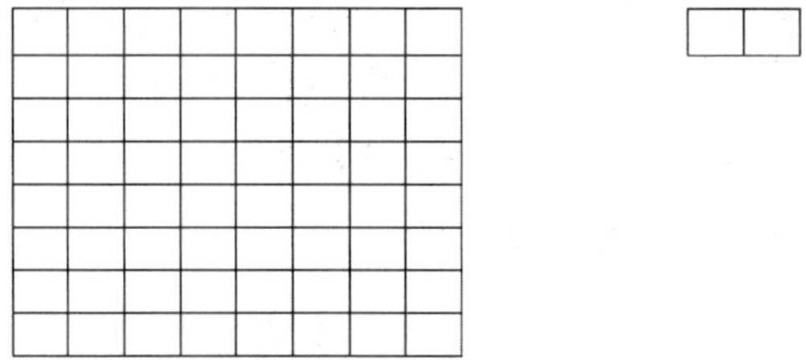

체커보드의 양쪽 모서리 칸를 사용하지 못하게 한다면, 31개의 도미노를 이용해서 체커보드의 남은 칸들을 덮을 방법이 없다는 것을 보이시오.

12. 다음 제약식들 중 정확히 선형 제약식으로 표현될 수 있는 것들은 어느 것인가? (변수 변환을 할 수 있다.)
    (a) $(3\times x+4\times y)/(2\times x+3\times y) \le 12$;
    (b) MAX $(x, y) < 8$;
    (c) $3\times x+4\times y\times y \ge 11$;   where y is 0 or 1;
    (d) ABS $(10-x) \le 7$ (ABS는 절대값을 의미한다);
    (e) MIN $(x, y) < 12$.

13. 정보 시스템이나 군사 시스템과 같은 여러 가지 시스템에서 사용자들의 접속을 제어하는 일반적인 방법은 우선순위 수준을 이용하는 것이다. 각 사용자 i는 접속 수준 U_i에 할당되고, 정보 j는 보안 수준 L_j에 할당된다. 정보 j의 보안 수준이 사용자 i의 접속 수준보다 높을 경우에는 사용자 i는 정보 j에 접속할 수 없다. 각 사용자에 대해서, 사용자가 접속하지 않는 정보와 접속해야하는 정보 목록이 주어졌을 때, 이러한 접속 권한 내용을 만족시킬 수 있게 U_i와 L_j를 할당할 수 있는가? 정수 계획으로 모형화하시오.

14. 미국에서 가장 많은 소비가 이루어지는 제품 중에 하나는 자동차 연료다. 수백군데 분포되어 있는 주유소에 안정적이고, 효과적으로 배달할 수 있는 정유회사라면, 경쟁 우위를 갖고 있다고 할 수 있다. 이러한 분배 문제를 어렵게 하는 요인 한 가지는 각 주유소들이 세 가지 종류의 가솔린을 필요로 한다는 것이다. 가솔린 종류는 옥탄가에 따라서 고급, 중급, 일반으로 나뉜다. 전형적인 문제 상황이 아래에 설명되어 있다. 유조 트럭은 용량이 각각 13,600, 11,200, 10,800, 4400인 네 부분의 연료 탱크로 이루어져 있다. 다음 정보에 맞춰서 트럭에 연료를 싣고자 한다.

	연료량 (리터)		
	고급	중급	일반
최소량 :	8,800	12,000	12,800
최대량 :	13,200	17,200	16,400

유조차의 각 연료탱크에는 한 종류의 가솔린만 채울 수 있다. 목적함수는 유조차에 연료를 최대로 싣는 것이다.

(a) 이 문제를 IP로 모형화 할 때, 사용될 결정변수들을 정의하시오.

(b) 이 문제의 모형을 제시하시오.

(c) 어떤 할당을 추천하겠는가?

15. 대부분의 로또는 다음과 같은 형태를 갖고 있다.

주어진 숫자인 집합{1, 2, ⋯, m}에서(예, m=54), n개의 숫자를 선택하기(예, n=6).

로또를 구입한 사람의 n개의 숫자와 로또 추첨으로부터 얻어진 n개의 숫자가 일치하면, 1등에 당첨이 된다. n개 중에 k개 숫자가 일치하는 사람들은 낮은 등수에 당첨되면 작은 상금이 주어진다. n이 6인 경우에 보통 k는 4와 5가 된다. 다음과 같은 소규모 로또를 고려해보자. m=7, n=3, k=2. 당첨이 보장되려면, 몇 개의 로또를 구매해야 하는가? 이 문제를 그룹핑/커버링 문제로 모형화 할 수 있는가?

16. 최근 마케팅 현상은 모순된 단어의 결합인 “대용량 맞춤 제작”이다. 기본 아이디어는 각 고객들이 각자에 맞는 제품을 설계하면서 효율성을 위해 대규모로 하는 것이다. 이러한 프로세스의 중요한 부분은 고객의 참여하에 최종 설계 단계를 자동화하는 것이다. 예를 들면, IBM과 블럭버스터사(비디오 대여 체인점)는 맞춤 제작된 음악 제품을 생산하여 판매점에 제공하는 계획을 최근에 발표했다. 각 판매점은 고객이 찾게 되는 음악의 원음을 보관하게 된다. 실제로 음악을 복사하는 작업은 고객이 기다리는 동안 이루어지게 된다. 이러한 방법은 높은 수준의 맞춤 음반을 제작할 수 있게 해준다. 각 고객들은 카세드 테이프에 담고자 하는 노래 목록을 제공할 것이다. 이때, 노래들을 카세트 양면에 어떻게 할당할 것인가 하는 설계 문제가 생길 수 있다. 적당한 규칙으로는 노래를 양면에 잘 분배해서 두 면에 담긴 노래의 총 시간이 가깝게 하는 방법이 있다. 이런식으로 하면, 한 면의 재생이 끝나고, 다른 면으로 넘어갈 때 걸리는 “무음” 시간을 줄일 수 있다. 예로 윌리 넬슨이 다른 가수와 듀엣으로 부른 다음 10곡의 노래 자료를 이용해 보자.

노래	시간(분:초)	듀엣 상대 가수
1) 판쵸와 왼손잡이	4:45	멀리 해가드
2) 슬로 무빙 아웃러	3:35	레이시 달튼
3) 진짜 카우보이는 더 없는가?	3:03	닐 영
4) 내 가슴에 거짓말을 했다.	2:52	행크 윌리엄스
5) 토요일밤에 텍사스	2:42	멜 틸리스
6) 일곱 스페인 천사	3:50	레이 찰스
7) 내가 사랑했던 모든 이들에게	3:30	훌리오 이글레시아스
8) 그들은 모두 멕시코로 갔다	4:45	카를로스 싼타나
9) 홍키 통크 여자	3:30	레온 러셀
10) 반쪽 남자	3:02	죠지 존스

위의 노래들을 양면 카세트 테이프에 담고자 한다. 앨범 제목은 "반쪽 넬슨"으로 한다.

(a) 짧은 면의 무음 시간을 최소화할 수 있는 정수계획를 모형화하고 해를 구하시오.

(b) 고객이 노래가 담길 면을 선택할 수 있게 한다면, 어떤 마케팅 문제가 발생할 수 있는가?

17. 빌 볼트씨는 딸 리디아가 대학에 입학한 기념으로 파티를 연다. 그는 토요일 밤 클럽에 18개의 테이블이 있는 연회장을 예약했다. 각 테이블은 최대 8명의 사람을 수용할 수 있다. 총 140명의 젊은이가 참석하며, 이 중 76명이 남성이고 64명이 여성이다. 리디아와 엄마, 제인은 되도록 테이블마다 성비가 균일하길 바란다. 적어도 4명의 남자와 3명의 여자가 테이블마다 앉기를 원한다.

(a) 테이블당 최대 4명만 앉을 수 있다는 제약이 추가된다면, 위의 조건을 만족할 수 있는 할당이 가능할까?

(b) 남녀를 테이블에 할당하는 좋은 방법을 제시하라.

18. 클루라는 게임은 21개의 카드를 갖는 하나의 데크를 사용한다. 게임을 시작할 때, 카드 세 개를 임의로 뽑아서 테이블 가운데 엎어 놓는다. 나머지 카드는 참가자들에게 균일하게 가린 상태로 분배된다. 각 참가자들은 각자의 카드를 볼 수 있다. 게임의 목표는 중앙에 있는 세 카드를 올바르게 알아맞히는 것이다. 각 참가자의 순서마다, 순서에 해당하는 사람은 중앙 세 카드를 알아맞히거나 다음과 같은 질문을 아무에게나 : "다음 세 가지 카드 중에 갖고 있는 것이 있니?" (질문자는 세 카드를 공개적으로 나열한다.) 만약, 질문 받는 사람이 나열된 세 카드 중에 하나라도 갖고 있다면, 그 카드를 질문자에게 보여줘야 한다. (질문자에게만 보여준다.) 그렇지 않으면, 그냥 "없다"라고 대답하면 된다. 중앙의 세 카드를 정확히 맞힌 사람이 승리하는 것이고, 세 카드를 잘못 추측했다면 그 사람은 게임에서 빠지게 된다.
여러가지 카드의 정체에 대한 추론은 다음의 과정을 통해 할 수 있다.

$X(i, j) = 1$ 참가자 i가 카드 j를 갖고 있다면, 그렇지 않으면 0.

임의로 중앙에 있는 세 카드를 참가자 1이라고 하자. 그러면, 다음 제약식으로부터 시작할 수 있다.

$$\sum_{j=i}^{21} X(1, j) = 3$$

각 카드 j = 1, 2, …, 21에 대해서:

$$\sum_{i} X(i, j) = 1$$

(a) 참가자 3이 다음과 같은 질문을 받았다고 하자 : "카드 4, 8 또는 17를 갖고 있나요?" 그리고 참가자 3은 "없어요"라고 대답했다면, 어떤 제약식이 추가될 수 있을까?

(b) (a)의 질문에 대해, 참가자 3이 카드 17을 보여줬다고 하면, 어떤 제약식이 추가될 수 있을까?

(c) 카드 4가 중앙에 있는 카드 중에 하나인지 결정하기 위해 어떠한 LP를 풀어보겠는가?

미국 카지노업계에서 21개의 카드는 다음과 같은 세 가지 종류가 있다.

(i) "미스 스칼렛"이라고 된 6개의 의심 카드를 포함하는 것

(ii) "리볼버"와 같이 6개의 무기 카드가 포함된 것

(iii) "부엌"과 같이 9개의 방 카드가 포함된 것.

이 사실은 위 문제에 영향을 주지 않는다.

09 서비스 대기 시스템의 설계와 구현

>> 당신이 예약을 해야 한다고 생각한다면, 당신은 잘못된 곳에 있는 것입니다.
– 에드 드브벡 레스토랑의 회원이 되십시오

9.1 서 론

서비스 시스템의 가장 큰 특징 중 하나는 곧 들이닥칠 고객을 위해 미리 제품을 준비할 수 없다는 것이다. 서비스를 제공하는 기업이 증가하는 수요에 대응할 수 있는 유일한 방법은 서비스 능력을 늘리는 것이다. 서비스 산업의 주요한 계획 중의 하나는 서비스 용량을 얼마로 할 것인가에 관련된 결정이다. 적절한 수준의 서비스를 제공하기 위해서는 계산대의 수, 입장권 검사대, 톨게이트 요금정산소 개수, 전화 회선 수, 인터넷 서비스 공급자의 컴퓨터 대수, 공항의 활주로 대수, 레스토랑의 테이블 수, 소방서 수, 병원의 병상 수, 특정 지역의 순찰차 수, 화장실 수, 엘리베이터 수, 기계수리공의 수 등을 결정해야 한다.

서비스 시설에 대한 용량계획은 다음의 세단계를 거친다.

1. 자료 수집 : 과거의 관련된 자료를 취합하거나 수요 자료의 수집을 위한 시스템을 구축한다.
2. 자료 분석 : 수요예측, 수요의 확률부분을 조사, 각 수요기간에 대해 최소 허용 용량을 결정.
3. 요구량 추천 : 수요의 확률적 특성, 부적절하게 제공된 서비스로 인한 손실비용, 용량변화비용과 표준작업작업시간대 등을 고려하여 관련 기대비용을 최소화하는 용량계획을 추천한다.

9.2 서비스에 대한 수요예측

표준 예측 기법이 제품에 대한 수요를 예측하는 것과 똑같이 서비스에 대한 수요의 예측을 위해 사용될 수 있다. 서비스 수요에 대한 장기예측은 국가경제에 대한 경기에 반응하는 데 있어서 일반적인 제품과 다른 양상을 보인다는 것을 유념해야 한다. 예를 들어, 음식업과 같은 생필품적 성격을 가지는 업종은 경기에 둔감하며, 귀금속이나 고급 레스토랑과 같은 기호품적 성격을 가지는 업종은 경기에 민감하게 반응한다. 패스트푸드 서비스와 같은 업종은 일하는 엄마가 출현하면서 증가하였다.

서비스 수요에 대한 단기예측은 수요의 주기적인 특성과 상당부분 관련이 있다. 다음과 같은 영향요인을 생각해 볼 수 있다(전화 통화의 처리 등의 문제).

- 일에 대한 시간대 영향,
- 주에 대한 요일 영향 (예를 들어, 뉴욕의 911에 대한 신고전화는 요일과 관련된 두 가지 요인을 이용하면 거의 예측이 가능하다),
- 년에 대한 주일의 영향,
- 기념일의 영향 (예를 들어, 어버이날, 노동절, 부활절 등),
- 광고의 영향.

9.3 대기이론

대기이론(Queuing Theory)은 전화 산업에서 용량계획을 위해 이용되어 온 확률이론의 한 분야이다. 얼랑은 20세기 초반에 코펜하겐 전화 시스템에 대한 대기열에 대한 의미 있는 분석을 수행하였다. 얼랑의 분석결과는 전화산업에서 운영자의 수를 결정하는 등 용량을 결정하기 위한 분야에서 많이 이용하고 있다. 우편주문기업에 대한 사례는 Andrews and Parsons(1993)을 참조하라. Gaballa and Pearce(1979)는 콴타스 항공에 대한 사례를 소개하고 있다. 좀더 중요한 최근의 사례는 콜센터에 적용된 대기행렬모형에서 찾아볼 수 있다. 두 종류의 콜센터가 있다.

1) 주문 접수 또는 서비스 접수와 같이 걸려온 전화를 처리하는 착신 콜센터
2) 고객에게 서비스를 권유하거나 청구서에 대한 안내 등을 위해 전화를 해야 하는 발신 콜센터

대기열 모형은 재고모형에 대해 역관계를 갖는 모형으로 생각할 수 있다. 재고가 있는 상품에 대해 고객이 도착한다면 해당 수요는 즉각적으로 충족될 수 있다. 재고가 없는

경우, 고객은 해당 제품이 도착할 때까지 기다려야 한다. 지연수요나 대기고객은 음의 재고를 초래하며, 이는 대기열 문제로 생각될 수 있다. 좀더 분명한 예제는 택시 승차장이다. 어떤 경우에는 승객을 기다리기 위해 택시가 승차장에서 대기중인 경우가 있다. 다른 경우에는 택시를 기다리기 위해 승차장에서 고객이 줄 서 있는 경우가 있다. 이 상황을 재고로 볼 것인지 대기열로 볼 것인지는 당신이 택시 운전사인지 승객인지에 따라 다를 것이다.

대기이론에서 서비스 시스템의 세 개의 부분으로 구성된다.

1) 도착 프로세스,
2) 대기열 규칙,
3) 서비스 프로세스.

다음의 그림을 살펴보자.

도착 프로세스	→	대기열 규칙	→	서비스 프로세스
(예를 들어, 평균 7분마다 하나씩 도착.)		(예를 들어, 선입선출), 고객은 10분 이상 기다리지 않음.		(예를 들어, 3개의 동일한 서버). 평균 서비스 시간은 9분.

대기이론에 대해 보다 자세히 알고 싶다면 Gross and Harris(1998)를 참조하시오.

(1) 도착 프로세스

두 가지 종류의 도착 프로세스가 있다. i) 한정된 근원 ii) 무한대 근원. 한정된 근원에 대한 예는 한 명의 수리공이 10대의 기계를 담당하고 있는 경우이다. 기계고장이 발생하면, 이 상황은 고객의 도착에 해당한다. 수리를 위해 기다리고 있는 기계는 대기중인 고객에 해당한다. 이 경우를 10개의 한정된 근원을 갖는 시스템이라 부른다. 한정된 근원을 가진 문제에서 도착률은 시스템에 들어온 고객의 수가 많아질수록 줄어들게 된다. 만약 8대의 기계가 고장이 나서 수리를 위해 대기중이라면 도착률은 전체 기계가 가동중인 경우의 가동률에 비해 2/10밖에 되지 않는다.

반면 항공권전화예약시스템에서는 무한대의 잠재 고객이 있는 것으로 가정한다. 무한대 근원을 가진 문제에서는 시스템 안에 들어와 있는 고객의 수에 관계없이 도착률은 일정하다.

이 정보 이외에 도착 프로세스에 대해 필요한 정보는 도착 사이의 평균 시간간격 정보다. 만약 무한대 근원을 가지고 있다면 이 시간 간격은 서비스 프로세스와 무관하게 하나의 상수로 정의될 수 있다. 그러나 한정된 자원의 경우에서는 대기중인 고객이 몇 명이냐에 따라 도착률이 달라지기 때문에 다소 명료하지 못한 감이 있다. 이러한 모호함은 동일한 것으로 가정된 고객 하나에 집중해 보면 해결할 수 있다. 하나의 고객이 서비스를 마친 후 얼마 후에 새로운 서비스를 요청하는 가를 이용하여 평균 도착시간간격을 추정할 수 있다. 우리는 이러한 시간정보를 고장간의 평균시간, 즉, MTBF(mean time between failures)로 부른다.

도착시간간격에 대한 평균만이 아닌 분포를 고려하는 경우가 있다. 분포는 서로 다르지만 평균이 같은 경우가 있다. 예를 들어 전화가 오는 간격이 첫 번째 경우는 매 10분마다 1통이 오고 두 번째 경우는 10%는 매 1분마다 1통이 오고 나머지 90%는 매 11분마다 1통이 오는 경우 평균은 동일하다. 그러나 두 번째 경우가 불규칙적이어서 보다 긴 대기시간을 갖게 된다. 가장 표준적인 가정은 도착시간 간격이 지수분포를 따른다는 것이다. 다행히도 이 분포는 많은 실제상황을 적절히 표현해내고 있다.

지수분포는 우리가 다루게 될 모형에서 중요한 역할을 수행한다. 무한대 근원의 경우, 연속되는 도착간의 간격시간이 지수분포를 따른다고 가정한다. 지수분포에 대한 확률밀도함수가 그림 9.1에 나타나있다.

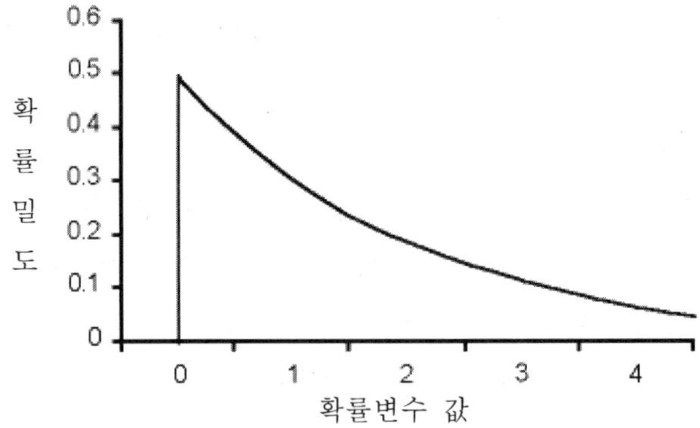

그림 9.1 평균 2를 갖는 지수분포.

r은 도착률이고, x는 확률변수의 값이고, e는 2.718284이면, 확률밀도함수는 그림 9.1과 같이 $f(x)=re^{-rx}$의 함수로 표현된다. 평균과 표준편차는 모두 $1/r$이다. 지수분포의 핵심가정은 이전의 사건이 언제 발생했는지와 관계없이 다음 사건이 발생한다는 것이다. 즉 연속되는 두 사건의 발생이 서로 독립적이라는 것이다. 이러한 특성을 "비기억 성질(memoryless property)"이라 부른다. 이전의 도착이 언제였는지와 관계없이 다음 도착이 발생할 때까지의 시간은 평균이 $1/r$인 지수분포를 따른다는 것이다.

(2) 대기열 규칙

우리가 고려하는 모든 모형은 선입선출 규칙을 이용한다. 이외에 필요한 다른 정보는 오직 시스템의 대기공간의 크기이다. 대기공간에 여유가 있는 경우에 전화통화나 고객이 도착하여 시스템에 들어오고 필요에 따라 대기하거나 서비스를 받는다. 대기 공간이 모두 찬 상황에서는 고객이 시스템에 들어올 수 없다. 예를 들어 10개의 전화회선을 가진 예약사무실에 4명의 예약직원이 있는 상황을 생각해보자. 예약직원이 모두 전화를 받고 있는 경우에는 새로운 전화가 걸려오면 대기상태가 된다. 만약 10개의 전화회선이 모두 사용중이라면 고객은 통화 중 신호를 받게 된다. 유사한 시스템은 4개의 급유기가 있고 4대가 주유 중일 때 6대의 자동차가 대기할 수 있는 공간이 있는 주요소다. 일부 고객은 대기공간에서 기다려야 하는 경우 대기하지 않고 주요소를 떠나버리기도 한다. 비슷한 경우로 대기 중인 고객이 더 이상 기다리지 않고 시스템을 떠나기도 한다.

(3) 서비스 프로세스

서비스 프로세스는 다음의 두 가지 특성에 의해 규정된다.

a) 서비스 제공자의 수(동일하다고 가정).
b) 서비스 시간 분포.

가장 일반적인 가정은 서비스 시간이 지수분포를 따른다는 것이다.

이 분포를 이용한다는 것은 평균서비스시간과 표준편차가 동일하다는 것이다. 따라서 간단하게 데이터를 검증하는 방법은 평균과 표준편차가 같은 값인지를 살펴보는 것이다.

도착 프로세스와 대조적으로, 서비스 시간 분포가 어떤 분포를 따르는지 검증하는 방법이 있다. 만약 데이터를 분석하여 표준편차가 평균보다 매우 작다면 상수 서비스 시간을 이용하는 것이 바람직하고 표준편차와 평균의 크기가 유사하다면 지수분포를 이용하는 것이 바람직하다.

지수분포는 많은 경우에 매우 적절하게 이용될 수 있다. 예를 들어 Coffman and Wood (1969)는 컴퓨터 계산시간의 표준편차가 평균보다 더 큰 값을 갖는다는 것을 발견했다. 그럼에도 불구하고 이 분포의 형태는 0값 근처에서 가장 큰 값을 가지고 오른쪽으로 갈수록 긴 꼬리를 갖는 지수분포와 유사한 모양을 가지고 있다.

(4) 서비스 시스템에 대한 성능척도

서비스 시스템에 대한 성능척도는 다양한 종류가 있다. 다음의 세 척도를 고려한다.

1) 즉시 서비스를 받을 확률.
2) 평균 대기 시간.
3) 평균 대기자 수.

(5) 안정성

일반적으로 대기모형에서는 수요는 시간에 대해 안정적이고 시스템은 안정 상태에 도달한다고 가정한다. 분명 이러한 가정은 충분히 긴 시간에 대해 수요가 분산되어 있는 경우 성립할 수 없다. 예를 들어, 같은 날의 오전 11시대의 전화통화의 도착 시간 간격이 오후 11시와 차이가 있다. 서비스 시스템에 대한 부하는 평균 도착률에 고객당 평균서비스시간을 곱해서 추정한다. 시스템이 안정 상태에 있기 위해서는 최소한 계산된 부하보다 많은 숫자의 서버가 시스템에 존재해야 한다. 부하가 적당히 긴 시간에 걸쳐 안정적이지 못하다면, 안정상태에서의 대기모형 분석을 이용하는데 주의를 기울여야 한다. "적당히 긴 시간"이란 무엇을 의미하는 것일까? 이 질문에 대답하기 위해 우리는 다음의 기호를 이용한다.

R = 평균도착률,
T = 평균 또는 기대 서비스 시간,
S = 서버의 수.

$T/(S - R*T)$는 "적당히 긴 시간"에 대한 간단한 정의다. 이 값은 부하가 S에 근접할수록 무한대로 발산하는 것에 유념하라.

(6) 핸디 리틀의 공식

시스템 안의 대기자의 수와 시스템 안에서 머무른 시간은 간단하지만 매우 일반적인 관계를 가지고 있다. 재고관리에서는 이 공식이 재고회전공식으로 알려져 있다. 대기이론에서는 이공식을 리틀의 흐름 공식이라 부른다(Little(1961) 참조). 다른 말로 표현하면 리틀의 공식은

(*시스템 안의 평균 고객 수*) = (*도착률*) * (*시스템 안에서 평균적으로 머무른 시간*)

재고관리의 용어를 이용하여 다시 표현하면

(*평균 재고 수준*) = (*판매율*) * (*시스템 안에서 평균적으로 머무른 시간*)

재고관리자들은 관리의 효율성을 측정하기 위해 종종 재고회전율을 이용한다.

(*재고회전율*) = 1 / (*시스템 안에서 평균적으로 머무른 시간*).

리틀의 공식을 다시 써보면

(*평균 재고 수준*) = (*판매율*) / (*재고회전율*)

또는

(*재고회전율*) = (*판매율*) / (*평균 재고 수준*)

리틀의 공식은 매우 일반적이다. 오직 하나의 요건은 적용되는 시스템이 무한대로 발산되어서는 안 된다는 점이다. 다른 특별한 가정은 필요하지 않다.

(7) 예제

고객은 시간당 25명이 비율로 시스템에 도착한다. 고객이 시스템에 머무르는 시간은 평균 12분이다. 시스템 안에 존재하는 평균 고객수는 얼마일까?

해답. (시스템 안의 평균 고객 수) = (25/시간) * (12분 * 1시간/60분)

= 25 * (1/5) = 5

9.4 해결 가능한 대기모형

우리가 고려하는 상황 또는 모형에는 5가지 종류가 있다. 이들은 다음 표에 요약되어 있다. 이 모형들의 특징은 시스템의 성능을 쉽게 평가할 수 있는 간단한 공식이 존재한다는 것이다.

[해결 가능한 서비스 시스템 모형]

모형 특성	I	II	III	IV	V
대기모형 기호	(M/G/c/c)	(M/M/c)	(M/G/∞)	(F/M/c)	(M/G/1)
근원	무한대	무한대	무한대	한정	무한대
도착 프로세스	포아손	포아손	포아손	일반	포아손
대기공간	없음	무한대	무한대	무한대	무한대
서버의 수	임의	임의	무한대	임의	1
서비스 시간 분포	임의/일반	지수	임의/일반	지수	임의/일반
해결수단	@PEL 또는 B(s,a)	@PEB 또는 C(s,a)	@PPS 또는 Poisson	@PFS	Formula

위의 모형은 일반적으로 대기이론 분야에서 많이 사용하는 표기법을 이용하여 표현하였다. 기호는 다음 형태로 표현된다. (도착 프로세스/서비스 분포/서버의 수 [/대기 공간의 크기])

M = 지수분포,
G = 일반 또는 임의,
D = 고정값,
F = 한정된 근원.

이 중 자주 사용되는 모형은 a) 얼랑 손실 또는 얼랑−B 모형이라 알려져 있는 *M/G/c/c*와 b) 얼랑 C 모형이라 알려져 있는 *M/M/c* 모형이다. LINGO는 두 개의 내장 함수를 제공하고 있다. @PEL( )와 @PEB( )는 이 두 경우를 해결하기 위해 이용한다. 이들의 사용법은 다음에 서술한다.

(1) 얼랑 손실 모형을 통한 외부 WATS 회선수 결정

어떤 기업들은 자사의 장거리 전화 비용을 절감하기 위해 일정수의 외부 WATS(Wide Area Telephone Service) 회선을 구입한다. 하나의 외부 WATS는 고정요금을 지불한 후 무한정 장거리 전화를 이용할 수 있다. 고정요금은 전화 사용량이 많을 때 통화 당 비용을 충분히 낮출 수 있을 정도로 일반 장거리 전화에 비해 저렴하다. 이 기업이 평일에 평균적으로 분당 5통의 장거리 전화를 이용한다고 가정해 보자. 평균 통화시간은 4분이다. 이 기업의 교환시스템은 WATS 회선이 가용할 때는 이 회선으로 연결해주고 가용하지 않은 경우에는 분당요금이 적용되는 일반 장거리전화로 자동적으로 연결해준다. 이 기업이 20 개의 WATS 라인을 필요로 한다고 가정해 보자. 어느 정도 비율의 통화가 WATS 회선이 없어서 일반 장거리 회선을 이용하게 되는가? 이 문제를 해결하기 위한 모형은 다음과 같다.

```
  ! Erlang Loss Model;
  ! Any demands that find all servers busy,
     are lost;
DATA:
  ! Arrival rate;
    R = 5;
  ! Average service time;
    T = 4;
  ! Number of servers;
    S = 20;
ENDDATA
```

```
LOAD = R * T;
! Compute fraction lost;
FLOST = @PEL( LOAD, S);
```

해답은 다음과 같다.

```
Variable          Value
       R       5.000000
       T       4.000000
       S      20.000000
    LOAD      20.000000
   FLOST      0.1588920
```

비록 이 기업이 충분한 WATS 회선을 보유하고 있다 할지라도, 전화통화의 무작위성에 의해 16%의 통화가 이란 장거리 회선을 이용하게 됨을 알 수 있다.

서비스 수요에 대한 통계적인 규모의 경제가 존재한다(두 배의 수요가 두 배의 용량을 필요로 하지 않는다). 위의 예제에서 내년의 전화 수요가 분당 5통화가 아니라 50통화로 증가할 것이라고 가정해 보자. 만약 우리가 위의 예제와 똑같이 50*4=200개의 회선을 보유한다고 가정하면, 몇 %의 수요가 WATS를 이용하지 못하고 일반 회선을 이용하게 될 것인가? 위의 모형에서 R을 50으로 대체하면, 다음의 해답을 얻을 수 있다.

```
Variable          Value
       R       50.00000
       T       4.000000
       S       200.0000
    LOAD       200.0000
   FLOST     0.05435242
```

수요의 증가에 비례하여 회선수를 추가 확보했지만, 일반 회선을 사용하게 되는 비율은 대략 5% 정도로 훨씬 작아진 것을 알 수 있다.

(2) 얼랑 C 모형을 이용한 서비스 집중 평가

우칼러스사는 두 개의 독립된 사무실에서 전화주문을 받고 있는데, 현재 이 두 사무실을 800전화를 통해 연결될 수 있는 하나의 사무실로 통합하려 하고 있다. 두 사무실 모두 시간당 50통의 전화가 걸려오고 있으며(0.83333/분), 현재 4명의 직원이 통화를 처리하고 있다. 두 사실 모두 직원이 모두 통화중일 때 직원이 가용해질 때까지 자동으로 대기시켜 주는 시스템을 가지고 있다. 전화통화 시간은 평균 4분인 지수분포를 따른다.

만약 두 사무실을 8명의 직원을 두는 하나의 사무실로 통합할 때 얼마만큼의 효율이 증대될 수 있는가? 결과는 다음과 같다.

	두 사무실 유지	하나의 사무실로 통합
모든 직원이 통화중인 비율	.6577	.533
대기한 전화통화에 대한 기대대기시간	6분	3분
평균 대기시간 (대기하지 않은 전화통화 포함)	3.95분	1.60분

따라서 하나의 통합된 사무실에서 통합된 자원을 이용하여 업무를 처리하는 것이 평가척도에 따라 두 배까지 효율성을 높이는 것을 알 수 있다. 바꿔 말하면 통합하여 운영하는 경우 똑같은 서비스 수준을 보다 적은 자원을 이용하여 만족시킬 수 있다는 것을 의미한다.

위의 통계량은 다음의 LINGO 모형을 이용하여 해결할 수 있다. 고객의 대기시간은 고객이 서비스를 받기 시작할 때까지 기다린 시간으로 정의했음을 유의하라. 따라서 대기시간은 서비스 시간을 포함하지 않는다.

```
 ! Compute statistics for a multi-server system with(QMMC)
   Poisson arrivals, exponential service time distribution.
   Get the system parameters;
 DATA:
   R = .8333333;
   T = 4;
   S = 4;
 ENDDATA
! The model;
! Average no. of busy servers;
  LOAD = R * T;
! Probability a given call must wait;
  PWAIT = @PEB( LOAD, S);
! Conditional expected wait, i.e., given must wait;
  WAITCND = T/( S - LOAD);
! Unconditional expected wait;
  WAITUNC = PWAIT * WAITCND;
```

해답은 다음과 같다.

```
Variable         Value
       R       .833333
```

```
     T       4.000000
     S       4.000000
  LOAD       3.333333
    PB       .6577216
    CW      6.0000000
    UW       3.946329
```

(3) *M*/*G*/∞ 모형을 통한 혼합 서비스/재고 혼합 시스템

예를 들어 햄버거와 같은 제품을 생산하는데 6분이 걸린다고 가정하자. 제품에 대한 수요는 분당 2개이다. 양질의 서비스를 제공하기 위해서는 재고로 10개의 제품을 유지해야 한다. 따라서 만약 재고가 있는 상태에서 고객이 도착하면 재고 중 하나의 제품을 제공하고 즉시 새로운 제품의 생산을 주문한다. 우리는 충분한 생산능력을 가지고 있기 때문에 현재 몇 개의 제품을 만들고 있는 것과 관계없이 매 6분마다 하나의 제품을 만들 수 있다. 재고가 없을 때 도착한 고객은 새로운 제품이 완성될 때까지 기다린다. 이러한 상황을 지연수요(backlog)가 있는 기초재고정책이라 부른다.

```
     Analysis: The number of units on order will have a
Poisson distribution with mean = 2*6 = 12. Thus, if a
customer arrives and there are 2 or less on order, it means
there is at least one in stock. The following model will
compute the fraction of customers who have to wait.
! The M/G/infinity or Base stock Model;
DATA:
  ! Arrival rate;
   R = 2;
  ! Average service time;
   T = 6;
  ! Number units in stock;
   S = 10;
ENDDATA
  LOAD = R * T;
! Compute fraction who have to wait;
  FWAIT = 1 - @PPS( LOAD, S - 1);
! Note, @PPS( LOAD, X) =
    Prob{ a Poisson random variable with mean = LOAD
         has a value less-than-or-equal-to X} ;
```

해답은 다음과 같다.

```
Variable        Value
       R     2.000000
       T     6.000000
       S     10.00000
    LOAD     12.00000
   FWAIT    0.7576077
```

따라서 75% 이상의 고객이 즉시 서비스를 받지 못하고 기다려야 한다.

(4) 한정된 자원 모형을 통한 최적 수리공 수 결정

한 방직회사는 고장이 난 경우 수리공의 수리가 필요한 10대의 반자동 기계를 가지고 있다. 수리시간은 평균이 1인 지수분포를 따른다. 물리적인 이유로 인해 한번에 하나의 기계에 한 명의 수리공만이 일을 할 수 있다. 한번 수리되면 다음 고장이 일어날 때까지 평균 5시간이 소요된다. 수리공에 대한 시간당 급료는 30달러이다. 고장난 기계의 기회비용(기계가 멈춤으로 인한 생산차질비용)은 시간당 350달러이다. 이 110대의 기계를 위해 몇 명의 수리공을 배치하는 것이 최적인가?

LINGO의 @PFS 함수를 이용하면, 다음 표의 고장난 기계수에 대한 기대치를 수리공의 수에 함수로 나타낼 수 있다.

수리공 수	고장난 기계수의 기대치	고장난 기계에 대한 기대 비용/시간	수리공에 대한 비용/시간	총 기대 비용/시간
0	10.0	$3500.00	$0	$3500.00
1	5.092	$1782.17	$30.00	$1812.17
2	2.404	$841.30	$60.00	$901.30
3	1.804	$631.50	$90.00	$721.50
4	1.689	$591.28	$120.00	$711.28
5	1.670	$584.38	$150.00	$734.38

따라서 최적 수리공 수는 4명이다.

위의 테이블을 계산하기 위한 LINGO 모형은 다음과 같다.

```
! Machine repair
 SETS:
  NREP/1..5/:       ! Consider 5 possible no. of repair persons;
          NDOWN, ! Expected no. of down machines;
         CPERHR, ! Expected cost/hour of down machines;
          TCOST;  ! Total expected cost/hour;
 ENDSETS
 ! For each configuration, compute the performance
```

```
      @FOR( NREP( I):
         NDOWN( I) = @PFS( NMACH * RTIME / UPTIME, I, NMACH);
         CPERHR( I) = CM * NDOWN( I);
         TCOST( I) = CPERHR( I) + CR * I;
         );
       ! The input data;
      NMACH = 10;
      RTIME = 1;
     UPTIME = 5;
     CR = 30;
     CM = 350;
  END
```

위 문제의 해답의 일부는 다음과 같다.

```
 Variable          Value
TCOST( 1)       1812.173
TCOST( 2)       901.3025
TCOST( 3)       721.5043
TCOST( 4)       711.2829
TCOST( 5)       734.3842
```

위의 수리공 문제와 유사한 모형이 발신 콜센터의 운영방법을 분석하기 위해 이용되었다(Samuelson(1999) 참조). 예측 연결 시스템은 상담원의 통화가 끝나기 전에 다음 고객에게 자동적으로 연결을 시도한다. 전화를 걸어 고객이 전화를 받을 때까지는 보통 10초에서 30초 정도의 시간이 소요된다. 따라서 자동 연결 시스템은 상담원의 전화가 언제 끝날 것인가를 예측하여 새로운 고객에게 연결되는 시점까지 종료된다는 기대하에 운영되는 것이다. 자동 연결 시스템은 한 고객에게 전화를 걸었을 때 통화중이거나 응답이 없으면 다음 고객에게 연결을 시도한다. Samuelson(1999)은 적절한 자동 연결 시스템은 상담원의 가동률을 80% 이하에서 95% 이상으로 끌어올릴 수 있다는 것을 발견하였다. 예측 연결 시스템의 관리자는 시스템의 운영을 위해 최소한 두 가지의 결정을 해야 한다. a) 상담원 수 보다 많은 몇 개의 추가 회선을 사용할 것인가, b) 한 회선이 가용해진 이후 얼마나 지연시간을 가진 후 새로운 연결을 시도할 것인가. 이 두 의사결정은 수리공 문제에 다음과 같이 대입하여 해결할 수 있다. 상담원의 수는 수리공의 수, 총 회선수는 총 기계수, 가동시간은 연결시도 전 지연시간 + 연결시간 + 응답까지의 시간.

(5) *M*/*G*/1 모형을 통한 프로세서 유형의 선택

ATM(Automated Teller Machine)을 새로운 장소에 설치하려고 한다. 두 종류의 ATM 유형이 있다. 유형 A는 자동화 설비로 하나의 서비스를 처리하는 데 걸리는 시간이 평균 3분에 표준편차가 4.5분이다. 유형 M은 많은 부분이 자동화되어 있지 못해 4분의 평균과 1분의 표준편차를 갖는 서비스 시간을 갖는다. 문제의 위치에 고객들은 평균적으로 시간당 10명이 도착한다. 어떤 기계를 설치할 때 대기시간이 최소가 되는가? 어떤 기계를 설치 할 때 시스템 안에서 머무는 시간이 최소가 될까?

고객 도착이 포아손 프로세스를 따르고 서비스 시간이 일반 분포를 따르며 한 명의 서버가 존재하는 경우에 대해서 간단하게 기대 대기 시간을 구하는 공식이 존재한다.

R = 평균도착률,
T = 평균서비스시간,
SD = 서비스 시간에 대한 표준편차,
EW = 기대 대기 시간,

위 항목들의 관계는 다음과 같다.

$$EW = R*(T*T+SD*SD)/[2*(1-R*T)].$$

LINGO 모형은 다음과 같다.

```
! Single server queue with Poisson(Markovian) arrivals
  and General service distribution, so-called M/G/1 queue;
DATA:
 R = .1666667;  ! Arrival rate in minutes(10/hour);
 T = 3;         ! Mean service time in minutes;
SD = 4.5;       ! Standard deviation in service time;
ENDDATA
! Compute load( = Prob{ wait > 0} );
  RHO = R* T;
! Expected waiting time;
  EW = R* ( SD * SD + T * T) / (2* (1-RHO));
! Expected time in system;
  ET = EW + T;
! Expected number waiting;
  EN = R * EW;
! Expected number in system;
  ES = R * ET;
```

해답은 다음과 같다.

```
Variable          Value
       R      0.1666667
       T       3.000000
      SD       4.500000
     RHO      0.5000001
      EW       4.875002
      ET       7.875002
      EN      0.8125005
      ES       1.312501
```

좀 느리지만 낮은 변동성을 갖는 기계에 대한 평가를 위해서는 다음 부분을 수정한다.

```
DATA:
 R = .1666667;   ! Arrival rate in minutes(10/hour);
 T = 4;          ! Mean service time in minutes;
SD = 1;          ! Standard deviation in service time;
ENDDATA
```

이 때의 해답은 다음과 같다.

```
Variable          Value
       R      0.1666667
       T       4.000000
      SD       1.000000
     RHO      0.6666668
      EW       4.250003
      ET       8.250003
      EN      0.7083339
      ES       1.375001
```

이 결과는 매우 흥미롭다. 두 번째 기계가 낮은 변동성을 가지기 때문에 더 낮은 대기시간을 초래한다. 그러나 첫 번째 기계는 빠르기 때문에 시스템에 머문 시간 *ET*에 대해서는 더 낮은 값을 갖게 된다. 일반적으로 고객들은 시스템에 머문 시간은 길지만 적게 대기하는 시스템을 선호하는 경향이 있다. 이러한 경우는 고급 레스토랑에서도 발생한다. 이런 고객들은 적게 기다리고, 보다 여유 있게 서비스를 즐기는 것을 선호하기 때문이다.

(6) *M*/*G*/*c*와 *G*/*G*/*c*를 통한 일반분포를 갖는 복수서버시스템

양의 대기공간을 가지며, 지수분포가 아닌 서비스 시간을 가지고, 복수의 서버를 갖는 시스템에 대한 성능을 평가하기 위한 간단한 형태의 수식은 존재하지 않는다. 그러나 Whitt(1993)는 간단한 형태의 근사적 방법을 제시했다. 이 근사적 방법은 실용적으로 사용할 수 있을 정도로 정확하다. 다음을 정의한다.

SCVA = 도착시간간격 분포의 변동 계수의 제곱
= (도착시간간격의 분산) / (평균 도착시간간격의 제곱)
= (도착시간간격의 분산)**R***R*,

SCVT = 서비스시간 분포의 변동 계수의 제곱
= (서비스시간의 분산) / (평균서비스시간의 제곱)
= (서비스시간의 분산) / (*T***T*).

EWM(*R*,*T*,*S*) = *S*개의 서버를 가지고, 서비스 시간이 *T*이고, 도착율이 *R*인 *M*/*M*/*c* 시스템의 기대 대기 시간.

기대 대기 시간에 대한 근사적 추정치는 다음과 같다.

EWG(*R*,*T*,*S*,*SCVA*,*SCVT*)
= *EWM*(*R*,*T*,*S*)*(*SCVA*+*SCVT*)/2.

지수분포에 대해서는 변동계수가 1임을 유의하라. 이 근사적 방법이 *M*/*G*/1, *M*/*M*/*c*, *M*/*G*/∞ 그리고 부하가 매우 큰 경우에 대해서는 정확한 추정치임을 증명할 수 있다.

| 예제 |

도착이 시간당 50의 도착률로 포아손 프로세스 형태로 발생한다고 가정하자(즉, .8333333/분). 세 명의 서버가 있고, 고객에 대한 서비스 시간은 3분이다. 상수 형태의 서비스 시간은 서비스 시간에 대한 변동계수(*SCVT*)가 0임을 의미한다. 포아손 도착은 도착시간간격에 대한 변동계수(*SCVA*)가 1임을 의미한다. 모형은 다음과 같다.

```
! Compute approximate statistics for a (QGGC)
  multi-server system with general arrivals,
  and general service time distribution;
DATA:
  R = .8333333; ! Mean arrival rate;
  T = 3;         ! Mean service time;
  S = 3;         ! Number of servers;
 SCVA = 1;       ! Squared coefficient of variation
                   of interarrival times;
 SCVT = 0;      ! Squared coefficient of variation
                   of service times;
 ENDDATA
```

```
! The model;
! Average no. of busy servers;
   LOAD = R * T;
! Probability a given call must wait;
   PWAIT = @PEB( LOAD, S);
! Conditional expected wait, i.e., given must wait;
   WAITCND = T/( S - LOAD);
! Unconditional expected wait;
   WAITUNC = PWAIT * WAITCND;
! Unconditional approximate expected wait for
    general distribution;
   WAITG = WAITUNC * (SCVA + SCVT)/2;
```

해답은 다음과 같다.

```
Variable          Value
       R      0.8333333
       T       3.000000
       S       3.000000
    SCVA       1.000000
    SCVT      0.0000000
    LOAD       2.500000
   PWAIT      0.7022471
 WAITCND       5.999999
 WAITUNC       4.213482
   WAITG       2.106741
```

따라서 근사적 기대 대기 시간은 약 2.1067이다. 이 문제에 대한 정확한 추정치는 2.15이며 근사치는 그리 나쁜 편은 아니다.

9.5 주요 가정과 이의 타당성

앞서 언급된 모형에서 사용된 주요 가정은 세 가지 범주로 구분해 볼 수 있다.

1) 안정상태 또는 안정성 가정
2) 포아손 도착 가정
3) 서비스 시간 가정

안정상태 가정은 시스템이 시간이 흐름에 따라 체계적으로 변하지 않는다는 것을 의미한다(예를 들어, 도착률은 시간에 대해 주기적인 형태로 변화하지 않는다). 더욱이 우리는 시스템이 충분히 긴 시간 운영된 후의 시스템 성능에 관심이 있기 때문에 어떤 상태에서 시스템이 시작을 하는가에 상관이 없다. 어떤 실제 시스템도 안정상태 가정을 만족하지 않는다. 모든 시스템은 특정한 상태에서 시작하고 유한한 시간내에 종료한다. 도착률은 일, 주, 월에 따라 주기적으로 예측 가능한 형태로 변동된다. 실제세계에 이러한 안정성 가정이 성립하지 않는다 하더라도, 앞서 논의된 모형들은 많은 실제상황에 잘 들어맞는다. 경험적인 규칙에 따르면, 시스템 처리 능력이 b명/분이고 도착률이 c명/분이면, 근사적으로 $1/(b-c)$분이 지나면 안정상태 공식을 적용할 수 있다. 이 시간은 "분주한 기간"에 상당한다.

앞서 언급된 모형에서는 서비스 시간이 상수 또는 지수분포를 따르는 것으로 가정한다. 시스템의 성능은 시스템에 대한 부하가 적거나 대기 공간이 매우 한정되어 있다면 서비스시간의 평균에는 많은 영향을 받지만 분포에는 그리 민감하지 않은 경향이 있다. 사실 대기공간이 전혀 없다면, 시스템 안의 대기자수를 구하기 위해 필요한 유일한 서비스 시간 분포에 대한 정보는 평균뿐이다.

9.6 대기열 네트워크

사무실로부터 제조공장까지 많은 시스템들은 대기열의 네트워크로 생각될 수 있다. 일이 진행됨에 따라 다양한 서비스 또는 공정을 거치게 된다. 이러한 형태의 시스템을 분석하기 위해서는 다음과 같은 경로 전환 행렬이 필요하다.

$$P(i, j) = \text{Prob}\{\text{센터 } j\text{에서 작업 시작} \mid \text{센터 } i\text{에서 작업 종료}\}.$$

Jackson(1963)은 고객의 도착이 포아손 프로세스를 따르고 서비스 시간이 지수분포인 경우 대기열 네트워크에 포함된 대기열을 독립적으로 분석할 수 있다는 중요한 발견을 했다. 분석을 위한 다른 필요정보는 각 센터 또는 스테이션에 도착하는 고객들의 도착율이다. $REXT(j)$=외부로부터 스테이션 j에 도착하는 고객의 도착률이라 하고, $R(j)$=외부와 내부에서 스테이션 j에 도착하는 고객의 도착률이라 하면, $R(j)$는 다음의 관계를 만족한다.

$$R(j) = REXT(j) + \textstyle\sum_i REXT(i) * P(i, j).$$

다음의 LINGO 모형은 위의 식을 어떻게 풀고 각 스테이션에서의 대기열 문제를 어떻게 해결하는지를 예시하고 있다.

```
! Jackson queuing network model(qjacknet);
SETS:
  CENTER: S, T, REXT, R, NQ, LOAD;
  CXC( CENTER, CENTER): P;
ENDSETS
DATA:
! Get center name, number of servers,
  mean service time and external arrival rate;
 CENTER,  S,   T,  REXT =
  C1      2   .1    4
  C2      1   .1    1
  C3      1   .1    3;
! P(i,j) = Prob{ job next goes to i| given just
                    finished at j} ;
  P  = 0  .6   .4
      .1   0   .4
      .3  .3   0;
ENDDATA
! Solve for total arrival rate at each center;
 @FOR( CENTER( I):
   R( I) = REXT( I) + @SUM( CENTER( J): R( J) * P( I, J));
     );
! Now solve the queuing problem at each center;
 @FOR( CENTER( I):
!  LOAD( I) = load on center I;
   LOAD( I) = R( I) * T( I);
! Expected number at I = expected number waiting
     + expected number in service;
   NQ(I) = ( LOAD( I)/( S( I) - LOAD( I)))
                 *@PEB( LOAD( I), S( I)) + LOAD( I);
!  @PEB() = Prob{ all servers are busy at I} ;
    );
! Expected time in system over all customers;
   WTOT = @SUM( CENTER: NQ)/@SUM( CENTER: REXT);
```

해답의 일부분은 다음과 같다.

```
Variable          Value
    WTOT      0.6666667
  R( C1)       10.00000
  R( C2)       5.000000
```

```
       R( C3)         7.500000
      NQ( C1)         1.333333
      NQ( C2)         1.000000
      NQ( C3)         3.000000
    LOAD( C1)         1.000000
    LOAD( C2)        0.5000000
    LOAD( C3)        0.7500000
```

9.7 대기열의 설계

앞에서 가장 일반적인 대기열 상황에 대한 해결 가능한 대기모형을 제시하였다. 이번에는 대기모형의 성능평가를 위한 수학적 원리들을 살펴본다. 만약 당신이 당신만의 고유한 대기 시스템을 설계해야 한다면 이후에 설명되는 방법을 이용할 수 있을 것이다.

(1) 예제 : 한정된 대기 공간을 갖는 시스템

착신 콜 센터에는 20명의 상담원과 30개의 회선을 가지고 있다. 가용한 상담원이 있다면 즉시 통화가 연결되고 모두 통화중이라면 부드러운 음악을 들으며 대기를 하게 된다. 시스템 안에 30통의 전화가 이미 걸려와 있다면 이 때 걸려오는 전화는 통화 중 신호를 듣게 되고 차후에 다시 통화를 시도하게 된다.

먼저 일반적인 모수를 정의한다.

r = 도착률. 무한대 근원의 경우, $1/r$은 연속되는 두 도착 간의 시간 간격을 의미한다. 한정된 근원의 경우, $1/r$은 하나의 고객이 서비스를 마친 후 다시 서비스를 필요하게 되는 데까지 걸리는 시간(평균 정상가동 시간),
T = 평균 서비스 시간,
S = 서버의 수,
M = 서버의 수와 가용한 대기 공간 수의 합.

다음을 정의한다.

P_k = Prob {대기 중이거나 서비스를 받고 있는 고객의 수 = k}

만약 S명의 서버가 있고, M개의 총 회선이나 공간이 있으면, 시스템 안의 고객수에 대한 분포 P_k는 다음의 관계식을 만족한다.

$$P_k = (rT/k)P_{k-1} \text{ for } k = 1, 2, \cdots, S$$
$$= (rT/S)P_{k-1} \text{ for } k = S+1, S+2, \cdots, M$$

그리고

$$P_0+P_1+ \cdots +P_M = 1.$$

위의 관계식을 풀기 위한 모형은 다음과 같다.

```
! M/M/c  queue with limited space (qmmcf);
DATA:
!  Number of servers;
    S = 9;
!  Total number of spaces;
    M = 12;
!  Arrival rate;
    R = 4;
!  Mean service time;
    T = 2;
ENDDATA
SETS:
 STATE/1..500/: P;
ENDSETS
! The basic equation for a Markovian(i.e., the time
   til next transition has an exponential distribution) system,
   says:(expected transitions into state k per unit time)
      = (expected transitions out of state k per unit time);
! For state 1( P0 = prob{ system is empty} );
  P0* R + P( 2)*2/T = ( R + 1/T) * P( 1);
! Remaining states with idle servers;
@FOR( STATE( K) | K #GT# 1 #AND# K #LT# S:
  P( K - 1)* R + P( K+1)*(K+1)/T = ( R + K/T) * P( K)
    );
! States with all servers busy;
@FOR( STATE( K) | K #GE# S #AND# K #LT# M:
  P( K - 1)* R + P( K+1)*S/T = ( R + S/T) * P( K)
    );
! All-full state is special;
  P( M - 1)* R = (S/T)* P( M);
! The P(k)'s are probabilities;
  P0 + @SUM( STATE( K)| K #LE# M: P( K)) = 1;
! Compute summary performance measures;
!  Fraction lost;
   FLOST = P( M);
! Expected number in system;
    EN = @SUM( STATE( K)| K #LE# M: K * P( K));
! Expected time in system for those who enter;
```

```
        ET = EN/( R * (1-FLOST));
    ! Expected wait time for those who enter;
        EW = ET - T;
```

해답은 다음과 같다.

```
       Variable          Value
              N       9.000000
              M       12.00000
              R       4.000000
              T       2.000000
             P0      0.3314540E-03
          FLOST      0.8610186E-01
             EN       7.872193
             ET       2.153466
             EW       0.153466
          P( 1)      0.2651632E-02
          P( 2)      0.1060653E-01
          P( 3)      0.2828407E-01
          P( 4)      0.5656815E-01
          P( 5)      0.9050903E-01
          P( 6)      0.1206787
          P( 7)      0.1379185
          P( 8)      0.1379185
          P( 9)      0.1225942
         P( 10)      0.1089727
         P( 11)      0.9686459E-01
         P( 12)      0.8610186E-01
```

이 모형은 9명의 서버보다 3개 많은 여유 공간 또는 회선을 가지고 있다. 수요를 만족시키지 못하는 비율은 0.08610186이다. 만약 여유 회선이 없었다면 이 비율은 두 배 이상인 0.1731408까지 증가하게 된다.

위의 모형은 서비스를 받지 못하고 돌아가는 상황을 설명하고 있다. 고객이 시스템에 들어왔을 때 대기 중인 고객이 너무 많아 그대로 발길을 돌리는 경우가 있다. 대기 중인 고객이 몇 명인지 쉽게 알아볼 수 있는 주요소와 같은 시스템에서는 이런 상황은 매우 일반적이다. 이제 좀더 일반적인 상황에 대한 모형에 대해 설명한다. 대기열의 길이가 길어짐에 따라 도착하는 고객이 확률적으로 발길을 돌리는 문제를 생각해 볼 수 있다.

이와 비슷한 상황이 더 있다. 이 상황은 대기열에서 기다리던 고객이 서비스를 받기 전에 서비스 받는 것을 포기하고 시스템을 떠나는 상황이다. 예를 들어, 인터넷 사이트에서 고객이 물건을 장바구니에 담았지만 실제 구매를 하지 않고 사이트를 떠나는 확률이 50% 정도인 것이 일반적이다. 이러한 상황은 중도 포기 비율을 대기하는 고객 수에 대한 함수로서 나타냄으로써 해결할 수 있다.

(2) 상수 서비스 시간, 무한대 근원, 무한대 대기열 공간

서비스 시간이 상수인 경우는 수학적인 해결이 가능하다. 서비스 시간이 상수 T 라면, 임의의 시간 T 간격 동안에 대해 다음의 사실을 이용할 수 있다. a) 기간 초기에 서비스 중인 모든 고객은 종료시점에 서비스를 마친다. b) 기간 동안의 도착하는 고객수는 포아손 분포를 따른다. 포아손 확률에 대한 정의는 다음과 같다.

$$a_k = e^{-(rT)}(rT)^k/k! \quad \text{for } k = 0,\ 1,\ 2,\ \cdots$$
$$= a_{k-1}(rT)/k.$$

P_k는 다음의 관계식을 만족한다.

$$\sum_{k=0}^{\infty} P_k = 1$$

S가 서버의 수라면

$$P_k = \sum_{j=0}^{S} a_k P_j + \sum_{j=S+1}^{k+S} P_j A_{k-j+S} \quad \text{for } k = 0, 1, 2,$$

(3) 서비스 시간 분포의 영향에 대한 예제

시간당 500의 도착률을 가지는 작업을 처리하기 위해 3개의 서버를 가지는 기업을 생각해보자. 작업에 대한 평균 서비스 시간은 3분이다(.05 시간). 서비스 시간 분포는 지수 분포이다.

만약 이 기업이 보다 체계적인 방법을 이용하여 서비스 시간의 변동성을 제거하여 서비스 시간이 정확히 3분으로 만드는 것을 생각하고 있다. 이러한 변화가 시스템 안의 평균 고객수를 얼마나 줄일 수 있을까?

아래는 이 문제를 해결하기 위한 LINGO 모형이다.

```
! Queue with constant service time (qmdc);
DATA:
 ! Arrival rate per minute;
    R = .833333;
 ! Service time in minutes;
    T = 3;
```

```
 ! Number of servers;
    S =  3;
ENDDATA
SETS:
 STATE/1..35/: A, P;
ENDSETS
 ! Probabilities must sum to 1;
@SUM( STATE: P) = 1;
  RHO = R * T;
! J and K will correspond to a state-1;
! Calculate probability of K-1 arrivals during a service time;
  A(1) = @EXP( - RHO);
@FOR( STATE(K)| K #GT# 1:
  A(K) = A(K-1) * RHO/(K-1);
    );
 NLAST = @SIZE( STATE);
 @WARN(" S too large for approximation", A(NLAST) #GT# .1);
! Transition equations:
   Probability of having K-1 in system T minutes from now
 = Prob{  all in system finished and K-1 arrived} + Prob{  S finished
and just the proper number arrived to bring number in system back up
to K-1} ;
@FOR( STATE( K)| K #LT# @SIZE(STATE):
  P( K) = @SUM( STATE( J)| J #LE# S: A( K) * P( J))
        + @SUM( STATE( J)| J #GT# S #AND# J #LE# K + S: P(J)*A(K-
J+S+1));
    );
! Because of the extra normalizing equation,  we can drop
  one transition equation above;
! Compute average number in system;
  AVGNSYS = @SUM( STATE( K): (K-1)* P(K));
! By Little's equation, average time in system;
  AVGTSYS = AVGNSYS/ R;
! Average number waiting;
         AVGNWTN = AVGNSYS - RHO;
```

해답의 일부분은 다음과 같다.

```
        Variable          Value
             RHO       2.499999
           NLAST       35.00000
         AVGNSYS       4.291565
         AVGTSYS       5.149880
```

```
AVGNWTN        1.791566
  P( 1)        0.3936355E-01
  P( 2)        0.1102164
  P( 3)        0.1615349
  P( 4)        0.1684308
  P( 5)        0.1438250
  P( 6)        0.1097549
  P( 7)        0.7924944E-01
  P( 8)        0.5598532E-01
  P( 9)        0.3930554E-01
 P( 10)        0.2757040E-01
 P( 11)        0.1934223E-01
 P( 12)        0.1357152E-01
 P( 13)        0.9522611E-02
```

이 결과를 지수분포를 가지는 서비스 시간의 경우와 비교해보면 매우 흥미롭다.

	지수분포	상수
시스템 안의 평균 고객수	6.01	4.29
평균 대기 고객수	3.51	1.79

서비스 시간의 변동성을 제거함으로써 대폭적인 개선이 이루어졌다. 부가가 많은 시스템에 대해 위와 같이 변동성을 감소시키면 기대 대기 시간이 반으로 줄어드는 효과를 얻을 수 있다.

연습문제

1. 제퍼슨 민트는 필라델피아 소재의 회사로 다양한 캔디를 통신으로 판매한다. 이 회사는 최근 뉴올리온즈의 투트_드_스위트 캔디 회사와 클리브랜드의 앰버 텍스트로스 캔디회사를 인수했다. 이 세 기업에게 있어서 전화는 중요한 주문 접수 수단이다. 실제 하루 중 가장 바쁜 시간인 오후 1시부터 4시까지 제퍼슨은 분당 0.98통, 투트_드_스위트는 0.65통, 덱스트로스는 분당 0.79통의 전화 주문이 접수되고 있다. 세 회사 모두에서 한 통의 전화를 처리하는 시간은 3분으로 동일하다. 제퍼슨은 하나 또는 그 이상의 콜 센터를 필라델피아에 소재한 하나의 콜센터로 통합하려는 계획을 가지고 있다. 이 통합은 뉴올리온즈로부터 필라델피아로의 전화선을 하루에 170달러에 임대하고, 클리브랜드로부터의 전화선은 하루에 140달러에 임대함으로써 가능하다. 전화상담원의 급료는 하루에 75달러이다. 어떤 서비스 형태가 선택되더라도 희망 서비스 수준은 95%다. 즉, 최소 95%의 전화주문을 즉시 받을 수 있어야 한다는 것이며, 즉시 처리하지 못한다면 그 주문은

잃어버린 것으로 간주한다. 이러한 요구사항은 특정한 날의 가장 바쁜 시간에도 적용된다. 이 상황은 수요가 특정시간에 몰리는 현상이 발생하고 있는 것으로 간주한다. 두 도시를 연결하기 위해서는 하나의 회선만이 필요함을 주목하라. 하나의 회선은 동시에 수십 통의 전화를 연결할 수 있는 용량을 가지고 있다.

(a) 뉴올리온즈의 콜센터가 먼저 필라델피아로 통합된다. 이 통합으로 인한 일간 기대 절감액은 얼마인가?

(b) 당신은 어떠한 형태의 통합을 추천하는가?

(c) 클리브랜드의 콜센터에는 4명의 상담원이 근무해왔다. 당신은 어떤 질문을 할 수 있겠는가? 클리브랜드의 주문량 처리에 적합한 상담원 수는?

2. 신뢰도는 통신 기업에 있어서 매우 중요하다. 엑소컴은 전국 각지에 많은 수의 디지털 통신 교환기를 설치했다. 설치된 교환기에 고장이 발생한 경우, 얼마나 빨리 예비 교환기로 교체할 수 있는가가 매우 중요한 문제다. 교환기의 고장은 월간 1.5대꼴로 발생한다. 교환기의 가격이 800,00달러나 되기 때문에 많은 수의 예비 교환기를 두는 것은 바람직하지 않다. 반면 교환기가 고장이 나서 고객의 통화를 중계할 수 없는 경우 엑스콤에 주말을 포함하여 대략 일간 8,000달러의 손해가 발생한다. 고장난 교환기는 한시간 남짓이면 교환할 수 있으며, 고장난 교환기를 진단하여 수리하는 데까지는 대략 반달정도가 소요된다. 수리가 완료되면 예비 교환기로 이용될 수 있도록 보관된다. 엑스콤은 만약 더 이상 예비 교환기에 투자할 필요가 없다면 다른 유망한 4가지 프로젝트에 투자를 할 수 있는 상황이기 때문에, 교환기의 최적 예비재고 문제를 해결하는 것이 매우 급한 상황이다. 당신의 추천 해결방안은 무엇인가?

3. 아래는 일정기간 동안 특정한 한대의 전화에 대한 장거리 전화 통화 기록이다.

	통화지역		통화시간		통화지역		통화시간
날짜	도시	주	분	날짜	도시	주	분
03/04	MICHIGANCY	IN	0.4	03/21	NEW YORK	NY	12.6
03/07	PHILA	PA	3.1	03/21	PRINCETON	NJ	2.0
03/07	LAFAYETTE	IN	3.9	03/21	PRINCETON	NJ	0.2
03/07	OSSINING	NY	1.4	03/21	PRINCETON	NJ	0.3
03/07	LAFAYETTE	IN	2.8	03/21	PRINCETON	NJ	0.3
03/08	LAFAYETTE	IN	2.8	03/25	SANTA CRUZ	CA	1.4
03/08	SOSAN FRAN	CA	2.0	03/25	FORT WAYNE	IN	0.9
03/08	PHILA	PA	0.9	03/27	SANTA CRUZ	CA	0.9
03/11	BOSTON	MA	5.1	03/27	SANTA CRUZ	CA	8.1
03/11	NEW YORK	NY	3.1	03/27	SOSAN FRAN	CA	8.2
03/15	MADISON	WI	0.3	03/27	CHARLOTSVL	VA	0.7
03/19	PHILA	PA	3.6	03/28	CHARLOTSVL	VA	8.4
03/20	PALO ALTO	CA	4.7	03/28	NEW YORK	NY	0.8
03/20	PALO ALTO	CA	9.2	03/29	NEW YORK	NY	1.7

날짜	통화지역 도시	주	통화시간 분	날짜	통화지역 도시	주	통화시간 분
03/29	BOSTON	MA	0.6	04/16	CAMBRIDGE	MA	0.9
04/01	HOUSTON	TX	1.1	04/18	ROCHESTER	NY	1.3
04/01	BOSTON	MA	10.6	04/19	PALO ALTO	CA	16.1
04/01	BRYAN	TX	1.4	04/22	ROCHESTER	NY	1.7
04/01	PEORIA	IL	1.0	04/23	CHARLSTON	IL	0.7
04/02	SANTA CRUZ	CA	5.5	04/24	CHARLSTON	IL	6.4
04/03	HOUSTON	TX	1.4	04/24	WLOSANGLS	CA	3.0
04/03	PEORIA	IL	2.3	04/24	NEW YORK	NY	5.1
04/09	NEW YORK	NY	1.1	04/24	FORT WAYNE	IN	0.9
04/11	LOS ALTOS	CA	5.5	04/24	PORTAGE	IN	2.2

(a) 포아손 분포가 하루 안의 통화 내역을 잘 묘사하고 있는가?

(b) 지수 분포가 통화와 통화 사이의 시간을 잘 묘사하고 있는가?

(c) 몇 년도에 통화가 이루어 졌는가?

10

최적화 기반의 의사결정 지원시스템의 설계와 구현

>> 난 완벽하길 바라지 않는다. 단지 목요일이길 바란다.
– 존 피어폰트 모간

10.1 모형화 과정의 일반적인 구조

전체적인 모형화 과정은 다음과 같다.

1) 모형에 대한 필요성 정의
2) 모형의 개발
3) 모형의 구현

적절한 모형을 개발하기 위해서는 절대 (1)단계를 건너뛰어서는 안 된다. 임의의 모형을 사용하기로 결정하기 전에 반드시 다음의 질문을 해 보아야 한다.

a) 모형을 사용함으로써 얻을 수 있는 혜택이 모형을 개발하고 구현하는 데 소요되는 비용을 넘어서는가?
b) 결론을 내리기까지 (2)와 (3)을 수행하기 위한 충분한 시간이 있는가?
c) 모형을 만드는 것보다 실제 시스템에 대해 실험을 하는 것이 더 용이하지 않은가? 얼마 전 한 전화회사에서는 A도시에서 걸려오는 전화통화를 A도시의 시설을 이용하여 처리하지 않고, B도시에 있는 중앙시설을 이용하여 처리하는 방안에 대해 고려하고 있다. 이러한 상황에 대한 모형을 만들어 분석을 하는 것 보다는 5분간 실제 시스템에서 회선중계방식을 5분간 새로운 방식으로 전환해 봄으로써 그 영향을 분석하는 것이 보다 효과적이었다. 유사하게 Banks and Gibson(1997)는 한 패스트푸드 체인이 운전자

를 위한 주문대를 하나 더 설치할 때의 영향을 분석하기 위한 상황을 설명하고 있다. 그러나 경쟁자는 같은 아이디어를 실제 직원을 투입하여 두 번째 주문대를 만들어 실험하는 형태로 보다 신속하게 실험을 완료했다.

d) 적절한 모형을 만들 정도의 데이터를 확보하고 있는가?

만약 구현되는 모형의 목적(예를 들면, 투자를 할 것인가 말 것인가?)이 한번만 사용하고 마는 것이라면 (3)단계를 위해 그리 많은 노력을 들일 필요는 없다.

(1) 모형 개발 : 상세와 유지보수

모형을 일회적으로 사용하는지 아니면 상시적으로 사용할 것인가는 모형을 설계하는데 있어서 중요한 의미를 갖는다. 만약 상시적으로 사용되는 시스템을 개발하려 한다면 다음에 유의해야 한다.

| 문제 |

실세계는 빠른 속도로 변한다(예를 들어, 가격, 회사 구조, 공급자). 모형을 변화가 생기는 즉시 수정 보완할 수 있어야 한다.

| 해결방안 |

두 가지의 철학이 있을 수 있다.

1) 가치없는 세세한 부분을 모형으로부터 제거하여, 모형을 단순하게 유지하라.
2) 모형의 많은 부분을 하드코드가 아닌 프로그램 외부의 데이터베이스로 유지할 수 있는 모형 구조를 유지하라.

10.2 검증과 유효성 확인

검증(Verification)은 원하던 대로 모형이 구현되었는가를 확인하는 과정을 의미하며, 일반적으로 프로그램에 버그가 없는가를 검토하는 과정이다. 유효성 확인(Validation)은 모형의 구현을 위해 사용된 실제 상황에 대한 근사화 부분이 적절하며 모형의 결과에 대한 품질에 영향을 미치고 있지는 않은가에 대한 평가 작업을 의미한다. 다시 말하면, 검증은 방정식이 적절하게 해결되었는가를 체크하며, 유효성 확인은 올바른 방정식을 해결하였는가를 검토하는 과정이라 말할 수 있다(Roache(1998) 참조). 모형을 검증하는 몇 가지 접근방법은 다음과 같다.

i) 해결된 특별한 경우에 대한 모형의 결과를 확인하라.
ii) 해가 알려진 극한 상황에 대한 문제에 대한 모형의 결과를 확인하라.
iii) 손으로 풀릴 수 있는 작은 문제에 대해 모형의 결과를 확인하라.
iv) 모형의 입력이 변경될 때 모형의 결과가 올바른 방향으로 변화하는가를 확인하라 (예를 들어, 원자재의 가격이 상승하면, 더 많은 양의 원자재를 구입해서는 안 된다).
v) 모형이 부적절한 경우의 문제를 적절하게 해결하는 가를 확인하라.

컴퓨터 소프트웨어의 품질을 검증하기 위한 많은 방법들이 대규모 모형을 검증하는데 역시 이용될 수 있다. 예를 들어, 컴퓨터 소프트웨어를 검증하는 데 이용되는 유용한 개념은 "적용범위"에 대한 시험이다. 좋은 시험방법은 프로그램의 전체 코드의 유효성을 검증할 수 있는 적용범위를 가져야 한다. 유사하게 시험 데이터는 프로그램의 전 부분을 검증할 수 있도록 구성되어야 한다. 만약 *N*가지의 제품을 다루고 있는 모형이 있다면, 테스트 데이터는 1개의 제품만을 다루는 경우, *N*개의 제품을 다루는 경우, 그리고 *N*개 이상의 제품을 다루는 경우의 세 가지 유형으로 구성되어야 한다.

(1) 상세화 정도와 유효성 확인

유효성 확인은 모형화 대상인 실제 세계에 대한 이해로부터 시작된다. 가장 일반적인 문제는 대상에 대해 가장 권위 있고 자신 있게 이야기하는 사람으로부터의 정보가 항상 신뢰할만한 것이 아니라는 점이다. 따라서 항상 다른 정보원을 이용하여 "사실"을 확인하는 것이 중요하다. Rothstein(1985)은 대규모 항공사의 부사장과의 대화에서 부사장은 자신에게 자신의 회사에서는 전혀 좌석을 초과해서 예약을 받는 관행은 없다고 확신시켰던 사실을 언급하고 있다. 약간의 시간이 지난 후 실제 운영자와의 대화를 통해 매우 지능적인 좌석 초과 예약 시스템을 가동 중인 사실을 발견하였다.

만약 별로 중요하지 않은 상세한 부분을 모형으로부터 제거해 버린다면, 모형은 보다 수정보완이 용이할 뿐 아니라 사용도 쉽게 된다.

예제. 장기 선박 일정계획 모형을 수립하는 경우, 시간에 대한 단위를 어떻게 할 것인가를 결정해야 한다. 조류는 13시간 간격으로 발생하고 이 사실은 수심이 낮은 항구에서는 일정계획을 수립하는 데 있어서 매우 중요한 고려사항이 된다. 대규모 선박은 만수시에만 항구로 들어올 수 있다. 따라서 선박 일정계획을 위한 다기간 모형에서는 기간의 길이를 13시간으로 하는 것이 적절하다고 볼 수 있다.

그러나 선박의 항해 시간이 충분히 무작위성을 갖기 때문에 일 단위의 일정계획이면 충분하다. 따라서, 한 달의 기간에 대해 60개의 기간보다 30개의 기간이면 충분히 이 문제 상황을 묘사할 수 있을 것이다. 기간의 수를 반으로 줄이는 것은 계산과정을 매우 단순화 할 수 있다. 모형을 무조건 상세하게 만드는 것만이 문제해결에 도움을 주는 것은 아니다. 해결하고자 하는 문제의 성격에 맞는 수준의 상세화 정도를 발견하여 모형화를 하는 것이 바람직한 것이다.

모형의 정확성, 유효성을 훼손하지 않는 한도 내에서 단순화, 근사화하는 것이 가장 좋은 방법이다. 단순화를 위한 근사화 과정은 대략 다음과 같은 유형을 갖는다.

1) 함수적 근사화 비선형 경우를 근사화하기 위해 선형 함수를 이용한다.
2) 통합 근사화
   (2.1) 시간 통합 - 주어진 날(주, 월, 년 등)에 발생한 모든 사건을 그 날의 종료시점에 발생한 것으로 다룬다.
   (2.2) 부문 통합 - 같은 우편번호를 가진 고객들을 하나로 묶어 하나의 대규모 고객으로 다룬다. 소비자 제품을 생산하는 기업에서 모든 세제를 하나의 제품으로 취급한다.
3) 통계적 근사화 - 확률변수를 평균으로 대체한다. 예를 들어, 미래의 제품수요가 확률변수라 할지라도 대부분의 기획자는 계획을 수립함에 있어 상수로 취급한다.
4) 분해 근사화 - 만약 시스템이 매우 복잡하다면 문제를 분해함으로써 문제의 구조를 쉽게 하여 문제를 해결하는 것이 바람직하다. 단계적으로 문제를 해결해 감에 따라 보다 완벽한 해답을 구할 수 있다.

Rogers, Plante, Wong, and Evans(1991)은 최적화 문제에 대한 통합 기법에 대한 광범위한 조사를 실시하였다. 근사적 모형을 이용하기 위한 절차는 다음과 같다.

1) 상세 입력자료 획득
2) 작은 근사적 모형을 유도
3) 근사적 모형을 해결
4) 근사적 모형으로부터 얻은 해를 실세계에 적용 가능한 형태로 변환

가장 어려운 단계는 (4)이다. 가장 난감한 경우는 근사적 모형에서 구한 해를 실세계에 적용할 수 없는 경우가 발생한다는 것이다.

(2) 모형과 실세계의 불일치 시 실세계를 따르라

유효성 확인 과정의 일부분으로서, 모형의 결과를 실세계의 결과와 비교해 봐야 한다. 만약 차이가 발견된다면, 두 가지의 가능성이 있다. (a) 실세계가 최적의 방법으로 운영되지 않음으로 인해 차이가 발생하고 결국 모형을 이용함으로써 개선할 수 있다; 또는 (b) 모형에 아직 결점이 존재한다.

Black(1989)은 최적가격모형에 대한 유효성을 확인하는 과정에서 이러한 상황을 잘 서술하고 있다.

"우리는 특정 기업 집단 각각에 대한 증권의 변동성을 추정하였다... 우리는 몇몇 지급증서가 매우 좋은 상품처럼 보이는 것을 발견했다. 그 중에서도 가장 좋은 상품은 내셔널 제너럴처럼 보였다... 우리는 즉시 시장에 뛰어들어 한 다발의 지급증서를 구입했다. 이후 아메리칸 파이낸셜이라 불리는 기업이 내셔널 제너럴에 대한 적대적 주식매입을 선언하였다... 적대적 주식매입 선언은 지급증서의 가치를 급속하게 하락시켰다... 다른 말로 표현하면, 시장은 우리의 공식이 알지 못했던 것을 알고 있었던 것이다... 그리고 이것이 바로 그 지급증서의 가격이 그토록 낮았던 이유였던 것이다."

(3) 최적이 아닌 방법으로 움직여야 하는가?

모형화 기술 중의 하나는 어떤 상세부분을 모형에서 제외시킬 것인가에 관련된 것이다. 불행하게도 가장 먼저 모형에서 제외되는 부분은 계량화가 어려운 부분이다. 계량화가 힘든 특성의 하나는 정보의 가치이다. 정보의 가치가 모형에서 제외되면, 오히려 정확한 최적해를 구현하지 않는 것을 원할 수 있는 많은 상황들이 발생할 수 있다.

최적 재고 모형은 매우 큰 주문량을 추천할 수 있다. 만약 우리가 좀더 작은 주문량을 사용한다면 우리는 공급자에게 소매 수요에 대한 보다 적시의 정보를 제공할 수 있다. 주문 사이에서 공급자는 자신의 제품이 어떻게 판매되고 있는지에 대한 아무런 정보도 획득할 수 없다. 극단적으로 우리가 1개의 주문량을 이용한다면 공급자는 소비자의 수요에 대한 보다 최신의 정보를 획득할 수 있으며 이를 통해 생산계획을 보다 효율적으로 수립할 수 있을 것이다.

고객에 대한 외상판매를 증가시키려는 기업은 부가적인 정보를 획득하기 위해 최적이 아닌 방식으로 행동하는 경우가 있다. 특정 유형의 프로파일을 가진 고객에 대해서는 외상판매를 하지 않는다는 정책을 가진 기업은 가끔 그 유형을 가진 기업의 행동양식에 대한 최신 정보를 획득하기 위해 외상판매를 제공하기도 한다.

부가적인 정보를 획득 또는 드러내기 위해 가끔 최적이 아닌 방식으로 행동하기도 하지만, 때로는 너무 많은 정보를 드러내지 않기 위해 최적이 아닌 방식으로 행동한다. 훌륭한 노름꾼은 좋지 않은 패를 가졌을 때 많은 액수를 판돈으로 거는 경우가 있다. 만약 다른 사람들이 이 노름꾼은 절대 패를 속이지 않는다고 믿는다면 그 노름꾼이 큰 액수를 거는 경우 판을 포기하게 된다.

2차대전 중에 영국이 코번트리의 폭격을 알면서도 모르는 척 했다는 소문이 있었다. 만약 독일의 폭격기가 발견되기 전에 미리 대규모의 전투기 편대를 출격시킨다면 영국이 독일의 통신코드를 알고 있다는 사실이 독일에 알려지기 때문에 이러한 행동을 했다는 것이다.

10.3 자료와 시스템 구조의 분리

시스템구조로부터 자료를 분리해야 하는 데는 두 가지 이유가 있다.

a) 실세계의 변화에 대해 쉽고 빨리 모형을 수정보완 할 수 있다.
b) 매일 자료를 갱신해야 하는 담당자는 프로그램 구조를 알 필요가 없다.

유연한 시스템은 테이블을 이용하면 가능하다. LINGO와 What's Best!와 같은 강력한 시스템에서는 시스템 구조를 나타내는 수식에 포함되는 이자율과 같은 계수들을 쉽게 입력할 수 있다.

(1) 시스템 구조

전형적인 경우, 모형은 정기적으로 이용된다(예를 들면, 운영 환경에서 매주 이용). 이 경우, 모형에 대한 시스템은 다음 그림 10.1의 구조를 갖는 것으로 생각할 수 있다.

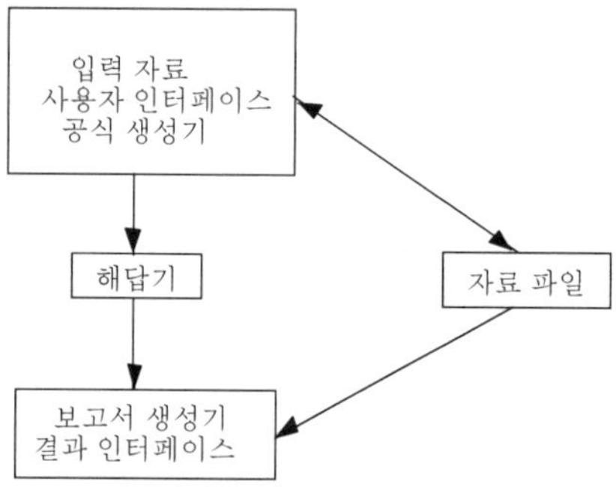

그림 10.1 시스템 구조

자료 파일과 공식 생성기 사이에는 양방향의 화살표가 있음에 주목하라. 이는 공식 생성기가 자료 파일로부터 필요한 계수 정보를 획득하고 있음을 의미한다. 데이터 파일과 보고서 생성기 사이에 화살표가 있는 것은 보고서 생성기가 고객의 주소 등 수식 생성기에는 필요하지 않지만 보고서 생성기에는 필요한 정보가 있기 때문이다. 로터스 1-2-3와 같은 스프레드시트 프로그램의 성공으로 말미암아, 위의 모든 구성요소를 빠짐

없이 포함시킬 수 있다.

10.4 모형 마케팅

누가 이 모형을 이용할 것인가를 명심하는 것이 필요하다. 종종 하나의 조직에는 두 형태의 사용자가 존재한다.

1) 모형 소유자 (예를 들어, 최고경영자),
2) 실 사용자 (예를 들어, 공장장은 일당 12시간을 작업하며, 주요 임무는 작업을 원활하게 진행하여 납기를 맞추는 것이다).

(1)번 고객은 기대 이익 개선을 기대하여 모형 개발을 지시한 사람이다. (2)번 고객은 모형이 자신의 업무를 보다 편리하게 해준다면, 모형을 실제 이용하는 사람이다. 만약 이 사람이 생산납기를 맞추지 못한다면 아마 해고될 것이다. 만약 이 사람이 수익성을 향상시키고 이를 문서화하는 수고를 감수한다면 그는 임금인상의 기회를 가질 수 있을 것이다. 따라서 (2)번 고객은 입력과 출력 사용자 인터페이스가 매우 중요하다.

(1) 보고서

모형은 자신이 생성해 낸 보고서를 통해 영향을 미친다. 만약 표준 보고서 형태가 이미 존재한다면 그것을 이용하면 된다. 모형은 보다 정확한 수치를 그 보고서에 포함시키면 되는 것이다.

| 예제 |

신발공장에 대해 LP 기반의 일정계획 시스템이 개발되었다. 이 시스템은 먼저 적용된 첫번째 공장에서는 매우 성공적이었다. 생산이 15% 증가되었다. 그러나 이 시스템은 두번째 공장에서는 성공하지 못했다. 이렇게 성공의 여부가 달라진 이유는 다음과 같다. 첫번째 공장은 일정계획 보고서와 작업지시가 이미 존재했고 새로운 일정계획 시스템은 단순히 기존의 보고서에 좀더 정확한 수치를 제공할 뿐이었다. 그러나 두 번째 공장은 비정형적인 일정계획 시스템을 이용하고 있었다. 새로운 일정계획 시스템과 새로운 보고서 시스템을 동시에 설치하여 이용하는 것은 직원들에게 큰 혼란으로 다가왔고 따라서 이 시스템은 성공하지 못한 것이다.

1) 보고서 설계

보고서를 설계하는 데 있어서 가장 바람직한 태도는 결과가 어떻게 사용될 것인가에 대한 질문을 하는 것이다.

시스템을 운영하는 과정에서 생성되는 보고서에는 종종 다음과 같은 세 가지의 유형이 있다.

a) 원자재 획득 권고. 예를 들어, 극단적인 경우, 모형은 구매 주문을 직접 생성할 수 있다.
b) 생산 주문. 예를 들어, 얼마 만큼의 원자재가 완제품으로 생산될 것인가?
c) 완제품 요약. 만약 생산 프로세스가 복잡하다면(예를 들어, 몇몇 다른 대체 프로세스가 특정한 제품의 생산을 위해 사용될 수 있다), 어느 정도 수량의 완제품이 생산되어야 하는가는 (a)와 (b)에 의해 확실히 결정될 수 없다.

| 예제 |

혼합 공장의 보고서 . 원자재를 혼합하여 완제품을 만들어내는 공장에 대해서는, 다음의 보고서가 적절할 것이다.

(a)

원자재 구매			
원자재	총필요량	초기재고	필요 구매량

(b)

생산			
1번 묶음 생산		2번 묶음 생산	
입력 : 원자재	수량	입력 : 원자재	수량

(c)

완제품 요약				
제품	초기재고	생산량	총필요량	잔여

2) 보고서의 차원

보고서에 대한 체계적인 구성방법 중 하나는 다양한 차원에서 보고서를 조회할 수 있도록 하는 기능을 제공하는 것이다. 각 보고서는 차원에 따라 정렬되고 요약될 수 있다.

| 예제: 다기간 운송 |

차원 : 출발지, 도착지, 기간. 주요 의사결정변수는 X_{ijt}의 형태이다. X_{ijt}는 공급자 i로부터 고객 j에게 기간 t에 운송되는 물량을 의미한다. 보고서의 형태는 다음과 같다.

공급자 보고서 : 출발지, 기간, 도착지에 따라 정렬, (또는 도착지에 대한 합계).

운송관리자 보고서 : 출발지, 기간, 도착지에 따라 정렬.

고객 보고서 : 출발지, 기간, 도착지에 따라 정렬 (또는 출발지에 대한 합계).

대부분의 스프레드 시트와 데이터베이스는 다차원 정렬 능력을 가지고 있다.

3) 보고서 상세/기초 시험 통과

결과는 사용자가 쉽게 알아볼 수 있게 작성되어야 한다.

예를 들어, 강재의 길이를 58.36 인치의 길이로 잘라야 한다고 결과를 보고한다면, 웃음거리가 될 수도 있다. 왜냐하면 강재의 길이는 1/8인치 단위로 측정되는 것이 표준이기 때문이다. 따라서 이 강재의 길이는 반올림하여 58.375인치로 표현하거나 58과 3/8 인치로 보고서에 표현하는 것이 보다 바람직하다.

| 예제 |

날짜는 월에 대한 일의 개념뿐만 아니라 주에 대한 일의 개념으로도 보고되어야 한다.

각 나라는 서로 다른 형태의 날짜 표기법을 가지고 있다(예를 들어, 14 March 1991 또는 3/14/1991). 모형이 사용되는 지역에 적합한 형태의 표현형식을 이용해야 한다.

| 예제: 차량경로계획/기초 시험 통과 |

고객들은 운행경로에 따라 하나의 집단으로 구분되며, 하나의 차량은 동일한 운행경로를 갖는 고객들을 수송한다. 실제 모형은 이 문제를 두 단계로 분해하였다.

(1) 운행경로에 고객 할당	←	많은 절감 효과 발생.
(2) 운행 순서 결정	←	사용자가 주목하는 부분.

시스템이 운행경로(큰 절감 효과가 발생하는)에 따라 고객을 아주 효율적으로 각 차량에 할당했지만, 하나의 차량의 운행순서를 최적으로 결정하여 운행하지 못했다면 고객들은 큰 불만을 가질 것이다. 비록 차량의 운행 순서를 어떻게 결정하는 것에 따라 비용의 차이가 많이 발생하지 않는다 할지라도, 고객은 최적순서로 운행하지 않는 작은 결점에 대해 매우 민감하게 반응할 것이다.

4) 모형은 항상 가능해를 가져야 한다.

입력자료가 많은 사람들에 의해 준비되는 대형 모형에서는, 자료가 모두 일관성이 있다는 확신을 할 수 없다. 예를 들어, 생산부서에서 추정된 생산능력이 영업부서에서 집계한 수요량보다 부족한 경우가 있을 수 있다. 만약 모형에서 생산능력이 예측수요를 충족할 수 있어야 한다는 제약식이 있다면, 이 모형은 가능해를 만들어낼 수 없다. 쌀쌀한 "가능해가 존재하지 않음"이란 메시지는 전혀 도움이 되지 않는다.

이 경우에 대한 보다 바람직한 모형화 방법은 매우 비싼 비용을 들이지만 매우 빠른 속도로 제품을 생산할 수 있는 가상의 기계를 포함하는 것이다. 이렇게 하면 반드시 가능해를 만들어낼 수 있지만, 해의 일부분은 매우 이상하게 보일 수 있다.

또 다른 방법은 수요를 필요한 시점 이후에 충족시키는 것이다. 이렇게 수요를 지연시켜 충족하는 방식은 비싼 비용의 발생을 수반한다.

두 경우, 모두 어떤 부분의 생산능력을 증설해야 하고 수주를 얼마나 줄여야 하는가에 대한 영감을 얻기에 충분하다.

충분히 좋은 모형도 일부 상세한 부분에서는 결점이 있을 수 있다. 따라서 모형에서 제공되는 일부 해답은 약간 틀릴 수도 있다.

예를 들어, 실제 상황에서는 모든 것이 유한한 상한선을 갖는다.

유사하게 어떤 자원에 대해서는 쌍대 가격에 대한 명백한 한계치가 존재할 수 있다.

예를 들어, 토지가 실세계에서 매우 희소성이 있는 자원이라면, 토지에 대한 쌍대 가격은 0이 될 수 없을 것이다. 잉여 토지를 쌍대 가격에 대한 상하한선 내에서 임대하는 것과 같이 잉여 자원의 판매 또는 부족 자원의 구입과 같은 행위를 모형에 포함시켜야 한다.

5) 시스템 구조의 "완결"

만약 구현하고자 하는 모형이 (a) 복잡해지고 (b) 모형을 설계한 집단과 동떨어진 집단이 모형을 이용한다면, 모형이 어떤 기능을 수행해야 하는가에 대한 문서를 미리 만들어 놓는 것이 매우 유용할 것이다. "사용자 메뉴얼"은 시스템이 설치되기 전에 작성되어야 효과적으로 이용될 수 있다. 예정 사용자는 시스템의 설계에 대해서 최종적인 확인을 해주어야 한다. 즉, 이 시스템이 어떤 것을 제공해 주어야 하는지에 대한 최종 확인을 해주어야 하는 것이다.

이 문서는 다음의 내용을 포함한다.

a) 자료 입력 형식
b) 출력 형식
c) 모형 검증을 위한 시험 자료 집합. 모형은 이 자료에 대해 올바른 해를 제공하면 시험을 통과하게 된다.

10.5 모형 크기 줄이기

실제적인 LP 모형은 대형화되는 경향이 있다. 따라서 모형에 대한 관리가 중요해진다. 주요 이슈는 다음과 같다.

1. 적당한 형식화 방법을 선택한다. 종종 두 가지의 상충되는 고려사항이 있다. (a) 실세계를 충분히 현실성 있게 묘사할 수 있도록 모형이 커야 한다. (b) 모형은 적절한 시간 내에 해결될 수 있어야 한다.
2. 어떤 자료가 입력되어야 하는가? 어떻게 수집할 것인가?
3. 어떻게 현재의 자료로부터 명시적 모형을 개발할 수 있는가? 이 과정은 전통적으로 매트릭스 생성이라 불려왔다.
4. 어떻게 모형을 해결할 것인가? 적절한 시간 내에 해결될 수 있는가? 실제로는 어느 정도의 최적화 프로그램이 반드시 선택되어야 한다.

여기서는 (1)과 (3)의 이슈에 대해 논의한다. 어떤 형식화 방법을 선택할 것인가는 얼마나 쉽게 모형이 해결될 수 있는가를 판단하기 위한 기초가 된다(이슈 4).

어떻게 작은 형식화 방법을 선택하여 좀더 모형이 쉽게 해결될 수 있게 할 것인가에 대한 부분부터 논의를 시작한다.

LP를 얼마나 쉽게 풀 수 있는가는 다음의 세 가지 특성에 의해 좌우된다. 행의 개수, 열의 개수, 제약식 행렬의 0이 아닌 계수의 수. LP의 계산 시간은 0이 아닌 계수의 개수의 제곱에 비례한다. 따라서 위의 세 가지의 개수를 줄일 수 있는 방향으로 LP 모형을 다시 형식화하는 노력이 필요하다.

시판된 LP 소프트웨어의 많은 수가 REDUCE와 같은 명령어를 제공하고 있다. 이 명령어를 실행하면 대수적 대체 또는 소거 기법을 통해 모형을 단순화 할 수 있다. Brearley, Mitra, and Williams(1975)는 이러한 단순화 기법에 대해 자세히 설명하고 있다.

(1) 통합에 의한 단순화

변수의 집합을 하나의 변수로 치환할 수 있다면, 우리는 변수를 결합한다고 이야기 한다. 역시 제약식의 집합을 하나의 변수로 치환할 수 있다면, 우리는 제약식을 결합한다고 이야기 한다. 결합을 위해서는 몇 가지 이슈를 해결해야 한다.

1. LP를 풀고 난 이후, 결합된 값으로부터 원래의 값을 찾아내기 위한 사후처리/분해 과정을 거쳐야 한다.
2. 행의 결합이 이루어졌다면, 결합문제의 해가 원래 문제에 대해서는 가능해가 아닐 수 있다.
3. 변수의 결합이 이루어졌다면, 결합문제의 해가 원래 문제에 대해서 최적이 아닐 수 있다.

(2)를 설명하기 위해, 다음의 LP를 생각해보자.

$$\begin{aligned} \text{Maximize} \quad & 2x+y \\ \text{subject to} \quad & x \le 1 \\ & y \le 1 \\ & x, y \ge 0 \end{aligned}$$

최적해는 $x=y=1$; 이 때의 목적식 값은 3. 행을 결합하여 다음의 식을 얻을 수 있다.

$$\begin{aligned} \text{Maximize} \quad & 2x+y \\ \text{subject to} \quad & x+y \le 2 \\ & x, y \ge 0 \end{aligned}$$

결합 문제에 대한 최적해는 $x=2$, $y=0$, 이 때의 목적식 값은 4. 그러나 이 해는 원래 문제에 대해서는 가능해가 아니다.

(3)을 설명하기 위해, 다음의 LP를 생각해보자.

$$\begin{aligned} \text{Minimize} \quad & x_1+x_2 \\ \text{subject to} \quad & x_1 \geq 2 \\ & x_2 \geq 1 \\ & x_1,\ x_2 \geq 0 \end{aligned}$$

최적해는 $x_1=2$, $x_2=1$, 이 때의 목적식 값은 3. 변수를 결합하여 다음의 식을 얻을 수 있다.

$$\begin{aligned} \text{Minimize} \quad & 2x \\ \text{subject to} \quad & x \geq 2 \\ & x \geq 1 \\ & x \geq 0 \end{aligned}$$

결합 문제에 대한 최적해는 $x=2$, 이 때의 목적식 값은 4. 그러나 이 해는 원래의 분해된 문제에 대해서는 최적이 아니다.

1) 예제: 회의실 일정계획 문제

앞의 변수와 제약식에 대한 결합을 설명하기 위해 비즈니스 회의를 위한 다수의 회의시설을 가지고 있는 대형 호텔에 직면한 문제를 생각해보자. 호텔은 다양한 크기의 r개의 회의실을 가지고 있다. 이 호텔은 t기간 동안 g개의 그룹을 앞서 언급한 회의실에 할당해야 한다. 각 그룹은 회의실의 크기가 최소 얼마 이상이 되어야 한다는 조건을 가지고 있다. 또한 이 그룹들은 회의실 사용에 대해서 각기 서로 다른 선호하는 기간이 있다. 각 그룹은 각 기간에 대해 정확히 하나의 회의실을 필요로 한다. 위의 문제에 대한 형식화 결과는 다음과 같다.

V_{gtr} = 그룹 g를 기간 t에 회의실 r에 할당하는 경우의 값. 이 값은 그룹 g에 의해 제공되며, 아마도 순위의 형태일 것이다. 의사결정변수는 다음과 같다.

X_{gtr} = 1 그룹 g가 기간 t에 회의실 r에 할당되는 경우. 이 변수는 각 그룹 g, 각 기간 t, 그리고 그룹 g를 수용하기에 충분한 회의실 r에 대해 정의된다.
= 0 다른 경우.

제약식은 다음과 같다.

$$\sum_t \sum_r x_{gtr} = 1 \qquad \text{각 그룹 } g\text{에 대해}$$

$$\sum_g x_{gtr} \leq 1 \qquad \text{각 회의실 } r,\ \text{기간 } t\text{에 대해}$$

x_{gtr} = 0 or 1 모든 g, t, r에 대해

목적식은 다음과 같다.

$$\text{Maximize} \quad \sum_g \sum_t \sum_r V_{gtr}\ x_{gtr}$$

이 문제에 대한 제약식의 수는 $g+r\times t$ 이다. 변수의 개수는 대략 $g\times t\times r/2$이다. 1/2은 전형적인 그룹에 대해 회의실의 절반정도가 충분히 크다는 가정에 기초한다.

이 문제에 대한 하나의 예는 g=250, t=10, r=30과 같다. 이 경우 550개의 제약식과 약 37,500개의 변수를 갖는다. 이 정도 크기의 문제는 풀기 쉽지 않다. 따라서 우리는 좀더 작게 문제를 형식화할 수 있는 방법을 찾아야 한다.

회의실 b와 c가 해당 그룹을 수용하기에 충분히 크기 때문에 두 회의실을 사용하는 것이 별 차이가 없다면 변수의 결합이 가능하다. 기호를 이용하여 표현하면, 회의실 b와 c가 r 그룹 g를 수용하기에 충분히 크다면, 모든 g와 t에 대해 $V_{gtb}=V_{gtc}$가 성립한다. 좀더 일반적으로 표현하면, LP의 각 행에서 두 개의 변수가 같은 계수 값을 갖는 형태로 결합될 수 있다. LP에서 두 개의 변수는 두 변수가 같은 계수를 갖는 경우 유효하게 결합할 수 있다. 우리는 같은 크기를 갖는 모든 회의실을 결합함으로써 제약식을 결합할 수 있다. 이 결합 프로세스는 전통적인 형식화 지침의 대표적인 예다. 모형을 해결하고자 할 때, 구별할 필요가 없는 것을 굳이 구별하지 마라.

결합된 형식화 결과는 다음과 같이 정의될 수 있다.

K = 다른 크기를 갖는 회의실의 수
N_k = 크기 k보다 크거나 같은 회의실의 수
S_k = 크기 k 보다 크거나 같은 회의실을 필요로 하는 그룹의 집합
V_{gt} = 기간 t에 대해 그룹 g에 할당된 값
x_{gt} = 1 기간 t에 대해 그룹 g가 회의실에 할당되는 경우
= 0 다른 경우

제약식은 다음과 같다.

$$\sum_i x_{gt} = 1 \qquad \text{각 그룹 } g\text{에 대해}$$

$$\sum_{g\in S_k} x_{gt} \le N_k \qquad \text{각 회의실 크기 } k\text{에 대해.}$$

목적식은 다음과 같다.

$$\text{Maximize} \quad \sum_g \sum_t V_{gt}\ X_{gt}$$

위의 형식화 결과는 $g+k\times t$개의 제약식과 $g\times t$개의 의사결정변수를 갖는다. $g=250$, $t=10$, and $r=30$인 경우, $k=4$라고 가정하자. 따라서 원래 문제가 550개의 제약식과 37,500개의 의사결정변수를 갖는 것에 반해 결합 형식화 결과는 290개의 제약식과 2500개의 변수를 갖는다.

결합문제의 해로부터 분해문제의 해를 유도해내는 사후처리 과정은 매우 간단하다. 각 기간에 대해, 그 기간에 할당된 그룹들을 크기순에 따라 정렬한다. 가장 큰 그룹은 가장 큰 회의실에 할당되고, 다음 크기의 그룹은 다음 크기의 회의실에 할당되는 과정을 반복하여 수행한다. 이렇게 얻은 해는 원래 문제에 대해 항상 가능해를 제공할 뿐만 아니라 최적이다.

2) 예제 2: 추가 변수를 통한 행의 개수 줄이기

재정협약을 맺은 두 단체 A와 B는 세금문제로 인해 그 들의 협약을 하나의 리스계약으로 다루고자 한다. 지급 일정은 반드시 세무당국에서 규정하고 있는 조건을 만족해야 한다. P_i를 7년간의 협약의 i번째 월에 A가 B에게 지불하는 금액이라고 가정하자. 단체 A와 B는 어떤 달의 지급액이 항상 전월의 2/3 이상이 되어야 한다는 세금 규정을 만족하는 최초의 P_j 집합을 선택하고자 한다. 만약 T개의 기간이 있다면, 이러한 제약식을 표현하는 가장 확실한 방법은 다음과 같다.

$i = 2$, T에 대해 :
$j = 1$, $i-1$에 대해 :
$P_i \geq 0.66666\ P_j$

이 방식은 $T(T-1)/2$개의 제약식을 갖는다. 다른 접근방법은 기간 i 이전에 발생한 지급액 중 가장 큰 지급액 P_{Mi}를 정의하는 것이다. 제약식은 다음과 같이 한정될 수 있다.

$P_{Mi} = 0$
$i = 2$ to T 에 대해 :
$P_i \geq 0.66666\ P_{Mi}$
$P_{Mi} \geq P_{Mi}-1$
$P_{Mi} \geq P_i-1$

이 형식화 방법은 $T(T-1)/2$보다 작은 $3T$개의 제약식을 필요로 한다. $T=4$라면, 제약식 개수는 3486에서 252로 줄어든다.

(2) 0이 아닌 계수의 수 줄이기

만약 어떤 선형식이 모형에서 한번 이상 쓰였다면, 그 것을 대체함으로써 0이 아닌 계수의 수를 줄일 수 있다. 예를 들어, 금속 혼합 문제에서 종종 볼 수 있는 양방향 제약식을 생각해보자.

$$L_i \le \frac{\sum_j q_{ij} X_j}{\sum_j X_j} \le U_i \qquad \text{(각 품질 특성 } i\text{에 대해).}$$

이 경우, L_k와 U_k는 i번째 품질 요구사항에 대한 하한선과 상한선이고, q_{ij}는 i번째 품질에 대한 성분 j의 품질이다. 선형의 형식으로 이 제약식을 표현하는 명료한 방법은 다음과 같다.

$$\sum_j (q_{ij} - L_i)\ X_j \ \ge\ 0,$$

$$\sum_j (q_{ij} - U_k)\ X_j \ \le\ 0.$$

배치 변수 B와 슬랙 변수 s_i를 도입함으로써, 이 제약식은 다음과 같이 쓸 수 있다.

$$B - \sum_j X_j = 0$$

$$\sum_j q_{ij}\ X_j + s_i = U_i \times B$$

$$s_i \le (U_k - L_i) \times B$$

만약 m개의 품질과 n개의 성분이 있다면, 원래의 형식화 결과는 $2 \times m \times n$개의 0이 아닌 계수를 갖는다. 변형된 형식화 결과는 $n+1+m \times (n+2)+m \times 2 = n+1+m \times (n+4)$개의 0이 아닌 계수를 갖는다. 큰 n에 대해, 변형된 형식화 결과는 대략 50% 정도 작은 0이 아닌 계수를 갖는다.

(3) 커버링 문제의 0이 아닌 계수의 수 줄이기

어떤 커버링 다기간 재무 계획 문제에 대한 일반적인 특성은 많은 수의 행에서 각 열이 같은 계수를 갖는다. 간단한 변환이 모형의 0이 아닌 계수의 수를 대폭적으로 줄일 수 있다. 행 i가 다음과 같이 표현된다고 가정하면

$$\sum_{j=1}^{n} a_{ij}\ X_j = a_{i0}$$

이제 행 i로부터 $i-1$을 빼면, 행 i는 다음과 같이 변환된다.

$$\sum_{j=u}^{n}(a_{ij}-a_{i-1\ j})\ X_j=a_{i0}-a_{i-1,\ 0}$$

만약 대부분의 j에 대해 $a_{ij}=a_{i-1,\ j}\neq 0$이면, 행 i의 0이 아닌 계수의 수는 대폭적으로 감소된다.

| 예제 |

8시간 1교대를 통해 24시간 동안 운영되는 시설의 직원을 채용한다고 가정하자. 교대는 하루 중 어느 시간 초에 이루어진다. r_i가 시간 i부터 시간 i+1에 필요한 직원의 수이고, X_i는 시간 i에 시작되는 근무시간대 초에 근무 중인 직원의 수이고, s_i는 시간 i에 대한 잔여변수라면, 제약식은 다음과 같다.

$$X_1+X_{18}+X_{19}+X_{20}+X_{21}+X_{22}+X_{23}+X_{24}-s_1 = r_1$$
$$X_1+X_2+X_{19}+X_{20}+X_{21}+X_{22}+X_{23}+X_{24}-s_2 = r_2$$
$$X_1+X_2+X_3+X_{20}+X_{21}+X_{22}+X_{23}+X_{24}-s_3 = r_3$$

.
.
.

행 24에서 행 23을 빼고, 행 23에서 행 22를 뺀다고 가정하면. 위의 제약식은 다음과 같이 변환될 수 있다.

$$X_1+X_{18}+X_{19}+X_{20}+X_{21}+X_{22}+X_{23}+X_{24}-s_1 = r_1$$
$$X_2-X_{18} \qquad +s_1-s_2 = r_2-r_1$$
$$X_1 \quad - X_{19} \qquad +s_2-s_3 = r_3-r_2$$

.
.
.

따라서 전형적인 제약식은 9개의 0이 아닌 계수가 아니라 4개의 0이 아닌 계수를 갖는다.

원래의 형식화 결과에서 X변수에 대한 0이 아닌 계수의 패턴은 그림 10.1과 같다. 변환된 형식화 결과에서 X변수에 대한 0이 아닌 계수의 패턴은 그림 10.2와 같다. 원래의 형식화 결과에서 X와 s변수에 대한 0이 아닌 계수의 수는 216이다. 변환된 형식화 결과에 대해서는 101개의 0이 아닌 계수를 갖는다. 따라서 이 변환은 매우 매력적이라 말할 수 있다.

X 변수

행	1	2	3	4	5	6	7	8	9	10	11	12	13	14	15	16	17	18	19	20	21	22	23	24
1	+																	+	+	+	+	+	+	+
2	+	+																	+	+	+	+	+	+
3	+	+	+																	+	+	+	+	+
4	+	+	+	+																	+	+	+	+
5	+	+	+	+	+																	+	+	+
6	+	+	+	+	+	+																	+	+
7	+	+	+	+	+	+	+																	+
8	+	+	+	+	+	+	+	+																
9		+	+	+	+	+	+	+	+															
10			+	+	+	+	+	+	+	+														
11				+	+	+	+	+	+	+	+													
12					+	+	+	+	+	+	+	+												
13						+	+	+	+	+	+	+	+											
14							+	+	+	+	+	+	+	+										
15								+	+	+	+	+	+	+	+									
16									+	+	+	+	+	+	+	+								
17										+	+	+	+	+	+	+	+							
18											+	+	+	+	+	+	+	+						
19												+	+	+	+	+	+	+	+					
20													+	+	+	+	+	+	+	+				
21														+	+	+	+	+	+	+	+			
22															+	+	+	+	+	+	+	+		
23																+	+	+	+	+	+	+	+	
24																	+	+	+	+	+	+	+	+

그림 10.2 원래 문제에서의 *X* 변수에 대한 0이 아니 계수의 패턴

X 변수

행	1	2	3	4	5	6	7	8	9	10	11	12	13	14	15	16	17	18	19	20	21	22	23	24
1	+																	+	+	+	+	+	+	+
2		+																-						
3			+																-					
4				+																-				
5					+																-			
6						+																-		
7							+																-	
8								+																-
9	-								+															
10		-								+														
11			-								+													
12				-								+												
13					-								+											
14						-								+										
15							-								+									
16								-								+								
17									-								+							
18										-								+						
19											-								+					
20												-								+				
21													-								+			
22														-								+		
23															-								+	
24																-								+

그림 10.3 변환 문제에서의 *X* 변수에 대한 0이 아니 계수의 패턴

10.6 신속한 열 생성

적절한 수의 행을 가지는 LP 모형도 있지만 때로는 수백만개 정도로 많은 수의 행을 가지는 모형도 존재한다. 이러한 문제는 자재 절단 문제(cutting stock problem)에서 종종 살펴볼 수 있다. 또한 많은 수의 상이한 일자리가 있는 인력배치 문제(staffing problem)에서도 발생할 수 있다. 이 문제에 대한 모든 열을 명백하게 생성하기란 쉬운 일이 아니다. 다른 접근방법은 최적의 조건에서 양의 값을 가지는 열의 개수가 행의 개수를 넘지 않는다는 점을 이용한다.

다음의 반복적인 절차가 이 방법의 기본적인 개념을 설명한다.

1. 정의된 모형에 대한 전체 행을 가지는 그러나 명시적으로 규정된 작은 수의 열을 가지는 초기 LP를 생성하여 푼다.
2. 현재 해의 쌍대 값을 이용하여 적절히 값을 결정한 하나 또는 그 이상의 열을 생성하라. 즉, a_{0j}가 열 j의 비용이라면, a_{ij}는 자원 i에 대한 사용량이고(즉, i=1, …, m에 대한 행 i의 각 열에 대응하는 계수), p_i는 행 i의 쌍대 값이라면, 다음과 같은 새로운 열 a를 생성하거나 찾아라.

   $$a_{0j}+p_{1j}a_{ij}+p_2a_{2j}+\ \cdots\ +p_ma_{mj} < 0.$$

   이런 열이 존재하지 않는다면, 멈춰라.
3. (2)에서 새롭게 추가된 열을 포함한 LP를 풀어라.
4. (2)로 가라.

가장 중요한 단계는 (2)이다. 특정 문제에 대해 열 생성 방식(Column Generation)을 이용하려면, (2)의 열 생성 부문제를 풀 수 있어야 한다. (2)의 부문제를 수식으로 표현하면 다음과 같다.

> $\{p_j\}$가 주어진 상황에서, 다음의 푼다
> Min $a_{0j}+p_1a_{1j}+p_2a_{2j}+k+p_ma_{mj}$
> subject to :
> a_{ij}가 유효한 열을 정의하는 조건을 만족한다.

(1) 자재 절단 문제에 적용된 열 생성 방법의 예

자재 절단 문제는 커다란 원자재를 작게 잘라 제품을 생산하는 종이, 직물, 철판 등

편평한 자재를 다루는 산업에서 쉽게 찾아 볼 수 있는 문제다. 원자재가 72"의 폭을 가지고 있고, 이 자재가 다음 표와 같이 8개의 완제품으로 절단되어야 한다고 가정하자.

제품	폭 (인치)	필요 길이 (피트)
1	60	500
2	56	400
3	42	300
4	38	450
5	34	350
6	24	100
7	15	800
8	10	1000

단순한 절단 패턴을 이용함으로써 위의 프로세스를 시작한다. 단순한 패턴은 단지 한 종류의 폭에 대한 완제품만을 생산한다. P_i를 패턴 i에 따라 절단된 원자재의 길이라 정의하자. 우리는 완제품 생산을 위해 절단된 원자재의 길이를 최소화 하려는 목적식을 갖는다. 이러한 패턴을 가진 LP는 다음과 같다.

```
MIN =P001 + P002 + P003 + P004 + P005 + P006 + P007 + P008;
 [ W60]       P001 >=  500;  !       (60 inch width);
 [ W56]       P002 >=  400;  !       (56 inch width);
 [ W42]       P003 >=  300;  !       (42 inch width);
 [ W38]       P004 >=  450;  !       (38 inch width);
 [ W34]  2 *  P005 >=  350;  !       (34 inch width);
 [ W24]  3 *  P006 >=  100;  !       (24 inch width);
 [ W15]  4 *  P007 >=  800;  !       (15 inch width);
 [ W10]  7 *  P008 >=  1000; !       (10 inch width);
END
```

해답은 다음과 같다.

```
Optimal solution found at step:         0
Objective value:                 2201.190
Variable           Value        Reduced Cost
    P001        500.0000           0.0000000
    P002        400.0000           0.0000000
    P003        300.0000           0.0000000
    P004        450.0000           0.0000000
    P005        175.0000           0.0000000
    P006        33.33333           0.0000000
    P007        200.0000           0.0000000
    P008        142.8571           0.0000000
```

```
Row     Slack or Surplus        Dual Price
   1         2201.190             1.000000
W60        0.0000000             -1.000000
W56        0.0000000             -1.000000
W42        0.0000000             -1.000000
W38        0.0000000             -1.000000
W34        0.0000000            -0.5000000
W24        0.0000000            -0.3333333
W15        0.0000000            -0.2500000
W10        0.0000000            -0.1428571
```

쌍대 값은 현재 어떤 제품을 생산하는 데 많은 비용이 들고 있는가에 대한 정보를 제공한다. 다음의 문제를 해결함으로써 문제에 포함될 새로운 패턴을 발견할 수 있다.

$$\text{Minimize } 1-y_1-y_2-y_3-y_4-.5y_5-0.333333y_6-0.25y_7-0.142857y_8$$
$$\text{subject to}$$
$$60y_1+56y_2+42y_3+38y_4+34y_5+24y_6+15y_7+10y_8 \leq 72$$
$$y_i=0,\ 1,\ 2,\cdots \qquad \text{for} \qquad i = 1,\ \cdots\ 8.$$

목적식을 다음과 같이 표현할 수 있음에 주목하라.

$$\text{Maximize } \ y_1+y_2+y_3+y_4+.5y_5+0.333333y_6+0.25y_7+0.142857y_8$$

이것은 배낭문제다. 배낭문제가 이론적으로 풀기 어렵다 할지라도, 전형적인 실제 배낭문제를 해결할 수 있는 효율적인 알고리즘이 존재한다. 배낭문제에 대한 최적해는 $y_4=1$, $y_7=2$이다 (즉, 원자재를 하나의 38" 폭과 두 개의 15" 폭으로 자르는 패턴). 이 열, P009가 LP에 추가되면, 다음 그림과 같은 모형에 대한 형식화 결과를 얻는다.

```
P P P P P P P P P
0 0 0 0 0 0 0 0 0
0 0 0 0 0 0 0 0 0
1 2 3 4 5 6 7 8 9
1: 1 1 1 1 1 1 1 1 1 MIN
2: 1     '     '     > C
3: ' 1'  '  '  '  ' > C
4:     1 '     '     > C
5:       1     '   1 > C
6: '  '  ' 2'  '  ' > C
7:       '   3 '     > B
8:       '     4   2 > C
9: '  '  '  '  ' 7' > C
```

해답은 다음과 같다.

```
Optimal solution found at step:           3
Objective value:                   2001.190
Variable          Value        Reduced Cost
    P001       500.0000           0.0000000
    P002       400.0000           0.0000000
    P003       300.0000           0.0000000
    P004       50.00000           0.0000000
    P005       175.0000           0.0000000
    P006       33.33333           0.0000000
    P007      0.0000000            1.000000
    P008       142.8571           0.0000000
    P009       400.0000           0.0000000
     Row    Slack or Surplus     Dual Price
       1       2001.190            1.000000
     W60      0.0000000           -1.000000
     W56      0.0000000           -1.000000
     W42      0.0000000           -1.000000
     W38      0.0000000           -1.000000
     W34      0.0000000          -0.5000000
     W24      0.0000000          -0.3333333
     W15      0.0000000           0.0000000
     W10      0.0000000          -0.1428571
```

열 생성 부문제는 다음과 같다.

$$\text{Minimize } y_1+y_2+y_3+y_4+.5y_5+0.333333y_6+0.142857y_8$$

subject to

$$60y_1+56y_2+42y_3+38y_4+34y_5+24y_6+15y_7+10y_8 \le 72$$

$$y_i = 0,\ 1,\ 2,\ \cdots \qquad \text{for} \qquad i = 1,\ \cdots\ 8.$$

배낭 문제에 대한 최적해는 $y_4=1$, $y_5=1$이다(즉, 원자재를 하나의 38" 폭과 하나의 34" 폭으로 절단).

우리는 총 8번에 걸친 패턴의 생성 및 추가를 통해, 다음과 같은 LP 형식화 결과를 얻을 수 있다.

```
P P P P P P P P P P P P P P P
0 0 0 0 0 0 0 0 0 0 0 0 0 0 0
0 0 0 0 0 0 0 0 0 1 1 1 1 1 1
1 2 3 4 5 6 7 8 9 0 1 2 3 4 5
1: 1 1 1 1 1 1 1 1 1 1 1 1 1 1 1 MIN
```

```
2: 1     '     '     '     '   1 > C
3: ' 1'  '  '  '  '  '  '1 '  '  > C
4:     1 '     '     ' 1   ' 1   > C
5:       1     '   1 1     1     > C
6: '  '  ' 2'  '  '  1  '  '  '  > C
7:       '   3 '     '     1     > B
8:       '     4   2 ' 2 1 '     > C
9: '  '  '  '  ' 7'  '  '  1 3'1 > C
```

해답은 다음과 같다.

```
Optimal solution found at step:          10
Objective value:                   1664.286
Variable              Value        Reduced Cost
    P001          0.0000000           0.1428571
    P002          0.0000000           0.2142857
    P003          0.0000000           0.4285714
    P004          0.0000000           0.4285714
    P005          0.0000000           0.1428571
    P006          0.0000000           0.1428571
    P007          0.0000000           0.1428571
    P008           14.28571           0.0000000
    P009          0.0000000           0.0000000
    P010           350.0000           0.0000000
    P011           200.0000           0.0000000
    P012           400.0000           0.0000000
    P013           100.0000           0.0000000
    P014           100.0000           0.0000000
    P015           500.0000           0.0000000
     Row     Slack or Surplus       Dual Price
       1           1664.286           1.000000
     W60          0.0000000         -0.8571429
     W56          0.0000000         -0.7857143
     W42          0.0000000         -0.5714286
     W38          0.0000000         -0.5714286
     W34          0.0000000         -0.4285714
     W24          0.0000000         -0.2857143
     W15          0.0000000         -0.2142857
     W10          0.0000000         -0.1428571
```

대응하는 배낭 문제는 다음과 같다.

Maximize

$$0.857143y_1+0.785714y_2+0.571429y_3+0.523809y_4 \\ +0.476191y_5+0.333333y_6+0.214285y_7+0.142857y_8$$

subject to

$$60y_1+56y_2+42y_3+38y_4+34y_5+24y_6+15y_7+10y_8 \leq 72$$

$$y_i = 0, 1, 2, \cdots \quad \text{for} \quad i=1, \cdots 8.$$

배낭문제에 대한 최적해는 1보다 작거나 같은 목적식 값을 가진다. 각 열이 LP에 추가될 때 각 열은 목적식에서 비용계수를 갖기 때문에, 제안된 열이 현재의 쌍대 값으로 가격이 매겨진다면 추가되지 않을 것이다. 따라서 이전의 LP 해는 모든 가능한 패턴의 최적 사용량을 규정한다. 실제 29가지의 효율적인 사용 가능한 패턴이 존재한다. 여기서 효율적이란 말은 자투리가 10"보다 작다는 것을 의미한다. 따라서 열 생성 방식은 많은 수의 패턴 생성을 피하게 해준다.

만약 정수해가 필요하다면, 단순히 반올림하여 해를 구하는 것이 좋은 결과를 준다. 앞의 예제에서는 정수해에 대한 최적 목적식 값이 최소한 1665 이상이라는 것을 알 수 있다. P008을 15로 반올림하면, 1665의 목적식 값을 갖는 해를 구할 수 있다

(2) 열 생성과 정수계획법

열 생성 방법은 LP에 대한 최적해를 쉽게 발견하기 위해 사용될 수 있다. 그러나 IP에 대해서는 그렇지 않다. IP에서는 쌍대 값과 대응되는 간단한 형태가 존재하지 않는다. IP에서도 쌍대 값을 뽑아낼 수는 있지만 이 값은 상당히 제한적인 의미를 갖는다. 예를 들어, IP에서는 모든 쌍대 값이 0인 경우도 있다.

따라서, 열 생성 방법을 IP에 적용하기 위해서는 LP 형태로 문제를 완화하여 열 생성 방법을 적용해야 한다. 이후 표준적인 IP 알고리즘은 LP에 대해 생성된 열로만 구성된 문제에 대해 적용된다. 그러나 IP에 대한 최적해는 LP에 대해 생성된 열 이외에 다른 열을 하나 또는 그 이상 포함할 수도 있다. 그럼에도 불구하고 LP 해는 최적 IP 해에 대한 한계치를 제공한다. 특히, 앞서 언급된 자재 절단 문제에 대해서는 매우 오차가 적은 한계치를 제공한다.

해법절차를 멈추는 시점을 판단하기 위한 좋은 방법이 있다. 이전의 열 추가가 LP 해의 향상에 도움을 주지 않는 경우에 멈추는 것이 아니라, 가장 최근에 생성된 열이 비용의 측면에서 매력적이지 않은 경우에 멈추는 것이다.

(3) 행 생성

다루는 문제가 본질적으로 매우 많은 수의 행을 가지지만 그 중 일부만이 구속력이 있다면, 유사한 방식을 이용할 수 있다. 기본적인 접근방법은 다음과 같다.

1. 제약식 중 일부를 생성하라.
2. 문제를 현존하는 제약식만으로 풀어라.
3. 위배되지만 아직 생성되지 않은 제약식을 찾아라. 만약 이런 제약식이 없다면 멈춰라.
4. 위배된 제약식을 포함한 후, (2)로 간다.

연습문제

1. 30미터 길이의 줄이 20미터 높이의 기둥에 걸려있다. 걸려있는 줄의 최고 낮은 지점은 지면으로부터 5미터 높이다. 두 개의 기둥은 얼마나 멀리 떨어져 있는 것인가? 이 질문에 대답하기 위해 극단적인 경우를 체크하기 위한 모형 검증 기법을 이용하라.

2. 다음 LP를 생각해보자.

```
MAX = W + 20 * X;
                X               + Z <= 70;
                         Y      + Z <= 55;
     W          - 30  * Y - 46  * Z = 0;
                X + 2  * Y + 3.1 * Z <= 130;
END
```

   모든 변수는 0보다 크거나 같은 값을 가진다. 위의 모형이 원래의 문제와 동일한 의미를 갖는 간단한 문제로 단순화 될 수 있는지를 보여라.

3. 문제를 분석 또는 모형화 하는 데 있어서 가장 중요한 부분 중 하나는 문제에 대해 어떤 선택이 있을 수 있는지, 즉, 의사결정변수를 결정하는 것이다. 다음의 문제에 대해 어떤 선택사항이 있을 수 있는지 논하라.
   (a) 종이에 그려진 3×3 격자에 9개의 점을 배열한다. 펜을 종이에서 떼지 않은 채 9개의 점을 모두 통과하는 4개의 직선을 그려라.
   (b) “new door”안의 글자를 재배열하여 하나의 단어를 만들어라.

4. 의사결정과 문제 형식화 과정에서 가장 중요한 기술은 의사결정 변수와 제약식을 정의하는 것이다. 다음의 그림을 고려해보자. A로부터 B까지의 최단경로를 그려라

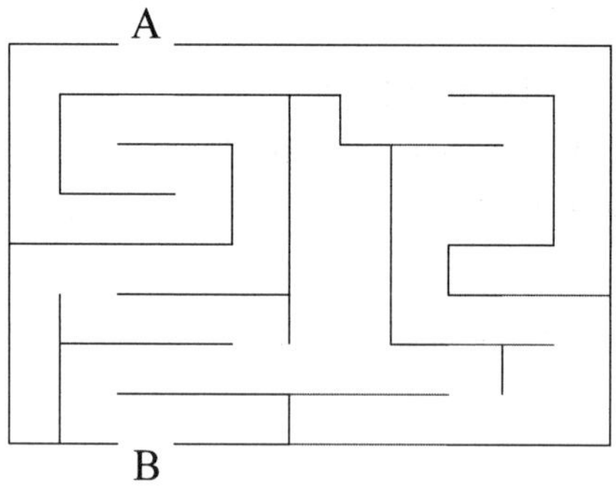

참 고 문 헌

Adams, J. L.(1986), *Conceptual Blockbusting*, AddisonWesley, Reading, MA.

Ahuja, R. K., T. L. Magnanti, J. B. Orlin(1993), *Network Flows, Theory, Algorithms, and Applications*, PrenticeHall, Englewood Cliffs, NJ.

Andrews, B. and H. Parsons(1993), "Establishing Telephone Agent Staffing Levels through Economic Optimization", *Interfaces*, Vol. 23, No. 2, pp. 14-20.

Arnold, L., and D. Botkin. "Portfolios to Satisfy Damage Judgement: A Linear Programming Approach", *Interfaces*, Vol. 8, No. 2 (Feb. 1978).

Aykin, T.(1996), "Optimal Shift Scheduling with Multiple Break Windows", *Management Science*, Vol. 42 No. 4 (April), pp. 591-602.

Baker, E. K. and M. L. Fisher(1981), "Computational Results for Very Large Air Crew Scheduling Problems", *Omega*, Vol. 9, pp. 613-618.

Balas, E.(1979), "Disjunctive Programming", *Annals of Discrete Mathematics*, Vol. 5, pp. 3-51.

Banks, J. and R. Gibson(1997), "10 Rules for Determining When Simulation is Not Appropriate", *IIE Solutions*, Vol. 29, No. 9 (September), pp. 30-32.

Barnett, A.(1994), "How Numbers Can Trick You", *Technology Review*, MIT, Vol. 97, No. 7(October), pp. 38-45.

Belobaba, P. P.(1989),"Application of a Probabilistic Decision Model to Airline Seat Inventory Control", *Operations Research*, vol. 37, no. 2, (MarchApril) pp. 183197.

Bessent, A., W. Bessent, J. Kennington, and B. Reagan(1982), "An Application of Mathematical Programming to Assess Productivity in the Houston Independent School District", Management *Science*, Vol. 28, No. 12 (December), pp. 1355-1367.

Birge, J. R.(1997), "Stochastic Programming Computation and Applications", *INFORMS Journal on Computing*, Vol. 9, No. 2, pp.111-133.

Birge, J. and F. Louveaux(1997), *Introduction to Stochastic Programming*, SpringerVerlag, New York, NY.

Black, F.(1989), "How We Came Up with the Option Formula", *The Journal of Portfolio*

Management, Winter, pp. 4-8.

Black, F., E. Derman, and W. Toy(1990), "A One-Factor Model of Interest Rates and Its Application to Treasury Bond Options", *Financial Analyst Journal*, Vol. 46, pp. 33-39.

Black, F., and M. Scholes(1973), "The Pricing of Options and Corporate Liabilities", *Journal of Political Economy,* Vol. 81, pp. 637-654.

Bland, R. G. and D. F. Shallcross(1989), "Large Traveling Salesman Problems Arising in Xray Crystallography: A Preliminary Report on Computation", O.R. *Letters*, Vol. 8, No. 3, pp. 125-128.

Bosch, R. A.(1993), "Big Mac Attack, The Diet Problem revisited: Eating at McDonald's", *OR/MS Today*, (August), pp. 30-31.

Bracken, J. and G. P. McCormick(1968), *Selected Applications of Nonlinear Programming*, John Wiley & Sons, Inc., New York, NY.

Bradley, G. H., G. G. Brown and G. W. Graves(1977), "Design and Implementation of Large Scale Primal Transshipment Algorithms", *Management Science*, Vol. 24, pp. 1-34.

Bradley, S. P., A. C. Hax and T. L. Magnanti(1977), *Applied Mathematical Programming*, AddisonWesley Publishing Company, Reading, Mass..

Braess, D.(1968), "Uber ein Paradoxon aus der Verkehplanung", *Unternehmensforschung*, Vol. 12, pp. 258-268.

Brearley, A. L., G. Mitra and H. P. Williams(1975), "An Analysis of Mathematical Programming Problems Prior to Applying the Simplex Algorithm", *Mathematical Programming*, Vol. 8, pp. 54-83.

Brown, G. G., R. F. Dell, and R.K. Wood(1997), "Optimization and Persistence", *Interfaces*, Vol. 27, No. 5, (SeptOct), pp. 15-37.

Brown, G.G., C.J. Ellis, G.W. Graves, and D. Ronen(1987), "RealTime, Wide Areas Dispatch of Mobil Tank Trucks", *Interfaces*, Vol. 17, No. 1, pp. 107-120.

Brown, G. G. and D. S. Thomen(1980), "Automatic Identification of Generalized Upper Bounds in LargeScale Optimization Models", *Management Science*, Vol. 26, No. 11, pp. 1166-1184.

Carino, D. R., T. Kent, D. H. Myers, C. Stacy, M. Sylvanus, A.L. Turner, K. Watanabe, and W.T. Ziemba(1994), "The RussellYasuda Kasai Model: An Asset/Liability

Model for a Japanese Insurance Company Using Multistage Stochastic Programming", *Interfaces*, Vol. 24, No. 1, pp. 29-49.

Charnes, A., W. W. Cooper and E. Rhodes(1978), "Measuring the Efficiency of Decision Making Units", *European Journal of Operational Research*, Vol. 2 (1978) pp. 429-444.

Ciriani, T. A. and R. C. Leachman(1993), *Optimization in Industry*, John Wiley & Sons, Chichester.

Clarke, G. and J. W. Wright(1964), "Scheduling of Vehicles from a Central Depot to a Number of Delivery Points", *Operations Research*, Vol. 12, No. 4 (July-Aug.), pp. 568-581.

Clyman, D. R.(1995), "Unreasonable Rationality?", *Management Science*, Vol 41, No. 9 (Sept.), pp. 1538-1548.

Dantzig, G.(1963), *Linear Programming and Extensions*, Princeton University Press, Princeton.

Dantzig, G. and N. N. Thapa(1997), *Linear Programming*, Vol. 1, Springer, New York.

Dantzig, G. and B. Wolfe(1960), "Decomposition Principle for Linear Programs", *Operations Research*, Vol. 8, pp. 101-111.

Danusaputro, S., C. Lee, and L. MartinVega(1990), "An Efficient Algorithm for Drilling Printed Circuit Boards", *Computers and Industrial Engineering*, Vol. 18, pp. 145-151.

Dauch, R.E.(1993), *Passion for Manufacturing*, Society of Manufacturing Engineers, Dearborn, MI.

Davis, L. S. and K. N. Johnson(1987), *Forest Management*, 3rd ed., McGrawHill Company.

Dembo, R. S., A. Chiarri, J. G. Martin, and L. Paradinas(1990), "Managing Hidroeléctrica Española's Hydroelectric Power System", *Interfaces*, Vol. 20, No. 1 (Jan.Feb.), pp. 115-135.

d'Epenoux, F.(1963), "A Probabilistic Production and Inventory Problem", *Management Science*, Vol. 10, No. 1 (Oct), pp. 98-108.

DeRosa, D.(1992), *Options on Foreign Exchange*, Irwin Professional Publishing, New York.

DeWitt, C. W., L. Lasdon, A. Waren, D. Brenner and S. Melhem(1989), "OMEGA: An Improved Gasoline Blending System for Texaco," *Interfaces*, Vol. 19, No. 1 (Jan.Feb.), pp. 85-101.

Dikin, I. I.(1967), "Iterative Solution of Problems of Linear and Quadratic Programming", *Soviet Mathematics Doklady*, Vol. 8, pp. 674-675.

Dial, R. B.(1994), "Minimizing TraileronFlatCar Costs: A Network Optimization Model", *Transportation Science*, Vol. 28, pp. 24-35.

Dutton, R., G. Hinman and C. B. Millham(1974), "The Optimal Location of NuclearPower Facilities in the Pacific Northwest", *Operations Research*, Vol. 22, No. 3 (MayJune), pp. 478-487.

Dyckhoff, H.(1981), "A New Linear Programming Approach to the Cutting Stock Problem", *Operations Research*, Vol. 29, No. 6 (Nov.Dec.), pp. 1092-1104.

Edie, L. C.(1954), "Traffic Delays at Toll Booths", *Operations Research*, Vol. 2, No. 2 (May), pp. 107138.

Elshafei, A.(1977), "Hospital Layout as a Quadratic Assignment Problem", *Operational Research Quarterly*, Vol. 28, pp. 167-169.

Emmelhainz, L. W., M. A. Emmelhainz, and J. R. Stock(1991), "Logistics Implications of Retail Stockouts", *Journal of Business Logistics*, Vol. 12, No. 2, pp. 129-142.

Eppen, G., K. Martin, and L. Schrage(1988), "A Scenario Approach to Capacity Planning", *Operations Research*, Vol. 37, No. 4 (JulyAugust), pp. 517-530.

Eppen, G. D. and R. K. Martin(1987), "Solving MultiItem Capacitated LotSizing Problems Using Variable Redefinition." *Operations Research*, Vol. 35, No. 6 (Nov.Dec.), pp. 832-848.

Farley, A. A.(1990), "A Note on Bounding a Class of Linear Programming Problems, Including Cutting Stock Problems", *Operations Research*, Vol. 38, No. 5 (Sept.Oct.), pp. 922-923.

Fields, C., J. F. Hourican and E. A. McGee(1978), "Developing a Minimum Cost Feed Blending System for Intensive Use", *Joint National TIMS/ORSA Meeting*, New York, NY.

Fieldhouse, M.(1993), "The Pooling Problem", *Optimization in Industry*, (Eds.) T. A. Ciriani and R. C. Leachman, John Wiley & Sons.

Fillon, M.(1996), "Taming the Yangtze", *Popular Mechanics*, Vol. 173, No. 7 (July), pp. 52-56.

Fisher, M. and A. Raman(1996), "Reducing the Cost of Demand Uncertainty Through Accurate Response to Early Sales", *Operations Research*, Vol. 44, No. 1

(Jan.Feb.), pp. 87-99.

Florian, M(1977), "An Improved Linear Approximation Algorithm for the Network Equilibrium (Packet Switching) Problem", *Proceedings 1977 IEEE Conference Decision and Control.*

Fudenberg, D. and J. Tirole(1993) Game Theory, The MIT Press, Cambridge, MA.

Gaballa, A. and W. Pearce(1979), "Telephone Sales Manpower Planning at Qantas", Interfaces, Vol. 9, No. 3,(May), pp. 1-9.

Geoffrion, A.(1976), "The Purpose of Mathematical Programming is Insight, Not Numbers", *Interfaces*, Vol. 7, No. 1 (November), pp. 8192.

Geoffrion, A. and G. W. Graves(1974), "Multicommodity Distribution System Design by Benders Decomposition", *Management Science*, Vol. 20, No. 5 (January), pp. 822844.

Glover, F. and D. Klingman(1977), "Network Applications in Industry and Government", AIIE *Transactions*, Vol. 9, pp. 363376.

Golabi, K., R.B. Kulkarni, and G.B. Way(1982), "A Statewide Pavement Management System", *Interfaces*, Vol. 12, No. 6 (Nov.Dec.), pp. 5-21.

Gomory, R. E.(1958), "Outline of an Algorithm for Integer Solutions to Linear Programs", *Bulletin of the American Mathematical Society*, Vol. 64, pp. 275-278.

Grandine, T. A.(1998), "Assigning Season Tickets Fairly", Interfaces, Vol. 28, No. 4(JulyAugust), pp. 15-20.

Graves, R., J. Sankaran, and L. Schrage(1993), "An Auction Method for Course Registration", *Interfaces*, Vol. 23, No. 5 (1993), pp. 81-92.

Greenberg, H. J.(1978), *Design and Implementation of Optimization Software*, Sijthoff & Noordhoff.

Grinold, R. C.(1983), "Model Building Techniques for the Correction of End Effects in Multistage Convex Programs", *Operations Research*, Vol. 31, No. 3, pp. 407-431.

Gross, D. and C. Harris(1998), *Fundamentals of Queueing Theory*, 3rd ed., Wiley Interscience, New York.

Grötschel, M., M. Jünger and G. Reinelt(1985), "Facets of the Linear Ordering Polytope", *Mathematical Programming*, Vol. 33, pp. 43-60.

Gunawardane, G., S. Hoff and L. Schrage(1981), "Identification of Special Structure Constraints in Linear Programs", *Mathematical Programming*, Vol. 21, pp. 90-97.

Hadley, G.(1962), *Linear Programming*, Addison-Wesley.

Hane, C.A., C. Barnhart, E.L. Johnson, R.E. Marsten, G.L. Nemhauser, G. Sigismondi (1995), "The Fleet Assignment Problem: Solving a Large Scale Integer Program", *Mathematical Programming*, Vol. 70, pp. 211-232.

Hansen, C.T., K. Madsen, and H.B. Nielsen(1991), "Optimization of Pipe Networks", Mathematical *Programming*, Vol. 52, pp. 45-58.

Hanson, W. and R. K. Martin(1990), "Optimal Bundle Pricing", Management Science, Vol. 36, No. 2 (February), pp. 155-174.

Haverly, C. A.(1978), "Studies of the Behavior of Recursion for the Pooling Problem", *SIGMAP Bulletin*, Association for Computing Machinery.

Heath, D., R. Jarrow, and A. Morton(1992), "Bond Pricing and the Term Structure of Interest Rates: A New Methodology for Contingent Claims Valuation", *Econometrica*, Vol. 60, No. 1, pp. 77-105.

Infanger, G.(1994), *Planning Under Uncertainty: Solving Large-Scale Stochastic Linear Programs*, Boyd & Fraser, Danvers, MA.

Jackson, J.R.(1963), "Jobshop Like Queueing Systems", *Management Science*, Vol. 10, No. 1, pp. 131-142.

Jenkins, L.(1982), "Parametric Mixed Integer Programming: An Application to Solid Waste Management", *Management Science*, Vol 28, No. 11 (Nov.), pp. 1270-1284.

Jeroslow, R.G., K. Martin, R.L. Rardin, J. Wang(1992),"Gainfree Leontief Substitution Flow Problems", *Mathematical Programming*, Vol. 57, pp. 375-414.

Jorion, P.(2001), *Value at Risk*, 2nd ed., McGraw-Hill.

Kall, P. and S.W. Wallace(1994), *Stochastic Programming*, John Wiley & Sons, New York, NY.

Karmarkar, N. K.(1985), "A New Polynomial Time Algorithm for Linear Programming", *Combinatorica*, Vol. 4, pp. 373-395.

Kehoe, T. J.(1985), "A Numerical Investigation of Multiplicity of Equilibria", *Mathematical Programming Study* 23, pp. 240-258.

Khachian, L. G.(1979), "A Polynomial Algorithm in Linear Programming", *Soviet Mathematics Doklady*, Vol. 20, No. 1, pp. 191-194.

King, R. H. and Love, R. R.(1980), "Coordinating Decisions for Increased Profits", *Interfaces*, Vol. 10, No. 6 (December), pp. 4-19.

Konno, H. and H. Yamazaki(1991), "MeanAbsolute Deviation Portfolio Optimization Model and Its Applications to Tokyo Stock Market", *Management Science*, Vol. 37, No. 5 (May), pp. 519-531.

Kontogiorgis, S. and S. Acharya(1999), "US Airways Automates Its Weekend Fleet Assignment", Interfaces, Vol. 29, No. 3(May-June), pp. 52-62).

Koopmans, T. and M. Beckmann(1957), "Assignment Problems and the Location of Economic *Activities", Econometrica*, Vol. 25, pp. 53-76.

Kruskal, Jr., J. B.(1956), "On the Shortest Spanning Subtree of a Graph and the Traveling Salesman Problem", *Proc. Amer. Math. Soc.*, Vol. 7, pp. 48-50.

Lasdon, L. S., and Terjung, R. C.(1971), "An Efficient Algorithm for MultiItem Scheduling", *Operations Research*, Vol. 19, No. 4, pp. 946-69.

Lawler, E. L.(1963), "The Quadratic Assignment Problem", *Management Science*, Vol. 19, pp. 586-599.

Lawler, E. L., J. K. Lenstra, A. H. G. Rinnooy Kan and D. B. Shmoys(1985), "The Traveling Salesman Problem: A Guided Tour of Combinatorial Optimization", John Wiley & Sons.

Leontief, W.(1951), *The Structure of American Economy*, 1919-1931, Oxford University Press, New York, NY.

Levy, F. K.(1978), "Portfolios to Satisfy Damage Judgements: A Simple Approach", *Interfaces*, Vol. 9, No. 1 (Nov.), pp. 106-107.

Lin, S. and B. Kernighan(1973), "An Effective Heuristic Algorithm for the Traveling Salesman Problem", *Operations Research*, Vol. 21, pp. 498-516.

Little, J. D. C.(1961), "A Proof of the Queuing Formula $L = \lambda W$", *Operations Research*, Vol. 9, No. 3 (May June), pp. 383-387.

Madansky, A.(1962), "Methods of Solution of Linear Programs Under Uncertainty", *Operations Research*, Vol. 10, pp. 463-471.

Mangasarian, O.L.(1993), "Mathematical Programming in Neural Networks", *ORSA Journal on Computing*, Vol. 5, No. 4, pp. 349-360.

Manne, A.(1960), "Linear Programming and Sequential Decisions", *Management Science*, Vol. 6, No. 3 (April), pp. 259-267.

Markowitz, H. M.(1959), *Portfolio Selection, Efficient Diversification of Investments*, John Wiley & Sons, Inc..

Markowitz, H. and A. Perold(1981), "Portfolio Analysis with Scenarios and Factors", *Journal of Finance*, Vol. 36, pp. 871-877.

Marsten, R. E., M. P. Muller and C. L. Killion(1979), "Crew Planning at Flying Tiger: A Successful Application of Integer Programming", *Management Science*, Vol. 25, No. 12 (Dec.), pp. 1175-1183.

Marsten, R. E., M. J. Saltzman, D. F. Shanno, G. S. Pierce, and J. F. Ballintijn(1989), "Implementation of a Dual Affine Interior Point Algorithm for Linear Programming", *ORSA J. on Computing*, Vol. 1, No. 4, pp. 287-297.

Martin, R. K.(1999) *Large Scale Linear and Integer Optimization: A Unified Approach*, Kluwer Academic Publishers, Boston.

Maschler, M., B. Peleg, and L. S. Shapley(1979), "Geometric Properties of the Kernel, Nucleolus, and Related Solution Concepts", *Mathematics of Operations Research*, Vol. 4, No. 4 (Nov.), pp. 303-338.

Mehrabian, S. G. Jahanshahloo, M. Alirezaee, and G. Amin(2000) "An Assurance Interval for the non_Archimedean Epsilon in DEA Models", *Operations Research*, Vol. 48, No. 2, pp. 344-347.

Miller, H. E., W. P. Pierskalla and G. J. Rath(1976), "Nurse Scheduling using Mathematical Programming", *Operations Research*, Vol. 24, pp. 857-870.

Moldovanu, B. and M. Tietzel(1998) "Goethe's SecondPrice Auction", *Journal of Political Economy*, Vol. 106, No. 4, pp. 854-858

Murchland, J. D.(1970), "Braess's Paradox of Traffic Flow", *Transportation Research*, Vol. 4, pp. 391-394.

Nahmias, S.(1997) *Production and Operations Analysis*, 3rd ed., Irwin Publishing, Homewood, IL.

Nauss, R. M.(1986), "True Interest Cost in Municipal Bond Bidding: An Integer Programming Approach", *Management Science*, Vol. 32, No. 7, pp. 870-877.

Nauss, R. M. and B. R. Keeler(1981), "Minimizing Net Interest Cost in Municipal Bond Bidding", *Management Science*, Vol. 27, No. 4 (April), pp. 365-376.

Nauss, R. M. And R. Markland(1981), "Theory and Application of an Optimization Procedure for Lock Box Location Analysis", *Management Science*, Vol. 27, No. 8 (August), pp. 855-865.

Neebe, A. W.(1987), "An Improved, Multiplier Adjustment Procedure for the Segregated

Storage Problem", *Journal of the Operational Research Society*, Vol. 38, No. 9, pp. 1-11.

Orlin, J.B.(1982), "Minimizing the Number of Vehicles to Meet a fixed Periodic Schedule: An Application of Periodic Posets", *Operations Research*, Vol. 30, No. 4, pp. 760-776.

Nemhauser, G. L. and L. A. Wolsey(1988), *Integer and Combinatorial Optimization*, John Wiley & Sons, Inc.

Padberg, M. and G. Rinaldi(1987), "Optimization of a 532City Symmetric Traveling Salesman Problem by Branch and Cut", *Operations Research Letters*, Vol. 6, No. 1.

Parker, R. G. and R. L. Rardin(1988), *Discrete Optimization*, Academic Press, San Diego.

Peiser, R. B. and S. G. Andrus(1983), "Phasing of Income-Producing Real Estate", *Interfaces*, Vol. 13, No. 5 (Oct), pp. 1-9.

Perold, A. F.(1984), "Large Scale Portfolio Optimization", *Management Science*, Vol. 30, pp. 1143-1160.

Plane, D. R. and T. E. Hendrick(1977), "Mathematical Programming and the Location of Fire Companies for the Denver Fire Department", *Operations Research*, Vol. 25, No. 4 (July-August), pp. 563-578.

Pritzker, A., L. Watters, and P. Wolfe(1969), "Multiproject Scheduling with Limited Resources: a Zero-One Programming Approach", *Management Science*, Vol. 16, No. 1 (Sept.), pp. 93-108.

Puterman, M. L.(1994), *Markov Decision Processes: Discrete Stochastic Dynamic Programming*, Wiley.

Quinn, P., B. Andrews, and H. Parsons(1991) "Allocating Telecommunications Resources at L.L. Bean, Inc., *Interfaces*, vol. 21, no. 1, pp. 75-91.

Rardin, R. L.(1998), *Optimization in Operations Research*, Prentice Hall, New Jersey.

Rigby, B., L. Lasdon, and A. Waren(1995),"The Evolution of Texaco's Blending Systems: From Omega to StarBlend", *Interfaces*, Vol. 25, No. 5, pp. 64-83.

Roache, P. J.(1998), Verification and Validation in Computational Science and Engineering, Hermosa, NM. ISBN 0-913478-08-3.

Rogers, D.F., R.D. Plante, R.T. Wong, and J.R. Evans(1991), "Aggregation and Disaggregation Techniques and Methodology in Optimization", Operations Research, Vol. 39, No. 4 (July-August), pp. 553-582.

Ross, G. T. and R. M. Soland(1975), "Modeling Facility Location Problems as Generalized Assignment Problems", *Management Science*, Vol. 24, pp. 345-357.

Rosenthal, R. and R. Riefel(1994), "Optimal OrderPicking", Bulletin for the ORSA/TIMS Detroit Meeting, INFORMS, Baltimore, MD.

Rothstein, M.(1985), "OR and the Airline Overbooking Problem", *Operations Research*, Vol. 33, No. 2 (MarchApril), pp. 237-248.

Roy, A. D.(1952), "Safety First and the Holding of Assets", *Econometrica*, Vol. 20 (July), pp. 431-439.

Samuelson, D.(1999), "Predictive Dialing for Outbound Telephone Call Centers", *Interfaces*, vol. 29, no. 5,(Sept Oct), pp. 66-81.

Sankaran, J.(1989), *Bidding Systems for Certain Nonmarket Allocations of Indivisible Items*, Ph.D. dissertation, University of Chicago.

Schrage, L.(1975), "Implicit Representation of Variable Upper Bounds in Linear Programming", *Mathematical Programming*, Study 4, pp. 118-132.

Schrage, L.(1978), "Implicit Representation of Generalized Variable Upper Bounds in Linear Programming", *Mathematical Programming*, Vol. 14, No. 1, pp. 11-20.

Schrage, L. and L. Wolsey(1985), "Sensitivity Analysis for Branch and bound Integer Programming", *Operations Research*, Vol. 33, No. 5 (Sept., Oct.), pp. 1008-1023.

Schrijver, A.(1986), *Theory of Linear and Integer Programming*, John Wiley & Sons, Ltd.

Schuster, E. W. and S.J. Allen(1998), "Raw Material Management at Welch's, Inc." *Interfaces*, vol. 28, no. 5, pp. 13-24.

Serafini, P.(1996), "Scheduling Jobs on Several Machines with the Job Splitting Property", Operations *Research*, Vol. 44, No. 4, (July-August), pp. 617-628.

Sexton, T.R., S. Sleeper, and R. E. Taggart, Jr.(1994), "Improving Pupil Transportation in North Carolina", *Interfaces*, Vol. 24, No. 1 (Jan.Feb.), pp. 87-103.

Sharpe, W. F.(1963), "A Simplified Model for Portfolio Analysis", *Management Science*, Vol. 9 (Jan.), pp. 277-293.

Sherali, H., and W. Adams(1999), A Reformulation Linearization Technique for Solving Discrete and Continuous Nonconvex Problems, Kluwer Academic Publishers, Dordrecht, The Netherlands.

Sherbrooke, C.C.(1992), *Optimal Inventory Modeling of Systems, Multiechelon Techniques*, John Wiley & Sons, New York, NY.

Sherman, H. D., and G. Ladino(1995), "Managing Bank Productivity Using Data Envelopment Analysis (DEA)", *Interfaces*, Vol. 25, No. 2 (March-April), pp. 60-73.

Shlifer, E. and Y. Vardi(1975), "An Airline Overbooking Policy," *Transportation Science*, Vol. 9, No. 2 (May), pp. 101-114.

Srinivasan, V.(1976), "Linear Programming Computational Procedures for Ordinal Regression", *Journal of ACM*, Vol. 23, No. 3 (July), pp. 475-487.

Steinberg, L.(1961), "The Backboard Wiring Problem: A Placement Algorithm", *SIAM Review*, Vol. 3, pp. 37-50.

Stern, G. and R. Blumenstein(1996), "GM Expands Plan to Speed Cars to Buyers", *Wall Street Journal*, 21 October, p. A3.

Stigler, G.(1963), "United States vs. Loew's, Inc: A Note on Block Booking", *Supreme Court Review*, p. 152.

Stigler, G. J(1945), "The Cost of Subsistence", *Journal of Farm Economics*, Vol. 27, No. 2 (May), pp. 303-314.

Stone, J. C.(1988), "Formulation and Solution of Economic Equilibrium Problems", Tech. Report. SOL. 88-7. Stanford University.

Strevell, M. and P. Chong(1985), "Gambling on Vacation", *Interfaces*, Vol. 15, No. 2 (March-April), pp. 63-67.

Stroup, J. S., and R. D. Wollmer(1992), "A Fuel Management Model for the Airline Industry", *Operations Research*, Vol. 40, No. 2 (March-April), pp. 229-237.

Subramanian, R. A., R. P. Scheff, J. D. Quillinan, D.S. Wiper, and R. E. Marsten(1994), "Coldstart: Fleet Assignment at Delta Air Lines", *Interfaces*, Vol. 24, No. 1 (Jan.Feb.), pp. 104-120.

Sze, D. Y.(1984), "A Queueing Model for Telephone Operator Staffing," *Operations Research*, Vol. 32, No. 2 (March-April), pp. 229-249.

Thompson, R. G., F. D. Singleton, R. M. Thrall and B. A. Smith (1986), "Comparative Site Evaluations for Locating a High-Energy Physics Lab in Texas", *Interfaces*, Vol. 16, pp. 35-49.

Tomlin, J. and J. S. Welch(1985), "Integration of a Primal Simplex Algorithm with a Large Scale Mathematical Programming System", *ACM Trans. Math. Software*, Vol. 11, pp. 1-11.

Troutt, M. D(1985), "Spying on the Cost Structure of Naive Bidding Competitors via Linear Programming Models", *Operations Research Letters*, Vol. 4, No. 4, pp. 181-184.

Truemper, K.(1976), "An Efficient Scaling Procedure for Gains Networks", *Networks*, Vol. 6, pp. 151-160.

Vickrey, W.(1961), "Counterspeculation, Auctions, and Competitive Sealed Tenders", *Journal of Finance*, Vol. 16, No. 1 (March), pp. 8-37.

Wagner, H. M. and T. M. Whitin (1958), "Dynamic Version of the Economic LotSize Model", *Management Science*, Vol. 5, No. 1, pp. 89-96.

Wall Street Journal, "UAL's United Alters Schedule, Cuts Costs, Boosts Flights in Face of Discount Fares", (19 June, 1978), p. 8.

Wang, K. C. P. and J. P. Zaniewski (1996), "20/30 Hindsight: The New Pavement Optimization in the Arizona State Highway Network", *Interfaces*, Vol. 26, No. 3 (MayJune), pp. 77-89.

Warner, D. M. (1976), "Scheduling Nursing Personnel According to Nursing Preference: A Mathematical Programming Approach", *Operations Research*, Vol. 24, No. 5 (September-October), pp. 842-856.

Weingartner, H. M. (1972), "Municipal Bond Coupon Schedules with Limitations on the Number of Coupons", *Management Science*, Vol. 19, No. 4 (Dec.), pp. 369-378.

What's Best User Manual. LINDO Systems, Chicago, (1998).

Whitt, W.(1993), "Approximations for the GI/G/m Queue", *Production and Operations Management*, vol. 2. no. 2, pp. 114-161.

Wolsey, L.(1998), "Integer Programming", *Wiley Interscience*, New York.

찾아보기

역자 소개

주운기

KAIST 산업공학과 공학박사
한국전자통신연구원 선임연구원, 초빙연구원
현 : 선문대학교 지식정보산업공학과 교수
E-mail : ugjoo@sunmoon.ac.kr

최성훈

KAIST 산업공학과 공학박사
LG 생산기술연구소 주임연구원
동일CIM 수석선임연구원
대불대학교 e-비즈니스학부 조교수
현 : 상명대학교 산업정보시스템공학과 부교수
E-mail : shchoi@smu.ac.kr

정근채

KAIST 산업공학과 공학박사
LG-CNS Entrue Consulting 선임컨설턴트
제주대학교 경영정보학과 전임강사
현 : 충북대학교 구조시스템공학과 부교수
E-mail : kcjeong@cbnu.ac.kr

이근철

KAIST 산업공학과 공학박사
University of California Davis 박사후 연구원
현 : 건국대학교 경영대학 조교수
Email : gclee@konkuk.ac.kr

LINGO 최적화 모형 (제1권 경영과학 입문)

2007년 4월 10일 초판 인쇄
2007년 4월 20일 초판 발행

저 자 / Linus Schrage
역 자 / 주운기 · 최성훈 · 정근채 · 이근철
발행자 / 오판근
발행처 / 교우사

주 소 / 서울 동대문구 제기2동 148-19
전 화 / 925-2861, 929-4865
팩 스 / 925-2860
E-mail / kw2861 @ chollian. net
http: // www. kyowoo. co. kr
등록 / 1994. 3. 24 제6-0256호

ISBN 978-89-8172-679-9 (93320)

값 **20,000**원